Leitfäden der Informatik

Ingo Wegener
Kompendium
Theoretische Informatik
– eine Ideensammlung

Leitfäden der Informatik

Herausgegeben von

Prof. Dr. Hans-Jürgen Appelrath, Oldenburg
Prof. Dr. Volker Claus, Stuttgart
Prof. Dr. Günter Hotz, Saarbrücken
Prof. Dr. Lutz Richter, Zürich
Prof. Dr. Wolffried Stucky, Karlsruhe
Prof. Dr. Klaus Waldschmidt, Frankfurt

Die Leitfäden der Informatik behandeln

- Themen aus der Theoretischen, Praktischen und Technischen Informatik entsprechend dem aktuellen Stand der Wissenschaft in einer systematischen und fundierten Darstellung des jeweiligen Gebietes.

- Methoden und Ergebnisse der Informatik, aufgearbeitet und dargestellt aus Sicht der Anwendungen in einer für Anwender verständlichen, exakten und präzisen Form.

Die Bände der Reihe wenden sich zum einen als Grundlage und Ergänzung zu Vorlesungen der Informatik an Studierende und Lehrende in Informatik-Studiengängen an Hochschulen, zum anderen an „Praktiker", die sich einen Überblick über die Anwendungen der Informatik(-Methoden) verschaffen wollen; sie dienen aber auch in Wirtschaft, Industrie und Verwaltung tätigen Informatikern und Informatikerinnen zur Fortbildung in praxisrelevanten Fragestellungen ihres Faches.

Kompendium Theoretische Informatik – eine Ideensammlung

Von Prof. Dr. math. Ingo Wegener
Universität Dortmund

B. G. Teubner Stuttgart 1996

Prof. Dr. math. Ingo Wegener

Geboren 1950 in Bremen, Studium der Mathematik und Soziologie in Bielefeld, Diplom 1976, Promotion 1978, Habilitation 1981. Von 1980 bis 1987 zunächst als Gastprofessor, dann als C3-Professor am Fachbereich Informatik der Johann Wolfgang Goethe-Universität in Frankfurt am Main, seit 1987 als C4-Professor für das Gebiet Komplexitätstheorie und Effiziente Algorithmen am Fachbereich Informatik der Universität Dortmund.

Die Deutsche Bibliothek – CIP-Einheitsaufnahme

Wegener, Ingo:
Kompendium theoretische Informatik : eine Ideensammlung /
von Ingo Wegener. – Stuttgart : Teubner, 1996
  (Leitfäden der Informatik)

ISBN-13: 978-3-519-02145-2   e-ISBN-13: 978-3-322-80090-9
DOI:10.1007/ 978-3-322-80090-9

Gesamtherstellung: Lengericher Handelsdruckerei, Lengerich
Umschlaggestaltung: Ulrike Weigel, www.CorporateDesignGroup.de

Vorwort

Der Physiker Stephen Hawking, der bekannt für seine anschaulichen Beschreibungen komplexer, physikalischer Phänomene ist, leitet eines seiner Bücher mit folgender Bemerkung ein. Ihm sei gesagt worden, daß jede Gleichung in einem Buch die Verkaufszahlen halbiert. Daher wolle er sich auf die Gleichung $E = mc^2$ beschränken. Nun wissen wir spätestens seit der Geschichte mit den Reiskörnern auf dem Schachbrett, deren Anzahl sich auf jedem Feld verdoppeln soll, daß exponentielles Wachstum nicht beherrschbar ist. So kenne ich kein Buch über Theoretische Informatik, das nach der obigen Regel auch nur einmal verkauft werden kann. Das gilt auch für die hier vorgelegte Ideensammlung, deren Hauptziel es dennoch ist, die wesentlichen Konzepte, Ideen und Methoden, die in einer Einführung in die Theoretische Informatik vermittelt werden, so informal wie möglich darzustellen. Die vielen guten Lehrbücher zu diesem Thema haben ihr Hauptziel in der Wissensvermittlung und der formal korrekten Darstellung des Stoffes. Sie alle sollen durch diese Ideensammlung ergänzt und keinesfalls ersetzt werden. Der Themenkatalog umfaßt den üblichen Kanon einer vierstündigen Einführungsveranstaltung in die Theoretische Informatik mit den Gebieten Entscheidbarkeit, NP-Vollständigkeit, Automatentheorie, Grundlagen der Programmiersprachen und Syntaxanalyse.

Es ist häufig einfacher, ein Resultat formal korrekt zu beweisen, als die wesentlichen Ideen und Methoden herauszuarbeiten. In formalen Beweisen haben wir sicheren Boden unter den Füßen, aber es fällt uns schwer, aus derartigen Beweisen das Gemeinsame und Wesentliche verschiedener Ansätze herauszufiltern und zu einem Netz zu verknüpfen. Beim Versuch, das Wesentliche vom Unwesentlichen und auch vom weniger Wesentlichen zu trennen, sind subjektive Entscheidungen zu treffen. Zudem besteht die Gefahr, Sachverhalte so stark zu vereinfachen, daß ihre Darstellung falsch wird. Dennoch habe ich diesen Balanceakt gewagt. Dabei bin ich allen zu Dank verpflichtet, die mit mir über die Informatik diskutiert haben. Fragen von Studierenden haben immer wieder dazu geführt, daß ich Altbekanntes neu durchdacht und von anderen Seiten betrachtet habe. Den Impuls zu diesem Buch verdanke ich meinem Kollegen Volker Claus. Ihm muß ich für seine Hartnäckigkeit danken, da ich dem Projekt zunächst skeptisch gegenüber gestanden habe. Während des Schreibens haben mir die Anmerkungen und Diskussionsbeiträge von Bea Bollig ganz besonders geholfen. Für die sorgfältige und rasche Erstellung des Manuskripts hat das Team Matthias Bußmann, Heike Griehl, Thomas Jansen, Steffi Pape, Jörg

VI

Pernotzky, Christian Stangier und Rüdiger Weyrauch gesorgt. Schließlich danke ich
Christa für die Zeit, die Ideen zu sammeln.

Dortmund/Bielefeld, im Oktober 1995   Ingo Wegener

Inhaltsverzeichnis

1 Einleitung

Motivation

Gegenüber den mehr praktisch ausgerichteten Vorlesungen bietet die einführende Vorlesung in die Theoretische Informatik für die Lernenden zusätzliche Schwierigkeiten. Die Fragestellungen und Ergebnisse sind grundsätzlicher und allgemeiner und damit häufig auch abstrakter. Die Methoden und auch die Ergebnisse sind nicht immer sehr anschaulich. Da die Theoretische Informatik schon über ein solides Fundament verfügt, greifen neue Überlegungen auf früher diskutierte Resultate zurück. Es ist daher nicht möglich, einige Vorlesungen auszulassen und dann problemlos wieder einzusteigen. Schließlich werden recht allgemeine Aussagen bewiesen, und deren Beweise sind teilweise recht aufwendig.

Aus diesem Grund wird in Vorlesungen versucht, neben korrekten Beweisen auch anschauliche Beweisideen zu liefern. Da Anschauungen nicht formal zu vermitteln sind und Lehrende davor zurückschrecken, „fehlerhafte", aber motivierende und hilfreiche Ideen in Lehrbüchern und Skripten schriftlich festzuhalten, lassen sich die wesentlichen Ideen nicht nachlesen. Auch meine algorithmenorientierte Einführung in die Theoretische Informatik (Wegener (1993)) ist als vorlesungsbegleitendes Lehrbuch konzipiert. In dieser ergänzenden Ideensammlung sollen die gleichen Inhalte auf komplementäre Weise beschrieben werden. So fehlen vollständige Beweise. Statt dessen wird versucht, die wesentlichen, sich an vielen Stellen wiederholenden Ideen herauszuarbeiten und die Bezüge zu den motivierenden Fragestellungen aus den Anwendungen zu betonen.

Gebrauchshinweise

Die Ideensammlung ist eine Ergänzung zu bestehenden Lehrbüchern (s. Schriftenverzeichnis). Es wird ausdrücklich davor gewarnt, zu glauben, daß mit der Ideensammlung allein ein profundes Wissen über die Grundbegriffe der Theoretischen Informatik erworben werden kann. Die Ideensammlung kann jedoch Vorlesungen oder ein Selbststudium sinnvoll ergänzen. Daher wird auch an vielen Stellen für formale Definitionen und Satzformulierungen auf das Lehrbuch (Wegener (1993)) verwiesen.

Wem nützt die Ideensammlung?

Die Ideensammlung wendet sich an alle, die sich für die grundlegenden Konzepte und wesentlichen Ideen, die zu einer Einführung in die Theoretische Informatik gehören, interessieren.

Diejenigen, die die Ideensammlung vor einer entsprechenden Vorlesung oder dem Studium eines Lehrbuches lesen, erhalten die Motivation der Probleme und einen ersten Einblick in Ergebnisse, Ideen und Konzepte. Als Begleitbuch zu einer Vorlesung oder einem Lehrbuch ist die Ideensammlung besonders zu empfehlen. Für diesen Interessentenkreis soll eine Lücke geschlossen werden. Viele Lehrbücher enthalten formale Beweise und auch Beweisideen. Der Schwerpunkt liegt jedoch in der Wissensvermittlung, während nun eine Darstellung mit dem Schwerpunkt auf den Ideen und Konzepten vorgelegt wird. Bei einer Prüfungsvorbereitung steht das Verständnis der Resultate und ihrer Beweise zunächst im Vordergrund. Um dieses mehr punktuelle Wissen zu einem Wissensnetz zu verknüpfen, ist es entscheidend, das Gemeinsame der verschiedenen Resultate und Methoden herauszufiltern. Genau dies soll durch die Ideensammlung unterstützt werden.

Insgesamt 84 typische Übungsaufgaben mit Lösungsansätzen und teilweise auch vollständigen Lösungen sollen die Vorgehensweise bei der Lösung von Aufgaben exemplarisch beschreiben. Die Bearbeitung der Übungsaufgaben ist eine erste Überprüfung, wie gut der behandelte Stoff verstanden wurde. Die 67 Testfragen bieten einen Service insbesondere bei der Prüfungsvorbereitung. Es wird empfohlen, die Testfragen in zufälliger Reihenfolge zu beantworten und die Antworten schriftlich oder auf Band festzuhalten. Anschließend können die eigenen Antworten mit den im Buch angegebenen stichwortartigen Antworten verglichen werden. In der realen Prüfungssituation werden zwar vielleicht ganz andere Fragen gestellt. Wer aber die Testfragen umfassend beantworten kann, sollte in Prüfungen keine Probleme haben.

Die Ideensammlung ist mit kurzen Unterabschnitten und aussagekräftigen Überschriften so strukturiert, daß sie auch als Nachschlagewerk benutzt werden kann. Dieser Lexikoncharakter wird durch ein umfangreiches Stichwortverzeichnis mit 237 Einträgen unterstützt.

Schließlich wendet sich die Ideensammlung auch an Interessierte, die sich nicht hauptberuflich mit Informatik befassen. Sie sollen, ohne sich durch technische Einzelheiten kämpfen zu müssen, einen Einblick in die grundlegenden Ideen und Konzepte von Teilen der Theoretischen Informatik gewinnen. Immer mehr Ingenieure, insbesondere aus der Elektrotechnik, werden z. B. in ihrem eigenen Forschungsgebiet mit NP-vollständigen Problemen konfrontiert. Für sie ist es wichtig zu verstehen, was sich hinter diesem Begriff verbirgt. Dabei können sie, zumindest zunächst, auf formal vollständige Beweise verzichten. Auch für diesen Personenkreis soll die Ideensammlung von Nutzen sein.

Aufbau der einzelnen Kapitel

Die fünf folgenden Kapitel haben eine gemeinsame Struktur. Zunächst werden die behandelten Themen motiviert und in Bezug zu Fragen im Umgang mit Rechnern gesetzt. Gleichzeitig wird der philosophische oder wissenschaftshistorische Hintergrund andiskutiert. Daran schließt sich eine Darstellung der wesentlichen Ergebnisse an, wobei die zentralen Konzepte und Ideen herausgearbeitet werden. Es soll deutlich werden, daß grundlegende Ideen in geringfügig abgewandelter Form an den verschiedensten Stellen auftauchen. Auf noch ungelöste Probleme wird hingewiesen. In einer kurzen Zusammenfassung wird die Essenz des jeweiligen Kapitels noch einmal gebündelt dargestellt. Es folgen typische Übungsaufgaben mit Lösungsansätzen und, wie bereits angedeutet, Testfragen mit stichwortartigen Antworten. Die Leserin und der Leser entscheiden selber, wie nützlich diese Unterkapitel für sie sind. Wenn sie diese Abschnitte „nur lesen", unterstützt dies sicherlich das Verständnis. Aber nur das eigenständige Lösen der Aufgaben und die ernsthafte Simulation von Prüfungssituationen führt zu dem größtmöglichen Erkenntnisgewinn.

Die Lebensdauer guter Theorien

Aussagen über die Halbwertzeit des anwendungsbezogenen Informatikwissens variieren zwar, aber es herrscht Einigkeit darüber, daß die Halbwertzeit drastisch sinkt und nur noch höchstens wenige Jahre beträgt. Eine Anhäufung derartigen Wissens kann also keine gute Berufsvorbereitung sein. Im Studium wird daher großer Wert auf Methoden und Konzepte gelegt.

In der Theoretischen Informatik sind wir in einer wesentlich besseren Situation. Die Grundlagen wichtiger Theorien haben die Zeit überdauert. Die Theorien haben nicht nur überlebt, sondern sie wurden vertieft und verbreitert. Die Wurzeln der Theorien, die hier vorgestellt werden, sind alle 30 Jahre alt, für die Berechenbarkeitstheorie sind es sogar über 60 Jahre. Die Resultate sind heute so aktuell wie bei ihrer Entstehung. Theorien wie die NP-Vollständigkeitstheorie werden ständig weiter ausgebaut. Das hier vermittelte Wissen steht also kaum in Gefahr, in nächster Zeit zu veralten.

Wir geben nun einen kurzen Einblick in die weiteren Kapitel der Ideensammlung.

Rechner, Churchsche These, lösbare und unlösbare Probleme

Rechner und die von ihnen eröffneten Möglichkeiten haben viele Menschen fasziniert. Wenn Rechner heutzutage nicht in der Lage sind, ein bestimmtes Problem zu lösen, dann liegt es nach Meinung von Rechnerenthusiasten höchstens daran, daß die Rechner noch nicht schnell genug, groß genug oder gar intelligent genug sind. Prinzipielle Grenzen aus struktureller oder ethischer Sicht werden nicht akzeptiert.

Für die Diskussion der Grenzen aus moralischer und ethischer Sicht verweisen wir auf Weizenbaum (1977), die anderen Grenzen werden in Kap. 2 behandelt. Zunächst werden einfache Rechnermodelle vorgestellt. Daran anschließend wird diskutiert, warum für die Beschreibung der mit Rechnerhilfe prinzipiell lösbaren Problemen die Einschränkung auf diese einfachen Rechnermodelle keine Einschränkung ist.

Für praktisch wichtige Probleme wird dann bewiesen, daß sie mit Rechnerhilfe nicht lösbar sind. Erwähnt werden soll hier nur das grundlegende Problem der Software-verifikation. Es gibt kein Programm (und wird kein Programm geben), das andere Programme darauf überprüft, ob sie ein vorgegebenes Problem lösen.

Die NP-Vollständigkeitstheorie

Die mit Rechnerhilfe lösbaren Probleme sollten möglichst effizient gelöst werden. Daher werden wir stets versuchen, möglichst effiziente Algorithmen zu entwerfen und zu implementieren. Die Effizienz derartiger Algorithmen kann durch Testläufe untermauert und durch die Analyse der Rechenzeit bewiesen werden. Aber was ist zu tun, wenn wir für ein Problem nur ineffiziente Algorithmen entwerfen können? Dies kann an unserer Unfähigkeit liegen, aber auch daran, daß es keinen effizienten Algorithmus gibt. Der zweite Grund ist für unser Ego sicherlich angenehmer. Wie sollen wir zeigen, daß jeder denkbare Algorithmus ineffizient sein muß? Die Antworten auf diese Fragen folgen aus der in Kap. 3 vorgestellten NP-Vollständigkeitstheorie. Diese Theorie und etwas allgemeiner die Komplexitätstheorie ist vermutlich das Teilgebiet der Informatik mit den meisten wissenschaftlichen Implikationen für andere Diszipli-nen. Der Physiker Ruelle widmet in seinem Buch „Zufall und Chaos" (Ruelle (1992)) ein Kapitel der algorithmischen Komplexität. Er verzichtet auf eine Einführung in die NP-Vollständigkeitstheorie und gibt sich mit Folgerungen aus dieser Theorie zu-frieden. Dabei verweist er seine Leserinnen und Leser auf uns Informatikerinnen und Informatiker als Spezialisten und benutzt dabei folgende Erklärung: „Nicht, daß es so schwer zu erklären wäre, aber es ist, sagen wir, ... ein wenig technisch. Es ist auch absolut faszinierend." Wir wollen uns dieser Faszination hingeben und dabei mit der NP-Vollständigkeitstheorie so vertraut werden, daß sie unser Handwerkszeug wird.

Endliche Automaten

Obwohl Rechner nicht alles können und manches nur so ineffizient können, daß die nötigen Ressourcen nicht zur Verfügung stehen, ist die Leistungsfähigkeit von Rech-nern gewaltig. Wie können wir die Fähigkeiten von Rechnern analysieren und wie lassen sich Rechner „bauen"? Mit der Komplexität dieser Aufgaben werden wir nur durch eine modulare Sicht und Konstruktionsweise fertig. Große Systeme entstehen durch Synthese kleinerer Systeme und Komponenten, die gewisse Eigenschaften an die größeren Systeme vererben. Viele einfache Komponenten, wie z. B. Schaltwerke, lassen sich durch endliche Automaten modellieren.

Für diese einfachen Grundkomponenten lassen sich alle zentralen Fragen beantworten. Für die wichtigen Probleme gibt es sehr effiziente Algorithmen. Dies gilt insbesondere für die Minimierung und den Gleichheitstest. Für einen gegebenen endlichen Automaten, der eventuell selber durch Synthese kleinerer Automaten entstanden ist, suchen wir im Minimierungsproblem einen optimalen Automaten, der die gleiche Aufgabe löst. Der Gleichheitstest ist das zentrale Verifikationsproblem. Löst ein neu entworfener Automat dasselbe Problem wie ein alter Automat oder das Problem, das in der Problemspezifikation vorgegeben ist? Diese Probleme sind für allgemeinere Komponenten als endliche Automaten nur ineffizient oder gar nicht zu lösen.

Grammatiken als Grundlage von Programmiersprachen

In den Kapiteln 2, 3 und 4 haben wir die theoretischen Grundlagen zu wichtigen Disziplinen wie Komplexitätstheorie, Effiziente Algorithmen, Datenstrukturen und Logikentwurf entwickelt. Die andere Seite der Theoretischen Informatik befaßt sich mit Programmiersprachen, ihrem Aufbau, der Syntaxanalyse, der Konstruktion von Compilern und der Semantik von Programmen. Um die syntaktische Korrektheit von Programmen überprüfen zu können, muß die Menge syntaktisch korrekter Programme formal beschrieben sein. Die Beschreibungsform wird in Anlehnung an natürliche Sprachen Grammatik genannt. Welche Grammatiktypen wir zulassen, ist von zwei im Konflikt stehenden Interessen bestimmt. Einerseits soll die Grammatikklasse mächtig genug sein, um komfortable und ausdrucksstarke Programmiersprachen zuzulassen. Andererseits sollen die Entscheidung, ob eine Zeichenkette ein syntaktisch korrektes Programm darstellt, und gegebenenfalls die syntaktische Analyse des Programms effizient möglich sein. In Kap. 5 werden verschiedene Grammatiktypen untersucht. Einige sind zu ausdrucksschwach, und für andere erweist sich das Syntaxanalyseproblem als zu schwierig. Dabei werden erstaunliche Beziehungen zu den in den vorherigen Kapiteln behandelten Themen aufgedeckt.

Kontextfreie Sprachen, kontextfreie Grammatiken und Kellerautomaten

Von den klassischen Grammatikklassen ermöglicht nur die Klasse der kontextfreien Grammatiken einen vertretbaren Kompromiß zwischen Ausdruckskraft und Komplexität des Syntaxanalyseproblems. Daher werden in Kap. 6 kontextfreie Sprachen und kontextfreie Grammatiken eingehend untersucht. Da wir schon vorher gesehen haben, wie nützlich maschinenorientierte Charakterisierungen von durch Grammatiken beschriebenen Klassen sind, suchen wir auch zu den kontextfreien Grammatiken ein passendes Rechnermodell. Die dabei entwickelten Kellerautomaten bilden den Ausgangspunkt weiterer Betrachtungen. Da das Syntaxanalyseproblem für kontextfreie Grammatiken zwar in polynomieller, bisher aber nicht in linearer Zeit oder fast linearer Zeit lösbar ist, ist eine weitere Einschränkung der zugelassenen Grammatiken anstrebenswert. Hier zeigt sich, wie sich eine grammatikorientierte und eine maschinenorientierte Sichtweise befruchten können. Wir schränken nämlich zunächst das Modell der Kellerautomaten ein, so daß sie in Linearzeit arbeiten, und definieren dann eine Grammatikklasse, für die die Syntaxanalyse von den eingeschränkten Kellerautomaten durchgeführt werden kann.

Was die Ideensammlung nicht enthält

Um trotz der Behandlung von Übungsaufgaben und der Diskussion von Testfragen die Ideensammlung in kompakter Form erscheinen zu lassen, haben wir manche Fragen und Gebiete ausblenden müssen. Dies gilt insbesondere für mathematische Methoden mit wichtigen Anwendungen in der Informatik, an erster Stelle sind dabei Logik, Kombinatorik und Graphentheorie zu nennen.

Was kommt nach der Ideensammlung?

Natürlich besteht die Hoffnung, mit dieser Ideensammlung mehr Informatikerinnen und Informatiker für die Theoretische Informatik zu begeistern. Für weitergehende Fragestellungen gibt es viele gute Lehrbücher, die sich auf die Wissensvermittlung konzentrieren. Wer jedoch direkt die schönsten und wichtigsten neuen Ergebnisse, Methoden und Ideen kennenlernen möchte, sei auf die „Perlen der Theoretischen Informatik" (Schöning (1995)) und die „Highlights aus der Informatik" (Wegener (1996)) verwiesen. Im ersten Buch beschreibt der Autor die wichtigsten neuen Resultate aus den Gebieten Komplexitätstheorie und Logik. Das zweite Buch ist eine Sammlung von Vorträgen, die ausgewählte Informatiker im Wintersemester 1995/96 an der Universität Dortmund gehalten haben. Daher geht das Themenspektrum sogar noch etwas über die Theoretische Informatik hinaus.

2 Rechner, Churchsche These, lösbare und unlösbare Probleme

2.1 Rechnermodelle

Wozu dienen Rechnermodelle?

Wer einen Rechner besitzt, sollte die speziellen Eigenschaften ihres oder seines Rechners so gut wie möglich ausnutzen. Wer jedoch über Probleme, die von Rechnern bearbeitet werden sollen, Algorithmen oder Programme diskutieren möchte, sollte von den Gegebenheiten eines speziellen Rechners abstrahieren. Aussagen des folgenden Typs sollen möglich sein:

- Quicksort ist ein effizienter Sortieralgorithmus.

- Graphen lassen sich effizient darauf überprüfen, ob sie zusammenhängend sind.

- Das Traveling Salesman Problem ist ein schwieriges Problem.

- Das Halteproblem ist ein unlösbares Problem.

Dazu benötigen wir eine Einigung, über welche Rechner wir eigentlich reden. Wir suchen also Begriffe, die im folgenden Sinn robust sind. Sie erlauben Aussagen über alle bekannten Rechner und sogar über alle Rechner, die wir uns intuitiv vorstellen können, ohne Science Fiction Vorstellungen zu Hilfe zu nehmen.

Unter diesen Nebenbedingungen suchen wir möglichst einfache Rechnermodelle, damit Aussagen einfach formulierbar werden und Beweise nicht eine Vielzahl nebensächlicher Details beachten müssen.

Programmierte und programmierbare Rechner

Die historisch ersten Rechner waren für eine Aufgabe fest programmiert, und die Entwicklung frei programmierbarer Rechner war ein wichtiger Fortschritt. Wir werden bald sehen, daß die Unterscheidung in programmierte und programmierbare

Rechner ein Trugbild ist, da es einen fest programmierten Rechner gibt, der das gleiche kann wie programmierbare Rechner. Da ein fest programmierter Rechner (scheinbar) weniger Freiheiten zuläßt, kann man über ihn besser und einfacher argumentieren. Nur daher sind die in der Theoretischen Informatik gängigen Rechnermodelle fest programmierte Rechner.

Merke: Die Beschränkung auf fest programmierte Rechner wird sich als unwesentliche Einschränkung erweisen.

Turingmaschinen — Motivation

In der Theoretischen Informatik stehen auch negative Resultate im Vordergrund. Probleme erweisen sich als nicht lösbar oder als nicht effizient lösbar. Zum Nachweis dieser Eigenschaften muß gezeigt werden, daß alle Programme für alle Rechner das Problem nicht oder nicht effizient lösen. Es ist eine wesentliche Erleichterung dieser Aufgabe, wenn dieser Nachweis nur für ein Rechnermodell geführt werden muß, das eine besonders einfache Struktur hat. Turingmaschinen werden als Basismodell benutzt, weil sie von vielen als das einfachste Rechnermodell angesehen werden. Der Speicheraufbau ist so einfach wie möglich, die einzelnen Speicherzellen können nur eine beschränkte Zahl von Bits aufnehmen, und die Rechnung verläuft lokal.

Merke: Aussagen über Turingmaschinen interessieren uns nur, weil sie sich auf alle anderen Rechnermodelle übertragen lassen.

Turingmaschinen — Beschreibung

Die Bezeichnung *Turingmaschine* geht auf ihren Erfinder, den englischen Logiker A. Turing, zurück. Die formale Beschreibung findet sich in jedem Lehrbuch. Daher wollen wir uns hier auf eine informale Beschreibung beschränken. Der Speicher besteht aus einer unendlichen Zahl von Speicherzellen. Die Speicherzellen sind linear angeordnet und bilden so ein unbeschränktes Band, daher wird auch oft von Bandzellen gesprochen. Ein geschlossener Block Speicherzellen enthält zu Beginn die Eingabe, wobei der Prozessor (Kopf der Turingmaschine) auf den ersten Teil der Eingabe Zugriff hat. Alle anderen Speicherzellen sind leer. Formal ist es günstiger anzunehmen, daß sie einen besonderen Buchstaben B ($B \mathrel{\hat{=}}$ blank, engl. für unbeschrieben) enthalten. Der Prozessor hat zu jedem Zeitpunkt Zugriff auf den Inhalt einer Speicherzelle (ein Buchstabe a einer endlichen Menge Γ, des Bandalphabets) und weiß, in welcher Programmzeile er sich befindet (ein Zustand q der endlichen Zustandsmenge Q). Abhängig von seiner Information, also (q, a), kann er etwas tun. Er kann in eine andere Programmzeile q' springen, den Inhalt a der gelesenen Speicherzelle durch einen anderen Buchstaben a' ersetzen und eventuell eine Speicherzelle nach links oder rechts wandern. Die Arbeitsweise wird also durch eine Funktion $\delta : Q \times \Gamma \to Q \times \Gamma \times \{R, L, N\}$ beschrieben. Die Rechnung endet, wenn ein Zustand aus der Menge der Endzustände oder Stoppzustände, einer Teilmenge aller Zustände, erreicht wird. Formal ändert der Rechner dann nichts mehr. Das Ergebnis der Rechnung steht ebenso auf dem Band der Turingmaschine wie zu Beginn die Eingabe. Wenn es nur wenige mögliche Ergebnisse gibt, z. B. nur „ja" oder „nein", können die verschiedenen Endzustände auch die verschiedenen Ergebnisse repräsentieren. Dann ist der Bandinhalt am Ende der Rechnung belanglos.

Beispielprogramme für Turingmaschinen dienen nur dazu, mit dem Modell vertraut zu werden. Es ist nicht nötig, sich eine Fertigkeit im Programmieren von Turingmaschinen zu erwerben.

Der Erfolg des Turingmaschinenmodells liegt in seiner Einfachheit. Die Funktion δ, die auf endlichen Mengen definiert ist, enthält alle wesentlichen Informationen.

Registermaschinen — Motivation

Das verblüffend einfache Modell einer Turingmaschine hat auch wesentliche Nachteile. Programme sind selbst für einfache Probleme, z. B. die Addition zweier Binärzahlen, nur mühsam zu schreiben. Die Rechenzeit läßt sich zwar einfach messen, da ein Rechenschritt wohldefiniert ist und jeder Rechenschritt die gleichen Ressourcen benötigt, die Zahl der Rechenschritte einer Turingmaschine ist aber sicherlich kein gutes Maß für die Rechenzeit realer Rechner. Allerdings kann, wie wir später sehen werden, mit Turingmaschinen qualitativ entschieden werden, ob ein Problem effizient lösbar ist.

Um über Algorithmen und Programme sowie über deren Ressourcenbedarf, also insbesondere Rechenzeit und Speicherplatzbedarf, realitätsnah diskutieren zu können, wird ein Rechnermodell benötigt, das Eigenschaften realer Rechner besser widerspiegelt und für das auch Programme einfacher zu entwerfen sind.

Registermaschinen bilden einen guten Kompromiß. Sie ermöglichen komplexere Einzeloperationen und einen globalen Zugriff auf den Speicher und abstrahieren weiterhin von technologischen Details.

Registermaschinen — Beschreibung

Auch *Registermaschinen* haben nur einen Prozessor und bearbeiten jeweils nur eine Zeile in ihrem Programm. Der Speicher besteht ebenfalls aus einer unendlichen Menge von Zellen, die hier Register genannt werden und ganze Zahlen beinhalten können. An einem Rechenschritt sind maximal zwei Register beteiligt, darunter stets der Akkumulator, das Register mit Adresse 0. Die anderen Register werden über ihre Adresse angesprochen. In der angesprochenen Programmzeile steht für viele Befehlstypen eine Konstante i. Je nach Befehlstyp wird sie als Konstante, als direkte Adresse oder als indirekte Adresse aufgefaßt. Somit kann sehr schnell auf weit entfernte Register zugegriffen werden. Die Menge erlaubter Operationen erstreckt sich in der Basisversion (wie im Lehrbuch) auf die arithmetischen Grundoperationen auf natürlichen Zahlen und Vergleiche zwischen natürlichen Zahlen. Mit einfachen Unterprogrammen kann die Menge der erlaubten Operationen auf alle gängigen Operationen ausgedehnt werden. Schleifen oder Sprungbefehle müssen über GO-TO-Befehle realisiert werden.

Da niemand GO-TO-Befehle in die Programmierung zurückholen will, gilt wie für Turingmaschinen, daß es nicht nötig ist, sich eine Fertigkeit im Programmieren von Registermaschinen zu erwerben.

Der Erfolg des Registermaschinenmodells liegt darin, daß Registermaschinen die Rechenzeit auch viel komplexerer realer Rechner gut erfassen.

Konfigurationen — Momentaufnahmen eines Rechners

Um abstrakt über eine Rechnung reden zu können, ist es hilfreich, alle Informationen über einen Rechner zu einem bestimmten Zeitpunkt knapp beschreiben zu können.

Bei realen programmierbaren Rechnern ist dies sehr kompliziert. Ein entscheidender Vorteil von Turingmaschinen und Registermaschinen ist die strukturelle Einfachheit dieser Momentaufnahmen, die *Konfigurationen* genannt werden.

Für Turingmaschinen genügt es, den aktuellen Zustand, die aktuelle Kopfposition und den Inhalt der Speicherzellen vom ersten von B verschiedenen bis zum letzten von B verschiedenen Buchstaben zu beschreiben. Indem der Zustand direkt vor den Inhalt der Speicherzelle geschrieben wird, die der Prozessor gerade liest, kann sogar auf die explizite Beschreibung der Kopfposition verzichtet werden. Die Konfiguration 0 2 4 q^* 6 8 besagt also, daß nur fünf aufeinander folgende Speicherzellen beschrieben sind, und zwar von links nach rechts aufsteigend mit den geraden Ziffern. Der Prozessor hat Zugriff auf die Speicherzelle, die die Ziffer 6 enthält, und ist im Zustand q^*.

Die Momentaufnahme einer Registermaschine ist komplexer. Neben der Nummer der aktuellen Programmzeile muß die Belegung der Register angegeben werden. Damit die Konfiguration nicht zu lang wird, besteht die Speicherbeschreibung aus einer Liste von Paaren $(i, c(i))$, die aus einer Registeradresse i und dem Inhalt $c(i)$ des Registers bestehen. Die noch nicht benutzten Register beinhalten ihren Anfangswert 0 und müssen in dieser Liste nicht vorkommen.

Simulationen

Rechner werden nicht für eine bestimmte höhere Programmiersprache gebaut. Die Bearbeitung erfolgt „auf niederer Ebene". Dennoch können Programmierer so tun, als ob Rechner genau für die von ihnen benutzte Programmiersprache konzipiert sind, da Compiler für die nötige Transformation sorgen. Der Rechner bearbeitet also gar nicht das gegebene Programm, sondern das übersetzte Programm. Er „simuliert" also einen Rechner, der die höhere Programmiersprache versteht. Ein korrekter Compiler gewährleistet, daß die *Simulation* das richtige Ergebnis liefert, und ein guter Compiler erhält die Effizienzeigenschaften des gegebenen Programms.

Die Güte unserer Rechnermodelle läßt sich also durch effiziente Simulationen zwischen ihnen und realen Rechnern nachweisen.

Simulation von Turingmaschinen durch Registermaschinen

Dies sollte ohne Effizienzverlust nicht schwierig sein, da Registermaschinen komfortabler als Turingmaschinen sind. Die Registermaschine kann Register reservieren, um die aktuelle Zustandsnummer, die Nummer des aktuell gelesenen Buchstabens und die aktuelle Kopfposition abzuspeichern. Die restlichen Speicherzellen der Turingmaschine werden durch die weiteren Register repräsentiert. Dies erfordert eine einfache Adressentransformation. Das Turingmaschinenprogramm δ kann als Programm mit $|Q|\,|\Gamma|$ Programmzeilen aufgefaßt werden. Die Registermaschine kann die aktuelle Programmzeilennummer berechnen und sich mit Vergleichsabfragen in ihr zugehöriges Unterprogramm „durchfragen". Das Unterprogramm simuliert dann direkt den Rechenschritt der Turingmaschine. Bis auf die Initialisierung kann jeder Rechenschritt der Turingmaschine in konstanter Zeit simuliert werden. Es gibt also keinen Effizienzverlust.

Simulation von Registermaschinen durch reale Rechner

Da es „den realen Rechner" nicht gibt und wir uns die Details eines bestimmten Rechners, der dann die Leserin und den Leser nicht interessiert, ersparen wollen, beschreiben wir diese wie auch die umgekehrte Simulation nur prinzipiell. Wer mag, kann sich der Mühe unterziehen, diese Simulation für einen bestimmten realen Rechner explizit zu entwerfen.

Reale Rechner sollten einen adressierbaren Speicher haben. Auch die Menge der für Registermaschinen erlaubten Elementaroperationen sollte in jedem realen Rechner vorhanden sein. Die Elimination von GO-TO-Befehlen ist zwar nicht einfach, aber sie führt nicht zu einer wesentlichen Rechenzeiterhöhung.

Fazit: Reale Rechner können Registermaschinen und Turingmaschinen ohne Effizienzverlust simulieren.

Simulation von realen Rechnern durch Registermaschinen

Hier soll ein bestimmter realer Rechner mit einem bestimmten Programm betrachtet werden. Eine direkte Simulation durch ein Registermaschinenprogramm müßte viele Details beachten. Wir wissen aber, daß das Programm im realen Rechner auf Assemblerebene ohne wesentlichen Effizienzverlust abgearbeitet wird. Es bleibt also nur noch die Aufgabe, Programme auf Assemblerebene durch Registermaschinenprogramme zu simulieren. Die Möglichkeiten auf Assemblerebene sind bereits so eingeschränkt, daß dies eine vielleicht mühselige, aber nicht mehr anspruchsvolle Aufgabe ist. Registermaschinenprogramme sind also wesentlich maschinennäher geschrieben als Programme, die in höheren Sprachen geschrieben sind. Sie können als theoretische Assemblervariante aufgefaßt werden. Zusammenfassend können wir folgern, daß eine Übertragung eines Programmes für einen realen Rechner in ein Programm für eine Registermaschine vergleichbar mit der Übertragung in ein maschinennahes Programm ist.

Simulation von Registermaschinen durch Turingmaschinen — Teil 1

Im Gegensatz zu den anderen Simulationen sehen wir hier aus zwei Gründen keine Möglichkeit, ohne wesentlichen Rechenzeitverlust auszukommen:

1. Turingmaschinen arbeiten auf Zeichen aus einem endlichen Zeichenvorrat, eine Speicherzelle kann daher nur eine konstante Anzahl verschiedener Zahlen speichern, während ein Register eine beliebige natürliche Zahl beinhalten kann. In diesem Sinn sind Turingmaschinen mehr hardwareorientiert.

2. Registermaschinen haben einen direkten Zugriff auf die Register, deren Adressen sie berechnet haben, während Turingmaschinen dafür weite Wege gehen müssen.

Dennoch wollen wir eine Registermaschine Schritt für Schritt simulieren. Die aktuelle Registermaschinenkonfiguration steht auf einem Teil des Bandes der Turingmaschine. Wenn man sich das Leben vereinfachen will, benutzt man mehrere Bänder und simuliert dann allgemeine Turingmaschinen mit mehreren Bändern durch normale Turingmaschinen. Die simulierende Turingmaschine führt zuerst die nötige Initialisierung durch. Sie arbeitet dann mit so vielen Unterprogrammen wie das Programm der Registermaschine Zeilen hat. Anhand der Beschreibung der aktuellen Programmzeile wird das passende Unterprogramm aktiviert. Die für den Schritt benötigten Zahlen werden aus der Beschreibung der Registermaschinenkonfiguration auf einem anderen Teil des Bandes bereitgestellt. Dann wird die in der aktuellen Programmzeile angegebene Operation durchgeführt und die Konfiguration der Registermaschine geändert. An dieser Stelle müssen wir nur überzeugt sein, daß wir die in einem Schritt von einer Registermaschine durchführbaren Operationen auch mit Turingmaschinen durchführen können. Der wenig erhellenden Aufgabe, derartige Turingmaschinen zu entwerfen, stellen wir uns hier nicht.

Die Simulation ist gelungen, aber was gilt für den Zeitverlust? Wir stellen fest, daß wir Probleme haben, die Rechenzeit von Registermaschinen zu bewerten. Es ist doch sicherlich unrealistisch, Multiplikationen von beliebig großen Zahlen als einen Schritt zu zählen.

Rechenzeiten

Die Rechenzeit einer Turingmaschine auf einer Eingabe ist gleich der Zahl der durchgeführten Rechenschritte. Für Registermaschinen und reale Rechner ist dies nur so lange fair, wie die beteiligten Zahlen eine gewisse Länge nicht überschreiten. Wenn alle Rechenschritte gleich bewertet werden, heißt das Zeitmaß *uniform*. Ansonsten sind Operationen auf längeren Zahlen teurer als auf kürzeren Zahlen. Da die Wortlänge realer Rechner konstant ist, wächst die Rechenzeit mindestens linear mit der Zahlenlänge. Andererseits sind die einfachen Operationen auch effizient durchführbar. Daher werden die Kosten einer Registermaschinenoperation gleich der Länge der beteiligten Zahlen (in Binärdarstellung) gesetzt. Da die Länge einer Zahl ungefähr der Logarithmus der Zahl ist, heißt dieses Zeitmaß *logarithmisch*.

Für die meisten Algorithmen ist das uniforme Kostenmaß angemessen, da es sich nur um einen logarithmischen Faktor vom logarithmischen Kostenmaß unterscheidet. Wird jedoch mit sehr großen Zahlen gearbeitet, ist nur das logarithmische Kostenmaß fair.

Simulation von Registermaschinen durch Turingmaschinen — Teil 2

Wir müssen noch die Rechenzeit der in Teil 1 beschriebenen Simulation abschätzen. Da wir allgemeine Registermaschinen simulieren, ist die Zahlenlänge nicht beschränkt und somit nur das logarithmische Kostenmaß angemessen. Da die Registermaschine alle von ihr gespeicherten Zahlen und Adressen irgendwann berechnet hat, hat die Beschreibung der Konfiguration eine Länge, die nicht größer als die Rechenzeit t ist.

In jedem Simulationsschritt müssen Zahlen aus der Konfiguration in den freien Teil des Bandes kopiert werden. Die benötigte Zeit ist sicherlich durch $O(t^2)$ beschränkt. Jede der Grundoperationen von Registermaschinen kann von Turingmaschinen nicht nur überhaupt, sondern sogar in polynomieller Zeit simuliert werden. Dies sollte allen, die bereits Schaltkreise für die Grundoperationen kennen, klar sein. In jedem Fall soll hier auf Einzelheiten verzichtet werden.

Turingmaschinen können also Registermaschinen simulieren, wobei die Rechenzeit bezogen auf das logarithmische Kostenmaß für Registermaschinen nur polynomiell wächst.

Programmierbare Rechner — Programme sind Daten

Auf den ersten Blick ist der Schritt von einem fest programmierten Rechner zu einem programmierbaren Rechner der von einem Spezialwerkzeug zu einem universellen Werkzeug. Auf den zweiten Blick ist jedoch der programmierbare Rechner ebenfalls fest programmiert — nur das Programm kann etwas mehr. Der programmierbare Rechner erhält eine Eingabe, von der er einen Teil als Programm P und den anderen Teil als Daten D, auf die das Programm angewendet werden soll, interpretiert. Dann wendet er sein Programm P^* an. Es schreibt vor, P auf D anzuwenden. Das Programm P^* ist also ein allgemeines Simulationsprogramm. Da ein programmierbarer Rechner im Prinzip alles kann, was andere Rechner können, heißt er auch *universeller Rechner*. Nach dieser Diskussion sollte es auch universelle Turingmaschinen und universelle Registermaschinen geben. Es genügt, universelle Turingmaschinen zu beschreiben, da mit der allgemeinen Simulation von Turingmaschinen durch Registermaschinen aus der universellen Turingmaschine eine universelle Registermaschine wird.

Gödelnummern — eine kanonische Form von Turingmaschinenprogrammen

Jeder programmierbare Rechner arbeitet mit einem festen Zeichensatz. Daher kann er also auch nur Programme und Daten verarbeiten, die mit diesem Zeichensatz auskommen. Wir haben bereits Turingmaschinen als hardwarenah charakterisiert. Die universelle Turingmaschine soll also nur Turingmaschinen simulieren können, die mit den Zeichen 0, 1 und B auskommen. Die zugehörigen Turingmaschinenprogramme sollen nun als 0-1-Folge codiert werden. Die nachfolgende Codierung ist nach dem Logiker K. Gödel benannt, dessen Ergebnisse bahnbrechend für die Logik und die Informatik waren (vgl. das unterhaltsame Buch „Gödel, Escher, Bach" von Hofstadter). Das Turingmaschinenprogramm besteht aus der Funktion $\delta : Q \times \Gamma \mapsto Q \times \Gamma \times \{R, L, N\}$. Die *Gödelnummer* $\langle M \rangle$ der Turingmaschine M wird eingerahmt durch zwei Blöcke 111. Darin enthalten ist eine Aufzählung der Vektoren $(q, a, \delta(q, a)) = (q, a, q', a', D)$, jeweils getrennt durch 11. Die Zustände werden durchnumeriert, und der i-te Zustand durch i Nullen codiert, ähnliches gilt für die drei Buchstaben 0, 1 und B und die drei Richtungsmöglichkeiten R, L und N.

Universelle Turingmaschinen

Die *universelle Turingmaschine* arbeitet auf Eingaben aus Nullen und Einsen. Sie akzeptiert nur Eingaben, die mit einer Gödelnummer beginnen, und simuliert das durch die Gödelnummer gegebene Programm auf den Daten, die hinter der Gödelnummer stehen. Die Simulation geht Schritt für Schritt vonstatten. Die universelle Turingmaschine schreibt den erreichten Zustand in der Codierung durch Nullen auf das Band. Damit hat sie Zugriff auf die aktuellen Werte von q und a und kann in der Gödelnummer das Tupel suchen, das mit (q, a) beginnt. Dann ist es einfach, den Turingmaschinenschritt zu simulieren.

Es sei nur bemerkt, daß mit einigen Tricks (Mehrspurmaschine, permanentes Shiften der Gödelnummer) erreicht werden kann, daß die universelle Turingmaschine für eine feste Gödelnummer, also ein festes Programm, nur um einen konstanten Faktor langsamer ist als die speziell programmierte Turingmaschine.

Dieses Ergebnis läßt sich auf reale Rechner übertragen. Wir arbeiten mit programmierbaren Rechnern, da der Zeitgewinn um einen konstanten Faktor nicht groß genug ist, um für jedes Programm spezielle Rechner zu entwerfen. In besonders zeitkritischen Anwendungen kann es sich jedoch lohnen, fest programmierte Rechner zu benutzen.

Fazit: Turingmaschinen und Registermaschinen sind vollwertige Rechner. Eigenschaften realer Rechner finden sich in ihnen wieder. Turingmaschinen sind um polynomielle Faktoren langsamer als Registermaschinen, die kaum langsamer als reale Rechner sind.

2.2   Lösbare Probleme und die Churchsche These

Was ist ein Problem?

Diese Frage ist schwer zu beantworten, da wir alle „Probleme" aus den verschiedensten Bereichen des Lebens kennen und auch ein intuitives Gefühl haben, was eine Problemlösung ist. Wir wollen uns auf Probleme beschränken, zu deren Lösung prinzipiell Rechner geeignet sind. Weizenbaum (1977) diskutiert ausführlich, welche Problemkreise aus ethischer und moralischer Sicht nicht durch Rechner gelöst werden sollten.

Darüber hinaus diskutieren wir vor allem allgemeine Probleme. So sollen allgemeine Sortieralgorithmen in der Lage sein, Folgen beliebiger Länge von Objekten aus einer beliebigen vollständig geordneten Menge zu sortieren. Spezielle Sortieralgorithmen beschränken sich auf das Sortieren von Zahlenfolgen oder Folgen von nicht zu großen Zahlen (Bucketsort). Aber wohl niemand entwirft einen Sortieralgorithmus, nur um eine bestimmte Objektfolge zu sortieren.

Zu einem *Problem* gehört also eine wohldefinierte Menge erlaubter Eingaben. Diese ist im allgemeinen unendlich groß. Zu jeder Eingabe gibt es eine nicht leere Menge zugehöriger Ausgaben. Die Aufgabe besteht darin, einen Algorithmus zu entwerfen, der für jede erlaubte Eingabe eine zugehörige Ausgabe berechnet.

Bei vielen Problemen gehören zu bestimmten Eingaben mehrere mögliche Ausgaben. So sind wir bei Optimierungsproblemen wie dem Traveling Salesman Problem nicht an einer bestimmten Lösung interessiert, sondern nur an einer Tour mit minimalen Kosten. Für viele Eingaben gibt es nicht nur eine Tour mit minimalen Kosten.

Lösbar — total rekursiv — berechenbar — Turing-berechenbar

Wir nennen ein Problem *lösbar*, wenn es eine Turingmaschine gibt, die für jede erlaubte Eingabe nach endlich vielen Schritten hält und eine zugehörige Ausgabe berechnet hat. Dabei muß natürliche eine für Turingmaschinen geeignete Codierung vorliegen, so z. B. die Darstellung natürlicher Zahlen durch Binärdarstellung. Manchmal wird noch zusätzlich gefordert, daß die Turingmaschine erkennen muß, ob die Eingabe zulässig ist. In Zukunft nehmen wir an, daß dieses Teilproblem einfach ist.

Wenn ein Problem durch eine Funktion beschrieben werden kann, d. h. zu jeder erlaubten Eingabe gibt es genau eine zulässige Ausgabe, dann heißt die Funktion *total rekursiv*, *berechenbar* oder genauer *Turing-berechenbar*, wenn das zugehörige Problem lösbar ist.

Die hier behandelten Begriffe bilden eine Formalisierung unseres intuitiven Begriffes von Berechenbarkeit. Wir haben dabei allerdings Rechner mit Turingmaschinen gleichgesetzt.

Die Churchsche These

Zur Formalisierung des Begriffes „berechenbar" haben wir Turingmaschinen benutzt. Die in Kap. 2.1 behandelten Simulationen zeigen uns, daß wir den gleichen Berechenbarkeitsbegriff erhalten, wenn wir Registermaschinen oder heutzutage existierende Rechner (mit virtuell unendlichem Speicher) benutzt hätten. Wenn jemand Rechner oder allgemeiner Maschinen bauen könnte, die mehr Funktionen berechnen können, würde sie oder er sicherlich berühmt und vielleicht auch reich werden. Die allgemeine Vermutung, daß die Menge der Turing-berechenbaren Funktionen mit der „richtigen" Menge berechenbarer Funktionen übereinstimmt, wird als Churchsche These bezeichnet:

Die Klasse der intuitiv berechenbaren Funktionen ist gleich der Klasse der Turing-berechenbaren Funktionen.

Mit der Existenz von Rechnern ist nachgewiesen, daß die Turing-berechenbaren Funktionen tatsächlich berechenbar sind. Die Umkehrung ist prinzipiell nicht beweisbar, da der Begriff „intuitiv berechenbar" nicht wohldefiniert ist. Solange niemand in der Lage ist, eine nicht Turing-berechenbare Funktion zu berechnen, sollten wir die Churchsche These zur Grundlage unserer Überlegungen machen.

Entscheidungsprobleme und Entscheidbarkeit

Entscheidungsprobleme sind Funktionen mit Bildbereich $\{0, 1\}$. Es handelt sich also um Probleme, für die zu jeder erlaubten Eingabe entweder die Ausgabe 1 („ja") oder die Ausgabe 0 („nein") gehört. Es soll entschieden werden, ob die Eingabe *akzeptiert* wird (Ausgabe 1) oder nicht (Ausgabe 0).

Viele Probleme sind auf natürliche Weise Entscheidungsprobleme, so das Problem zu entscheiden, ob ein Programm syntaktisch korrekt ist. Andere Probleme lassen sich in Entscheidungsprobleme zerlegen, indem die Bits der Ausgabe einzeln betrachtet werden. Schließlich haben Optimierungsprobleme häufig Entscheidungsvarianten. Für das Traveling Salesman Problem ist das z. B. die Frage, ob die Kosten einer optimalen Tour unter einem vorgegebenen Limit liegen.

Für Entscheidungsprobleme bedeutet der Begriff „*entscheidbar*" das gleiche wie „berechenbar" oder auch „rekursiv".

Entscheidungsprobleme und Sprachen

Wenn wir eine Programmiersprache gegeben haben, die nur Zeichen aus dem Alphabet Σ benutzt, zerfällt die Menge der Zeichenketten mit Zeichen aus Σ, also die Menge Σ^* der Σ-Texte, in die Menge L der Texte, die ein syntaktisch korrektes Programm darstellen, und die Menge der anderen Texte. Die Menge L kann informal mit der Programmiersprache identifiziert werden und heißt deswegen oft *Sprache*. Verallgemeinernd werden beliebige Mengen von Zeichenketten Sprachen genannt. Für eine (Programmier-) Sprache besteht das Wortproblem darin zu entscheiden, ob eine Zeichenkette w zu L gehört.

Formal gehört zu der Sprache L das Entscheidungsproblem, das durch die Funktion $f : \Sigma^* \to \{0, 1\}$ mit $f(w) = 1$, genau dann wenn $w \in L$ ist, beschrieben wird. Die Funktion f ist also die charakteristische Funktion der Sprache L.

Umgekehrt gehört zu jedem Entscheidungsproblem die Sprache aller Zeichenketten, die akzeptiert werden.

Somit sind die Begriffe Sprache und Entscheidungsproblem austauschbar. Es hängt vom Kontext, aus dem das Problem stammt, ab, welcher Begriff verwendet wird.

Es wäre sprachlich unschön, eine Sprache zu berechnen. Eine Sprache heißt *rekursiv* oder *entscheidbar*, wenn das zugehörige Entscheidungsproblem total rekursiv ist.

Rekursiv aufzählbar — semientscheidbar

Die bisher eingeführten Begriffe wie rekursiv, Turing-berechenbar oder entscheidbar sind gut motiviert und intuitiv einsichtig. Der Begriff rekursiv aufzählbar (oder semientscheidbar) ist schwieriger zu motivieren.

Grammatiken für Programmiersprachen und auf Axiomen und Folgeregeln aufgebaute Beweissysteme sind Regelsysteme, mit denen sich alle zulässigen Programme und Beweise erzeugen lassen. Es wird sich im allgemeinen Fall als nicht entscheidbares Problem herausstellen, für eine beliebige Zeichenkette zu entscheiden, ob sie sich aus einem vorgegebenen Regelsystem erzeugen läßt, d. h. ob sie ein syntaktisch korrektes Programm bzw. ein beweisbares Theorem ist.

Allerdings ist es möglich, nacheinander alle zulässigen Ableitungen zu erzeugen und mit der gegebenen Zeichenkette zu vergleichen. Bei Gleichheit ist gezeigt, daß die Zeichenkette ein zulässiges Programm bzw. ein beweisbares Theorem ist. Allerdings endet dieses Verfahren für nicht zulässige Programme und nicht beweisbare Theoreme nie.

Aufgrund der Wichtigkeit der beiden genannten Beispiele wurde die Klasse der rekursiv aufzählbaren Sprachen eingeführt. Die Bezeichnung wird durch Aufgabe 6 erläutert.

Eine Sprache L heißt *rekursiv aufzählbar* oder *semientscheidbar*, wenn es eine Turingmaschine gibt, die jede Eingabe $w \in L$ in endlich vielen Schritten akzeptiert und die jede Eingabe $w \notin L$ nicht in endlich vielen Schritten akzeptiert, d. h. sie stoppt mit der Antwort „nein" oder stoppt nicht.

Merke: Rekursiv aufzählbare Sprachen müssen nicht entscheidbar sein, d. h. die zugehörigen Entscheidungsprobleme müssen nicht berechenbar sein. Es wird sich zeigen (Kap. 5), daß eine Sprache genau dann rekursiv aufzählbar ist, wenn sie durch ein endliches Regelsystem erzeugbar ist. Diese Aussage motiviert die Behandlung der Klasse rekursiv aufzählbarer Sprachen.

2.3 Verknüpfungen rekursiver und rekursiv aufzählbarer Sprachen

Ziele

Es soll untersucht werden, ob Sprachklassen gegenüber Operationen wie Vereinigung abgeschlossen sind. Ein typisches Resultat hat die folgende Form. Sind die Sprachen L_1 und L_2 vom Typ X (z. B. rekursiv), dann ist auch die durch die Operation Y (z. B. Vereinigung) aus L_1 und L_2 entstehende Sprache vom Typ X. Wozu sind solche Ergebnisse gut? Es ist in der Informatik ein übliches Vorgehen, komplexere Systeme aus einfachen Teilsystemen durch bestimmte Operationen so zusammenzusetzen, daß aus Eigenschaften der Teilsysteme auf Eigenschaften des Gesamtsystems geschlossen werden kann. Dies gilt für Programmsysteme ebenso wie für die Rechnerorganisation und -architektur. Eine derartige Vorgehensweise fördert den modularen Aufbau und die Übersichtlichkeit der Systeme und wird von uns hier ebenfalls angewendet. Aus unserer maschinenorientierten Sichtweise (Turingmaschine) beschränken wir uns auf Vereinigung, Durchschnitt und Komplementbildung. Aus mehr grammatikorientierter Sichtweise werden wir in Kap. 5 Ergebnisse über Konkatenation und Kleeneschen Abschluß nachliefern.

Vereinigung

Die Klasse der rekursiven Sprachen ist gegen die (endliche) Vereinigung abgeschlossen, d. h. mit L_1 und L_2 ist auch die Vereinigung von L_1 und L_2 rekursiv. Eine analoge Aussage gilt für die Klasse der rekursiv aufzählbaren Sprachen.

Es gibt hierfür zwei allgemeine Beweisstrategien.

Die erste besteht in der Hintereinanderausführung der Entscheidungsalgorithmen für L_1 und L_2. Eine Eingabe wird akzeptiert, wenn sie für mindestens eine der beiden Sprachen akzeptiert wird.

Diese Beweisstrategie funktioniert für die Klasse der rekursiven Sprachen, aber nicht für die Klasse der rekursiv aufzählbaren Sprachen. Ein Wort w kann in L_2, aber nicht in L_1 sein. Der Algorithmus, der L_1 semientscheidet, stoppt auf w vielleicht nicht, und dann wird w nicht akzeptiert, obwohl w in $L_1 \cup L_2$ ist.

Die zweite Beweisstrategie läßt die Entscheidungsalgorithmen für L_1 und L_2 „parallel" laufen, für Turingmaschinen z. B. auf zwei unabhängigen Bändern. Wenn einer der beiden Algorithmen die Eingabe w akzeptiert, dann wird w auch für die Vereinigung akzeptiert. Diese Beweisstrategie arbeitet sowohl für die Klasse der rekursiven als auch für die Klasse der rekursiv aufzählbaren Sprachen korrekt. Falls $w \in L_1 \cup L_2$ ist, muß einer der beiden Entscheidungsalgorithmen w in endlicher Zeit akzeptieren.

Durchschnitt

Sowohl die Klasse der rekursiven als auch die Klasse der rekursiv aufzählbaren Sprachen ist gegen (endliche) Durchschnittsbildung abgeschlossen.

Die für die Vereinigung beschriebenen Beweisstrategien müssen hier insofern geändert werden, daß erst akzeptiert wird, wenn beide Entscheidungsalgorithmen akzeptiert haben. Für die Durchschnittsbildung sind beide Beweisstrategien für beide Sprachklassen erfolgreich. Falls $w \in L_1 \cap L_2$, müssen auch im Fall der rekursiv aufzählbaren Sprachen beide Algorithmen in endlicher Zeit akzeptieren.

Komplement

Die Klasse der rekursiven Sprachen ist gegen Komplementbildung abgeschlossen, d. h. mit L ist auch das Komplement $\overline{L}$, die Sprache aller Wörter, die nicht in L liegen, rekursiv.

Die Beweisstrategie sieht vor, den Entscheidungsalgorithmus für L laufen zu lassen und die Entscheidung zu negieren.

Diese Beweisstrategie versagt für die Klasse der rekursiv aufzählbaren Sprachen, da der Algorithmus, der L semientscheidet, nicht immer eine Entscheidung fällt und nicht immer stoppt.

Falls jedoch L und $\overline{L}$ rekursiv aufzählbar sind, können die Algorithmen, die L und $\overline{L}$ semientscheiden, parallel laufen. Ein Algorithmus hält in endlicher Zeit, und dann ist bekannt, ob $w \in L$ oder $w \in \overline{L}$, d. h. $w \notin L$, ist. Also ist dann L sogar rekursiv.

Was hilft uns diese Aussage? Wenn die Klasse der rekursiv aufzählbaren Sprachen gegen Komplementbildung abgeschlossen ist, ist jede rekursiv aufzählbare Sprache auch rekursiv. Damit wäre die Begriffsbildung „rekursiv aufzählbar" überflüssig. Das hätte unwahrscheinliche Konsequenzen. Z. B. wäre die Klasse der beweisbaren Theoreme rekursiv, und es gäbe einen Superalgorithmus, der jede (mathematische) Behauptung auf ihre Richtigkeit überprüft und die korrekte Entscheidung in endlicher Zeit ausgibt. Andererseits gilt für jede Sprache L, die rekursiv aufzählbar, aber nicht rekursiv ist, daß ihr Komplement $\overline{L}$ nicht einmal rekursiv aufzählbar ist. Sonst wäre L ja rekursiv. Später finden wir eine Sprache, die rekursiv aufzählbar, aber nicht rekursiv ist. Das Komplement dieser Sprache ist dann nicht einmal rekursiv aufzählbar. Damit ist die Klasse der rekursiv aufzählbaren Sprachen nicht gegen Komplementbildung abgeschlossen.

2.4 Unentscheidbare Probleme

Motivation

Natürlich ist es für uns angenehmer und praktischer, wenn ein Problem entscheidbar ist, als wenn es unentscheidbar ist. Warum freuen wir uns dennoch, wenn wir nachweisen, daß ein Problem unentscheidbar ist?

Ob ein Problem entscheidbar oder unentscheidbar ist, können wir uns nicht aussuchen. Dies steht bereits seit Urzeiten fest, nur hat sich vor langer Zeit niemand dafür interessiert. Wir können also nur versuchen, die Wahrheit herauszufinden. Wenn wir ein Problem als unentscheidbar nachweisen, freuen wir uns also nicht so sehr darüber, daß es unlösbar ist, sondern darüber, daß wir unser Wissen erweitert haben.

Aus praktischer Sicht bedeutet dies, daß es sinnlos ist, nach einem Algorithmus zur allgemeinen Lösung des Problems zu suchen. Die Suche nach Algorithmen für praktisch wichtige Teilprobleme kann dennoch sinnvoll sein.

Es gibt mehr Probleme als Programme

Diese Aussage bildet ein nützliches Hintergrundwissen. Die Menge der Sprachen über dem Alphabet $\{0, 1\}$, also eine Teilmenge aller Probleme, ist bereits gleichmächtig zur Menge der reellen Zahlen. Dagegen ist die Menge der Programme eine Teilmenge der endlichen Zeichenketten über einem endlichen Zeichenvorrat, also nur gleichmächtig zur Menge der natürlichen Zahlen. Aus der Mathematik ist bekannt, daß es keine surjektive Abbildung von der Menge der natürlichen Zahlen in die Menge der reellen Zahlen gibt (Cantorsches Diagonalisierungsprinzip). Da aber jedes Programm nur ein Problem löst, gibt es unlösbare Probleme.

Probleme, für die jedes Programm Fehler macht

Wir wollen eine unentscheidbare Sprache „konstruieren". Dazu zählen wir alle Programme in einer beliebigen Reihenfolge auf. Ebenso zählen wir alle 0-1-Folgen in einer beliebigen Reihenfolge auf. Um eine Sprache zu konstruieren, die von keinem Programm entschieden wird, definieren wir die Sprache so, daß jedes Programm mindestens einen Fehler macht. Dazu betrachten wir das Verhalten des i-ten Programmes in unserer Aufzählung bei Eingabe des i-ten Wortes. Genau dann wenn das Programm dieses Wort akzeptiert, soll das Wort *nicht* zu unserer Sprache L gehören. Also macht das i-te Programm auf dem i-ten Wort einen Fehler, wenn es L entscheiden soll. Auf diese Weise entsteht die im Lehrbuch D genannte *Diagonalsprache*.

Das Halteproblem H ist nicht rekursiv

Es wäre schön, wenn wir vor dem Start eines Programmes testen könnten, ob das Programm auf einer vorgegebenen Eingabe nach endlich vielen Schritten stoppt. Dies ist das *Halteproblem H*. Mit einem Algorithmus für das Halteproblem könnten wir auch das oben definierte Problem D, für das jedes Programm einen Fehler macht, entscheiden. Dieser Widerspruch impliziert, daß das Halteproblem nicht entscheidbar ist. Wie können wir mit einem Algorithmus für H auch D entscheiden ? Wir stellen für die Eingabe w fest, das wievielte Wort es in unserer Aufzählung ist. Wenn es das i-te Wort ist, entscheiden wir mit dem Algorithmus für H, ob das i-te Programm in unserer Aufzählung auf w in endlicher Zeit stoppt. Wenn nicht, muß w für D akzeptiert werden. Ansonsten simulieren wir das i-te Programm auf w und negieren die Antwort.

Dieser Beweis ist technisch nicht schwierig. Ungewohnt ist, daß wir mit einem nicht existierenden Programm für H argumentieren. Das ist jedoch die übliche Vorgehensweise bei sogenannten Widerspruchsbeweisen oder indirekten Beweisen. Diese Beweisstrategie ist so erfolgreich, da wir mit der zu widerlegenden Annahme eine Voraussetzung mehr haben als bei direkten Beweisen.

Die universelle Sprache U ist nicht rekursiv, aber rekursiv aufzählbar

Die *universelle Sprache U* besteht in der allgemeinen Aufgabe, für jedes Programm und jede Eingabe zu entscheiden, ob das Programm die gegebene Eingabe akzeptiert. Das Problem D, für das jedes Programm einen Fehler macht, oder genauer das Komplement dieses Problems $\bar{D}$, ist ein Teilproblem von U. Mit D ist (s. o.) auch $\bar{D}$ und damit auch U nicht rekursiv.

Programme sind für uns Gödelnummern, da Rechner Turingmaschinen sind. Also hat jede universelle Turingmaschine die Eigenschaft, daß sie U semientscheidet. Da U rekursiv aufzählbar ist, ist das Komplement $\bar{U}$ noch nicht einmal rekursiv aufzählbar.

Allgemeine Eigenschaften von Programmen sind nicht entscheidbar

Das Halteproblem und die universelle Sprache sind über Eigenschaften der Programme, die ihnen als Eingabe gegeben werden, definiert. Die Unentscheidbarkeit dieser Probleme ist nur ein Spezialfall des Satzes von Rice (s. Lehrbuch). Dieser besagt, daß keine allgemeine Eigenschaft von Programmen (es sei denn, sie ist für kein Programm oder für alle Programme wahr) entscheidbar ist.

Was bedeutet dies? Ist der Versuch von Korrektheitsbeweisen für Programme (Softwareverifikation) damit sinnlos? Ja, wenn eine allgemeine Lösung angestrebt wird. Nein, wenn nur Teillösungen angestrebt werden. Dazu gehört die partielle Verifikation, also der Nachweis korrekten Verhaltens auf allen Eingaben, für die gestoppt wird. Oder auch die Verifikation von Programmen, die nach bestimmten Gesetzen (z. B. algebraische Spezifikation) aufgebaut sind.

2.5   Reduktionen

Ziele

Wir haben für einige Probleme nachgewiesen, daß sie nicht rekursiv sind. Ein wichtiges Lernziel besteht in der Erarbeitung einer Beweisstrategie, um Probleme als nicht rekursiv nachzuweisen. Reduktionskonzepte dienen dazu, Probleme bzgl. bestimmter Eigenschaften zu vergleichen. Für Probleme A und B und ein geeignetes Reduktionskonzept $\leq$ soll $A \leq B$ bedeuten, daß B „mindestens so schwierig" wie A ist. Später wird dies bedeuten, daß B nicht effizient berechenbar ist, wenn A nicht effizient berechenbar ist. Hier soll dies heißen, daß B nicht rekursiv ist, falls A nicht rekursiv ist. Wir sehen, daß verschiedene Ziele verschiedene Reduktionskonzepte erfordern. Wenn aber ein passendes Reduktionskonzept bekannt ist, werden Beweise, daß Probleme schwierig oder nicht rekursiv sind, einfacher.

Sei B ein Problem, von dem wir vermuten, daß es nicht rekursiv ist. Nach Definition müssen wir zeigen, daß kein Algorithmus das Problem B löst oder daß alle Algorithmen das Problem B nicht lösen. Es muß also über die unüberschaubare Menge aller Algorithmen argumentiert werden. Deswegen haben wir in Kap. 2.4 zunächst das Problem D direkt so konstruiert, daß alle Programme fehlerhaft arbeiten, wenn sie D lösen sollen.

Wenn ein passendes Reduktionskonzept bekannt ist, ist es ausreichend, ein als nicht rekursiv bekanntes Problem A auszuwählen und $A \leq B$ zu beweisen. Der Vorteil ist zumindest, daß nur noch über zwei Probleme, nämlich A und B, argumentiert werden muß. Die Liste der Probleme, die als nicht rekursiv bekannt sind, ist lang (auch wenn wir erst wenige derartige Probleme kennen). Wir können uns ein Problem A aus dieser Liste so auswählen, daß uns der Beweis $A \leq B$ besonders leicht fällt.

Es ist nützlich, diese Ziele in abstrakter Form zu verstehen, da sich dieses Vorgehen in Kap. 3 ebenso wiederholen wird wie in den meisten Teilgebieten der Komplexitätstheorie.

Ein Reduktionskonzept zum Nachweis der Unentscheidbarkeit von Sprachen

Wie schon diskutiert, beschränken wir uns auf Entscheidungsprobleme oder Sprachen und legen ein Alphabet Σ fest.

Eine Sprache A heißt auf B *reduzierbar*, Notation $A \leq B$, wenn es eine total rekursive Funktion f auf den Zeichenketten über Σ gibt mit der Eigenschaft: $w \in A \Leftrightarrow f(w) \in B$.

Falls B rekursiv ist, zeigt folgender Algorithmus, daß A auch rekursiv ist:

- Berechne $f(w)$ (möglich, da f total rekursiv ist).

- Entscheide, ob $f(w) \in B$ ist (möglich, da B rekursiv ist).

Die Entscheidung ist korrekt, da $f(w) \in B$ und $w \in A$ äquivalent sind.

Die Eigenschaft „$w \in A \Rightarrow f(w) \in B$" würde nicht ausreichen. Die Funktion f könnte dann jede Eingabe w auf das gleiche $w^* \in B$ abbilden. Es ist dann $f(w) \in B$ für alle w, und die Entscheidung, ob $f(w) \in B$ ist, läßt keinen Rückschluß darüber zu, ob $w \in A$ ist.

Wir erinnern daran, wie wir Reduktionen anwenden wollen. Wir wissen bereits, daß A nicht rekursiv ist, und zeigen $A \leq B$. Dann kann auch B nicht rekursiv sein.

Reduktionen, Programme und Unterprogramme

Wir haben eben gesehen, daß $A \leq B$, falls B rekursiv ist, zu einem Algorithmus für A führt, in dem nach endlich langer Rechnung einmal eine Prozedur für B als Unterprogramm aufgerufen wird.

Dies führt sofort zu Überlegungen, wie das Reduktionskonzept $\leq$ verallgemeinert werden kann. Warum soll die Prozedur für B nur am Ende aufgerufen werden? Warum soll die Prozedur für B nur einmal aufgerufen werden?

Die Folgerung „B rekursiv $\Rightarrow A$ rekursiv" oder, was äquivalent ist, „A nicht rekursiv $\Rightarrow B$ nicht rekursiv" bleibt richtig, wenn wir endlich oft Fragen, ob Zeichenketten zu B gehören, beantwortet bekommen. Es hat sich aber erwiesen, daß in den meisten Beweisen der eingeschränkte Reduktionsbegriff ausreicht. Nur aus diesem Grund wird mit „$\leq$" stets der oben definierte, eingeschränkte Reduktionsbegriff bezeichnet.

Fazit: Wir haben bekannte Ideen aus der Top-Down-Programmierung umgekehrt. Wenn wir dort ein Programm entworfen haben, das eine noch nicht konzipierte Prozedur aufruft, haben wir im Hinterkopf die folgenden Gedanken: Die Prozedur kriegen wir noch hin, und wenn die Prozedur läuft, läuft das ganze Programm. Das Vorgehen hier ist das gleiche, nur die Gedanken im Hinterkopf laufen in die

Gegenrichtung. Das Problem A, das vom Gesamtprogramm gelöst werden soll, ist gar nicht lösbar. Daher kann das Problem B, das von der noch nicht konzipierten Prozedur gelöst werden soll, nicht lösbar sein. Ansonsten wäre ja auch A lösbar. Wir sehen wiederum, daß wir uns vor allem an die indirekte Denkweise gewöhnen müssen.

Ein Rückblick auf Nichtrekursivitätsbeweise

Der Beweis, daß ein Problem nicht rekursiv ist, mit Hilfe des Reduktionskonzeptes setzt die Kenntnis mindestens eines nicht rekursiven Problems voraus. Also mußte der erste Beweis, daß ein Problem nicht rekursiv ist, anders erfolgen. Danach wußten wir, daß das Problem D nicht rekursiv ist.

Der Beweis, daß das Halteproblem H nicht rekursiv ist, ist ein schönes Beispiel für das verallgemeinerte Reduktionskonzept. Die unbekannte Prozedur H wird in dem für D entworfenen Algorithmus zwar nur einmal, aber nicht am Ende aufgerufen.

Der Beweis, daß die universelle Sprache U nicht rekursiv ist, kann als Reduktion aufgefaßt werden. Zuvor wird die Abgeschlossenheit der Klasse der rekursiven Sprachen gegen Komplementbildung ausgenutzt. Da D nicht rekursiv ist, kann das Komplement $\overline{D}$ nicht rekursiv sein. Die Reduktion $\overline{D} \leq U$ ist besonders einfach. Da $\overline{D}$ ein Teilproblem von U ist, kann als Abbildung die identische Abbildung $f(w) = w$ benutzt werden.

Wie werden Nichtrekursivitätsbeweise entworfen?

Nicht rekursive Probleme tauchen nicht nur in der Theoretischen Informatik auf. In Gebieten, wie z. B. Verifikation von Software, Künstliche Intelligenz oder Datenbanken und Informationssysteme, würde man gerne Probleme lösen, die sich als nicht rekursiv erweisen. Wer in der Praxis in solchen Gebieten arbeitet, kann also leicht auf Probleme stoßen, für die sich zunächst die Frage stellt, ob sie rekursiv sind. Wenn sie rekursiv sind, lohnt sich die Suche nach effizienten Lösungen. Der Nachweis, daß ein Problem nicht rekursiv ist, kann der Anstoß dazu sein, geeignet eingeschränkte Probleme näher zu untersuchen.

Schwierig wird es, wenn wir in ein völlig neues Themengebiet vorstoßen, in dem noch kein Problem als nicht rekursiv nachgewiesen ist. Dann muß ein nicht rekursives Problem A aus einem ganz anderen Themengebiet auf das betrachtete Problem B reduziert werden. Solche Beweise sind schwierig, und sie gehören mehr in die Forschung als in das Alltagsleben von Informatikerinnen und Informatikern. Wenn aber bereits eine Liste von als nicht rekursiv bewiesenen Problemen aus dem betrachteten Themengebiet bekannt ist, bedarf es „nur" einer Portion Übung und Intuition, ein passendes Problem A aus dieser Liste auszuwählen und auf B zu reduzieren.

Es ist anschaulicher, den Entwurf von Reduktionen im Rahmen der NP-Vollständigkeitstheorie zu trainieren, siehe Kap. 3.

Das Postsche Korrespondenzproblem PKP — Motivation

Schon 1946 wurde das *Postsche Korrespondenzproblem* PKP von Post als nicht rekursiv nachgewiesen. Die Behandlung dieses Beweises läßt sich auf verschiedene
Weisen motivieren:

- Das PKP liefert den Transfer in ein neues Themengebiet. Es ist als kombina-
  torisches Knobelspiel formuliert, und es läßt sich (s. Kap. 6) relativ leicht auf
  Probleme über kontextfreie Grammatiken reduzieren.

- Die Reduktion des Halteproblems auf das PKP zeigt, wie sich allgemeine Turingmaschinenberechnungen codieren lassen.

Wir behandeln hier gleich das modifizierte Postsche Korrespondenzproblem MPKP,
da die Reduktion MPKP $\leq$ PKP keine verallgemeinerbaren Techniken enthält. Es
sind Paare von Zeichenketten $(x_1, y_1), \ldots, (x_k, y_k)$ über einem endlichen Alphabet
vorgegeben, für die entschieden werden soll, ob es Indizes $i_1 = 1, i_2, \ldots, i_n$ gibt (n
beliebig), so daß die Zeichenkette $x_{i_1} x_{i_2} \ldots x_{i_n}$ gleich der Zeichenkette $y_{i_1} y_{i_2} \ldots y_{i_n}$
ist. In den nicht trivialen Fällen ist $x_1 \neq y_1$, aber, wenn x_1 kürzer als y_1 ist, stimmt
der Anfang von y_1 mit x_1 überein. Nun muß i_2 so gewählt werden, daß $x_1 x_{i_2} = y_1 y_{i_2}$
ist (Lösung gefunden) oder der Anfang der längeren Zeichenkette mit der kürzeren
Zeichenkette übereinstimmt. Wenn das nicht möglich ist, ist das Problem für die
gegebenen Paare gelöst (es gibt keine Lösung). Es kann aber mehrere Kandidaten
für i_2 und danach auch für i_3, usw. geben. Das Problem ist, daß es beliebig lange
passende Anfangsstücke geben kann, ohne daß daraus entschieden werden kann, ob
sie zu einer Lösung verlängert werden können.

Für eine konkrete Eingabe kann es ein spannendes Knobelproblem sein herauszufinden, ob es eine Lösung gibt. Für bestimmte Eingaben kann es gelingen, eine Lösung
zu finden oder nachzuweisen, daß es keine Lösung gibt. Die Frage, ob MPKP rekursiv ist, ist aber die Frage, ob es *einen* Algorithmus gibt, der für *alle* Eingaben die
richtige Antwort liefert.

Die Ideen einer Reduktion von H auf MPKP

Wir haben es mit Eingaben für das Halteproblem H zu tun, d. h. mit Gödelnummern
$\langle M \rangle$ und Zeichenketten w. Es ist zu entscheiden, ob die Turingmaschine M auf
der Eingabe w hält. Dies soll mit Hilfe des MPKP geschehen. Rechnungen von
Turingmaschinen sind Folgen von Konfigurationen. Genau dann, wenn M auf w hält,
enthält eine der bei der Rechnung erzeugten Konfigurationen einen Stoppzustand.

Die bei der Reduktion vorgesehene Transformation f soll eine Eingabe für das MPKP mit der folgenden Eigenschaft erzeugen:

- In jedem Anfangsstück einer Lösung spiegelt sich die Rechnung von M auf w wider.

- Solange die Rechnung noch keinen Stoppzustand erreicht hat, hat die y-Zeichenkette eine Konfiguration „Vorsprung".

- Genau dann, wenn die Rechnung einen Stoppzustand erreicht hat, darf die x-Zeichenkette „aufholen", bis die Zeichenketten gleich sind.

Damit sind die Hauptideen bereits genannt. Bei der Umsetzung ist zu beachten, daß die Länge der Konfigurationen nicht beschränkt ist und es daher nicht für jede Konfiguration ein (x, y)-Paar geben kann. Die Einfachheit von Turingmaschinen sichert aber, daß die Nachfolgekonfiguration sich von der Vorgängerkonfiguration nur im Zustand, dem folgenden Buchstaben und der Position des Zustandes, für die es aber auch nur drei Möglichkeiten gibt, unterscheiden kann.

Die technisch aufwendige Aufgabe, nun die Transformation zu entwerfen, soll hier nicht besprochen werden. Wir listen noch die Eigenschaften auf, die hinterher überprüft werden müssen:

- Die Transformation ist eine total rekursive Funktion.

- Falls M auf w hält, liefert die Transformation eine Eingabe für das MPKP, die eine Lösung hat.

- Falls M auf w nicht hält, liefert die Transformation eine Eingabe für das MPKP, die keine Lösung hat.

Am Ende sei betont, daß die Lokalität von Turingmaschinenberechnungen die Reduktion ermöglicht. Eine direkte Reduktion des Halteproblems für Registermaschinen oder reale Rechner auf das MPKP hätte viel mehr Hürden zu überwinden.

2.6 Zusammenfassung

Der intuitive Begriff „lösbares Problem" oder „berechenbare Funktion" läßt sich mit Hilfe von Turingmaschinen formalisieren. Alle anderen bekannten Rechnermodelle würden zum gleichen Berechenbarkeitsbegriff führen. Dies führt zur Churchschen These, daß die Klasse der intuitiv berechenbaren Funktionen mit der Klasse der Turing-berechenbaren Funktionen übereinstimmt. Turingmaschinen sind besser geeignet, um strukturelle Untersuchungen über Probleme durchzuführen. Registermaschinen sind hardwarenahe Modelle realer Rechner. Turingmaschinen sind nur polynomiell langsamer als Registermaschinen.

Der Unterschied zwischen programmierten und programmierbaren Rechnern ist künstlich. Programme können als Daten aufgefaßt werden. Universelle Rechner sind fest programmierte Rechner, die jedes Programm auf beliebige Daten anwenden können.

Entscheidungsprobleme und Sprachen sind dasselbe, nur von verschiedenen Standpunkten aus betrachtet. Für Sprachen ist nicht nur Entscheidbarkeit (Rekursivität) eine wichtige Eigenschaft, sondern auch Semientscheidbarkeit (rekursive Aufzählbarkeit). So ist die universelle Sprache ebenso rekursiv aufzählbar, aber nicht rekursiv, wie die Menge beweisbarer Theoreme.

Die Klasse der rekursiven Sprachen ist abgeschlossen gegen Vereinigung, Durchschnitt und Komplementbildung, die Klasse der rekursiv aufzählbaren Sprachen nur gegen Vereinigung und Durchschnitt, aber nicht gegen Komplementbildung; die universelle Sprache U ist ein Gegenbeispiel.

Es kann direkt eine nicht rekursive Sprache D konstruiert werden. Nach Definition macht jedes Programm für sie mindestens einen Fehler. Daraus läßt sich ableiten, daß so zentrale Probleme wie das Halteproblem oder die universelle Sprache nicht rekursiv sind.

Wenn sich ein nicht rekursives Problem A auf ein Problem B reduzieren läßt, ist auch B nicht rekursiv. Ein Algorithmus für B würde als Unterprogramm ein unfertiges Programm für A zu einem lauffähigen Programm machen. Der Beweis, daß das Postsche Korrespondenzproblem nicht rekursiv ist, ist ein erstes Beispiel für eine Reduktion zwischen intuitiv sehr verschiedenen Problemen und bildet einen Brückenschlag zu Problemen über kontextfreie Grammatiken.

Wichtige Probleme in praxisorientierten Teilgebieten der Informatik haben sich als nicht rekursiv erwiesen. Die Überprüfung, ob Probleme rekursiv sind, ist kein rein theoretisches Problem, sie muß auch bei Anwendungen der Informatik vorgenommen werden.

2.7 Übungsaufgaben mit Lösungsansätzen

Hinweis: Die ersten vier Aufgaben behandeln Probleme um die bekannte Kreiszahl π. Damit soll die intuitive Bedeutung der Begriffe „rekursiv" und „rekursiv aufzählbar" in Beziehung zu anschaulichen Problemen gesetzt werden.

1.) Diskutiere, ob die folgende Funktion $f_1 : \{0, 1, \ldots, 9\}^* \to \{0, 1\}$ total rekursiv ist. Es ist $f_1(x) = 1$ genau dann, wenn x das Anfangsstück der Dezimaldarstellung von π ist.

Zwar ist Rekursivität über Turingmaschinen definiert. Nach der These von Church können wir aber mit realen Rechnern argumentieren. Die meisten Taschenrechner geben π mit einer gewissen Genauigkeit aus. Aber diese Stellen von π könnten fest eingespeichert sein.

Wir benötigen eine Methode, die Zahl π zu approximieren. Dazu finden wir in Formelsammlungen die Gleichung

$$\pi = 4 - 8 \sum_{1 \leq i < \infty} \frac{1}{(4i - 1)(4i + 1)}.$$

Da π irrational ist, hat π einen positiven Abstand von der durch x dargestellten Zahl. Wenn wir die Reihe genügend genau approximieren, können wir $f_1(x)$ ausrechnen.

Da die Funktion f_1 mit Rechnerhilfe ausgewertet werden kann, ist sie total rekursiv.

2.) Diskutiere, ob die folgende Funktion $f_2 : \{0, 1, \ldots, 9\}^* \to \{0, 1\}$ total rekursiv ist. Es ist $f_2(x) = 1$ genau dann, wenn x als geschlossener Block in der Dezimaldarstellung von π vorkommt.

Die Methode der Lösung von Aufgabe 1 führt nicht zum Ziel, da x ja stets noch weiter hinten in der Darstellung von π vorkommen könnte. Unsere Überlegungen, f_2 zu berechnen, schlagen fehl. Daher sollten wir versuchen zu überlegen, warum f_2 nicht total rekursiv sein könnte. Reduktionen, z. B. vom Halteproblem aus, scheinen hoffnungslos zu sein.

Auch der Autor weiß nicht, ob f_2 total rekursiv ist oder nicht. Wir wissen zu wenig über π. Es ist möglich, daß π alle Zahlenblöcke enthält. Dann ist f_2 die Konstante 1 und natürlich total rekursiv. Es ist aber auch möglich, daß die Sprache der in π enthaltenen Zahlenblöcke eine so komplexe Struktur hat, daß sie nicht rekursiv ist.

Bereits sehr einfach zu formulierende Probleme können offene Forschungsprobleme sein.

3.) Zeige, daß die Sprache $f_2^{-1}(1)$ für die Funktion f_2 aus Aufgabe 2 rekursiv aufzählbar ist.

Wir wissen nicht, ob die Sprache rekursiv ist. Wir suchen also einen Algorithmus, der für x mit $f_2(x) = 1$ nach endlich vielen Schritten stoppt und akzeptiert und für x mit $f_2(x) = 0$ nicht stoppt. Wie soll das gehen? Wenn x in π vorkommt, endet das erste Vorkommen von x an einer Stelle n. Wenn wir also π bis zur Stelle n

korrekt berechnet haben, können wir x akzeptieren. Da wir n nicht kennen, können wir die Suche nie in der Gewißheit abbrechen, daß $f_2(x) = 0$ ist. Aber das ist ja nicht gefordert.

Der Lösungsalgorithmus besteht also aus einer unendlichen Schleife, für wachsendes n die ersten n Stellen in der Dezimaldarstellung von π zu berechnen (s. Lösung zu Aufgabe 1) und zu prüfen, ob x als Endblock in dieser Darstellung vorkommt. Im positiven Fall wird x akzeptiert, im negativen Fall n um 1 erhöht.

4.)   Diskutiere, ob die folgende Funktion $f_3 : \{0, 1, \ldots, 9\}^* \to \{0, 1\}$ total rekursiv ist. Die Eingabe x wird als Dezimalzahl interpretiert. Es ist $f_3(x) = 1$ genau dann, wenn es in der Dezimaldarstellung von π einen geschlossenen Block von mindestens x Siebenen gibt.

Zunächst sieht es so aus, als könnten wir die Diskussion zu Aufgabe 2 wörtlich übernehmen. Es ist wahr, daß der Autor keinen Algorithmus zur Berechnung von f_3 angeben kann. Aber diese Aufgabe liefert einen wertvollen Beitrag zum Begriff „total rekursiv". Es geht nicht darum, ob wir oder irgend jemand anderes einen Algorithmus *kennen*, sondern ob es einen Algorithmus *gibt*. Hier sind wir in der Lage, die Existenz eines Algorithmus zu beweisen, ohne einen Algorithmus angeben zu können.

Wir fassen die Funktion f_3 als Funktion $f_3 : \mathbb{N} \to \{0, 1\}$ auf. Falls $f_3(x) = 0$, gibt es keinen Block von mindestens x Siebenen in π, also auch keinen Block von mindestens $x + 1$ Siebenen, d.h. $f_3(x + 1) = 0$. Damit ist f_3 eine monoton fallende Funktion mit Bildbereich $\{0, 1\}$. Für f_3 gibt es nur die folgenden Möglichkeiten:

- f_3 ist konstant 0 (dies ist tatsächlich nicht möglich, da die 13. Stelle von π hinter dem Komma eine Sieben ist).

- f_3 ist konstant 1.

- es gibt eine natürliche Zahl N mit $f_3(x) = 1$, falls $x \le N$, und $f_3(x) = 0$, falls $x > N$.

Jede der möglichen Funktionen ist offensichtlich berechenbar, also ist die uns noch unbekannte Funktion f_3 total rekursiv.

Hinweis: Die nächsten beiden Aufgaben verdeutlichen die Unterschiede zwischen den Begriffen „rekursiv" und „rekursiv aufzählbar".

5.)   Eine Sprache L ist genau dann rekursiv, wenn es eine Turingmaschine gibt, die die Wörter $w \in L$ in kanonischer (lexikographischer) Reihenfolge auf ein Ausgabeband schreibt.

Diese Behauptung läßt sich leicht zeigen. Ist L rekursiv, können alle Wörter w in kanonischer Reihenfolge darauf überprüft werden, ob sie zu L gehören. Nur die Wörter $w \in L$ werden auf das Ausgabeband geschrieben. Für die Umkehrung müssen wir unterscheiden, ob L endlich ist, d. h. nur endlich viele Wörter enthält, oder nicht. Jede endliche Sprache ist rekursiv, da Sprachen, die nur ein Wort enthalten, leicht entschieden werden können und die Klasse rekursiver Sprachen gegen endliche Vereinigungen abgeschlossen ist. Falls L unendlich ist, entscheiden wir auf folgende Weise, ob $w \in L$ ist. Wir benutzen die Turingmaschine, die die Wörter aus L in kanonischer Reihenfolge aufzählt. Falls sie das Wort w auf das Ausgabeband schreibt, wird w akzeptiert und gestoppt. Falls sie ein Wort w', das in der kanonischen Reihenfolge hinter w steht, auf das Ausgabeband schreibt, wird w verworfen. Da L unendlich ist, stoppt dieser Algorithmus stets mit der korrekten Antwort.

6.)   Eine Sprache L ist genau dann rekursiv aufzählbar, wenn es eine Turingmaschine gibt, die die Wörter $w \in L$ in beliebiger Reihenfolge auf ein Ausgabeband schreibt.

Für diese Behauptung ist etwas mehr Arbeit nötig. Wir können die Wörter w nicht einfach nacheinander abarbeiten, da die Rechenzeit für ein Wort w unendlich sein kann. Statt dessen müssen wir sicherstellen, daß wir für jedes Wort beliebig lange arbeiten. Dazu benutzen wir eine Zickzackordnung auf $\mathbb{N} \times \mathbb{N}$. Dabei ist $(i,j) <$ (i',j'), falls $i + j < i' + j'$ ist oder $i + j = i' + j'$ und $i < i'$ ist. Die Ordnung beginnt also mit $(1,1),(1,2),(2,1),(1,3),(2,2),(3,1),(1,4),(2,3),\ldots$.

Sei nun L rekursiv aufzählbar und M eine Turingmaschine, die die Wörter $w \in L$ in endlicher Zeit akzeptiert und für Wörter $w \notin L$ o. B. d. A. nicht stoppt. Wir arbeiten nun nach der Zickzackordnung auf $\mathbb{N} \times \mathbb{N}$. Für das Paar (i,j) simulieren wir M auf dem i-ten Wort w_i der kanonischen Ordnung für j Rechenschritte und schreiben w_i auf das Ausgabeband, wenn w_i nach genau j Rechenschritten akzeptiert wird. Wenn $w \notin L$ ist, wird w sicherlich nicht auf das Ausgabeband geschrieben. Wenn $w \in L$ ist, wird w von M akzeptiert. Sei w das i-te Wort in der kanonischen Ordnung und t die von M für w benötigte Rechenzeit. Unsere Algorithmen arbeiten auf jedem Paar nur endliche Zeit, und vor (i,t) stehen in der Zickzackordnung höchstens $(i + t)^2$ andere Paare. Also wird w nach endlicher Zeit auf das Band geschrieben.

Die Umkehrung ist wieder einfach. Jedes Wort, das auf das Ausgabeband geschrieben wird, wird mit w verglichen. Bei Gleichheit wird gestoppt und akzeptiert.

Fazit: Rekursivität ist äquivalent zur geordneten Auflistung der Sprache, während rekursive Aufzählbarkeit äquivalent zur ungeordneten Auflistung der Sprache ist. Eine ungeordnete Auflistung heißt im Sprachgebrauch auch Aufzählung. Damit haben wir auch die Begriffsbildung „rekursiv aufzählbar" erläutert.

7.)   Für $f : \{0,1\}^n \rightarrow \{0,1\}$ gibt es eine Turingmaschine, die $f^{-1}(1)$ in $n + 1$

Schritten entscheidet.

Natürlich ist $f^{-1}(1)$ eine endliche Menge. Wir haben schon in der Lösung zu Aufgabe 5 begründet, warum endliche Mengen rekursiv sind. Hier ist auch eine Zeitschranke gefordert. Wir müssen feststellen, ob w die passende Länge n hat. Deswegen kann es nicht vermieden werden, sich auch die Speicherzelle $n+1$ anzusehen. Für Wörter der passenden Länge müssen wir entscheiden, ob $w \in f^{-1}(1)$ ist. Dazu benutzen wir die Zustandsmenge der Turingmaschine als Speicher für das bereits gelesene Wort. Wir benutzen $2^{n+1}+1$ Zustände. Für jedes Wort $w \in \{0,1\}^k$ mit $0 \leq k \leq n$ gibt es einen Extrazustand, und zusätzlich gibt es einen akzeptierenden und einen verwerfenden Stoppzustand. Wir starten im Zustand für das leere Wort. Wenn wir im Zustand w mit $|w| < n$ eine 0, eine 1 oder B lesen, gehen wir in den Zustand für $w0$, $w1$ bzw. den verwerfenden Stoppzustand, da die Eingabe zu kurz ist. Wenn wir im Zustand w mit $|w| = n$ eine 0 oder eine 1 lesen, gehen wir in den verwerfenden Stoppzustand, da die Eingabe zu lang ist. Wenn wir jedoch B lesen, hat die Eingabe die richtige Länge. Abhängig vom Zustand, der gleich der Eingabe ist, gehen wir in den akzeptierenden oder verwerfenden Stoppzustand.

Fazit: Berechenbarkeit ist für Funktionen mit endlichem Definitionsbereich kein Thema. Für diese Funktionen kann es nur um die effiziente Berechenbarkeit gehen. Kann z. B. die Zustandszahl verkleinert werden? Wir halten fest, daß auch das Halteproblem H_n, das aus allen $\langle M \rangle w \in H$ der Bitlänge n besteht, rekursiv ist. (Auch hier wie in Aufgabe 4 wissen wir eventuell nicht, wie wir H_n entscheiden.)

8.)   Simuliere zweidimensionale Turingmaschinen (der Speicher ist ein unendliches Schachbrett, es gibt für den Kopf fünf Bewegungsrichtungen Rechts, Links, Oben, Unten, Nicht bewegen) durch normale Turingmaschinen.

Um den Zeitverlust zu minimieren, können wir daraus eine Tüftelaufgabe machen. Die Positionen auf dem Schachbrett werden mit $(i,j) \in \mathbb{Z} \times \mathbb{Z}$ bezeichnet, Startpunkt ist $(0,0)$. Diese Positionen werden nun auf ein eindimensionales Band übertragen, z. B. mit der Kreisordnung auf $\mathbb{Z} \times \mathbb{Z}$. Dabei ist $(i,j) < (i',j')$, wenn $|i|+|j| < |i'|+|j'|$ ist oder $|i| + |j| = |i'| + |j'|$ und $i < i'$ oder $i = i'$ und $j < j'$ ist. Die Ordnung beginnt wie folgt: $(0,0), (-1,0), (0,-1), (0,1), (1,0), (-2,0), (-1,-1), (-1,1), \ldots$. Unabhängig von der gewählten Ordnung muß für manche Kopfbewegungen der zweidimensionalen Turingmaschine die aktuelle Kopfposition auf dem eindimensionalen Band mühselig gesucht werden.

Mit unserem strukturellen Wissen können wir aber auch anders und einfacher argumentieren. Reale Rechner können virtuell Speicher für beliebig große zweidimensionale Arrays anlegen. Für die vier Quadranten der zweidimensionalen Turingmaschine (hier zählt 0 zu den positiven Zahlen) werden derartige Arrays angelegt. Also kann eine zweidimensionale Turingmaschine mit nur konstantem Zeitaufwand pro Schritt durch reale Rechner simuliert werden. Diese können wiederum durch normale

Turingmaschinen simuliert werden.

Fazit: Neues Wissen sollte angewendet werden. Übungsaufgaben sind oft viel einfacher zu lösen, wenn neues Wissen eingesetzt wird, als wenn die Lösung „zu Fuß" versucht wird.

9.)   Sei M eine Turingmaschine mit $|Q|$ Zuständen und $|\Gamma|$ Zeichen im Bandalphabet, die auf Eingaben der Länge n nur die Speicherzellen $1, \ldots, s(n)$ benutzt. Wenn M auf einer Eingabe w der Länge n stoppt, dann stoppt M auf w nach spätestens $|Q|\,|\Gamma|^{s(n)}\,s(n)$ Schritten.

Die entscheidende Idee ist die folgende. Wenn eine Turingmaschine dieselbe Konfiguration zum zweiten Mal erreicht, ist sie in eine Endlosschleife geraten und wird nie stoppen. Wenn nur $s(n)$ Speicherzellen benutzt werden, läßt sich die Zahl verschiedener Konfigurationen leicht abschätzen. Es gibt $|Q|$ verschiedene Zustände, $s(n)$ verschiedene Kopfpositionen und für jede der $s(n)$ Speicherzellen $|\Gamma|$ verschiedene Inhalte.

Fazit: Das Halteproblem eingeschränkt auf speicherplatzbeschränkte Turingmaschinen ist rekursiv (wenn die Speicherplatzschranke berechenbar ist). Die in der Aufgabe angegebene Schranke wird berechnet und die Maschine dann nur für diese Anzahl von Schritten simuliert. Sie hält genau dann, wenn sie bereits innerhalb dieser Zeitschranke gehalten hat.

10.)   Die Klasse der rekursiven und die Klasse der rekursiv aufzählbaren Sprachen sind abgeschlossen gegen endliche Vereinigungen. Gilt dies auch für unendliche Vereinigungen?

Wir können zwei oder auch endlich viele Turingmaschinen parallel arbeiten lassen und dies wiederum durch eine Turingmaschine simulieren. Dies geht aber nicht für unendlich viele Turingmaschinen. Also läßt sich der Beweis für endliche Vereinigungen nicht auf unendliche Vereinigungen übertragen.

Da wir keine Idee haben, die Abgeschlossenheit gegen unendliche Vereinigungen zu beweisen, denken wir in die andere Richtung. Was für Konsequenzen hätte ein Beweis der Abgeschlossenheit gegen unendliche Vereinigungen? Jede Sprache ist doch die Vereinigung einelementiger Sprachen. Sprachen, die nur ein Wort enthalten, sind endlich und somit rekursiv und rekursiv aufzählbar. Wenn also die Klasse aller rekursiven Sprachen oder rekursiv aufzählbaren Sprachen gegen unendliche Vereinigung abgeschlossen wäre, dann wären alle Sprachen rekursiv bzw. rekursiv aufzählbar. Wir wissen aber, daß das Komplement der universellen Sprache weder rekursiv noch rekursiv aufzählbar ist. Also lautet die Antwort: Nein.

11.)   Ist die Klasse der rekursiven Sprachen oder die Klasse der rekursiv aufzählbaren Sprachen gegen Differenzbildung abgeschlossen?

Diese Frage wollen wir allgemeiner beantworten. Formal ist die Mengendifferenz
definiert durch $L_1 - L_2 = L_1 \cap \overline{L_2}$.

Ist also eine Sprachklasse gegen Durchschnitte und Komplementbildung abgeschlossen, gilt dies auch für die Differenzbildung. Also lautet die Antwort für die Klasse
der rekursiven Sprachen: Ja.

Gleichzeitig hat die Differenzbildung soviel mit Komplementbildung zu tun, daß wir
vermuten, daß die Antwort für die Klasse der rekursiv aufzählbaren Sprachen negativ
ausfällt. Um dies nachzuweisen, wählen wir als L_1 die Sprache Σ^* aller Wörter über
Σ. Diese Sprache ist trivial entscheidbar, da jedes Wort akzeptiert werden kann.
Nun ist $\Sigma^* - L_2 = \overline{L_2}$. Wäre die Klasse der rekursiv aufzählbaren Sprachen gegen
Differenzbildung abgeschlossen, dann auch gegen Komplementbildung. Also lautet
die Antwort: Nein.

12.)   Für Reduktionen wird die Notation $\leq$ benutzt. Dies deutet zumindest auf eine
partielle Ordnung hin. Die Relation $\leq$ sollte also die Eigenschaften Reflexivität und
Transitivität haben. Zeige also:

  a) $L \leq L$ für alle Sprachen L.

  b) $L_1 \leq L_2$ und $L_2 \leq L_3 \Rightarrow L_1 \leq L_3$.

Die Behauptungen sind mit der umgangssprachlichen Bedeutung „B ist mindestens
so schwierig wie A" für $A \leq B$ anschaulich klar. Dies ersetzt jedoch keinen Beweis.

Teil a) ist trivial, da als Transformation die Identität $f(w) = w$ benutzt werden
kann.

Behauptungen wie in Teil b) bearbeitet man am besten, indem man die Voraussetzungen und die Behauptung ausführlich hinschreibt.

Voraussetzungen: $L_1 \leq L_2$ und $L_2 \leq L_3$.

  – Es gibt eine total rekursive Funktion $f_1 : \Sigma^* \to \Sigma^*$ mit der Eigenschaft
    $w \in L_1 \Leftrightarrow f_1(w) \in L_2$.

  – Es gibt eine total rekursive Funktion $f_2 : \Sigma^* \to \Sigma^*$ mit der Eigenschaft
    $x \in L_2 \Leftrightarrow f_2(x) \in L_3$.

Behauptung: $L_1 \leq L_3$.

  – Es gibt eine total rekursive Funktion $g : \Sigma^* \to \Sigma^*$ mit der Eigenschaft
    $w \in L_1 \Leftrightarrow g(w) \in L_3$.

Jetzt bedarf es nur noch eines scharfen Hinsehens, um den Versuch zu starten, $g := f_2 \circ f_1$ für die Hintereinanderausführung „$\circ$" von Funktionen zu definieren. Die Funktion g ist total rekursiv. Die Klasse der total rekursiven Funktionen ist natürlich gegen Hintereinanderausführung abgeschlossen, da wir stets haltende Programme nacheinander ausführen können. Die geforderte Eigenschaft gilt ebenfalls:

$$w \in L_1 \;\Leftrightarrow\; f_1(w) \in L_2 \quad \text{(Voraussetzung)}$$
$$x \in L_2 \;\Leftrightarrow\; f_2(x) \in L_3 \quad \text{(Voraussetzung)}.$$

Da als x auch $f_1(w)$ zugelassen ist, folgt

$$w \in L_1 \Leftrightarrow f_1(w) \in L_2 \Leftrightarrow f_2 \circ f_1(w) \in L_3 \Leftrightarrow g(w) \in L_3.$$

Fazit: Die Lösung dieser Übungsaufgabe wurde sehr ausführlich dargestellt, da sie ein erfolgreiches Rezept enthält. Voraussetzungen und Ziele sollten erst einmal ausführlich niedergeschrieben werden. Dann kann versucht werden, von beiden Seiten Umformungen vorzunehmen, bis „man sich in der Mitte trifft". Wenn Beweise oder Lösungen von Übungsaufgaben schriftlich aufbereitet werden, ist der eigentliche Lösungsweg oft nicht mehr erkennbar.

13.) Das Postsche Korrespondenzproblem PKP ist bereits über dem Alphabet $\{0,1\}$ unentscheidbar.

Aus den bekannten Gründen wollen wir ein als unentscheidbar bekanntes Problem auf die in der Aufgabenstellung beschriebene PKP-Variante $\text{PKP}_{0,1}$ reduzieren. Wir könnten wieder vom Halteproblem ausgehen und versuchen, die Reduktionen $H \leq$ MPKP und MPKP $\leq$ PKP entsprechend zu modifizieren. Prinzipiell ist es jedoch günstiger, ein möglichst ähnliches Problem auszuwählen, also PKP. Ziel ist also eine Reduktion von PKP auf $\text{PKP}_{0,1}$.

Sei $((x_1, y_1), \ldots, (x_k, y_k))$ eine Eingabe für das allgemeine PKP. Die Zeichenketten x_i und y_i sind über einem endlichen Alphabet Σ definiert. Sei $s := |\Sigma|$. Dann können wir die Buchstaben aus Σ durch Wörter der Länge $\lceil \log s \rceil$ über dem Alphabet $\{0,1\}$ codieren. Das Wort x_i^* entstehe aus x_i, indem die einzelnen Buchstaben in x_i durch ihre 0-1-Codierungen ersetzt werden. Analog entstehe y_i^* aus y_i. Dann ist die Funktion, die $((x_1, y_1), \ldots, (x_k, y_k))$ in $((x_1^*, y_1^*), \ldots, (x_k^*, y_k^*))$ transformiert, berechenbar.

Falls es für die PKP-Eingabe $((x_1, y_1), \ldots, (x_k, y_k))$ eine Lösung zur Indexfolge $i_1, \ldots, i_n$ gibt, ist $i_1, \ldots, i_n$ sicherlich auch eine Lösung für die $\text{PKP}_{0,1}$-Eingabe $((x_1^*, y_1^*), \ldots, (x_k^*, y_k^*))$.

Aber auch die Umkehrung gilt. Da die codierten Buchstaben alle dieselbe Länge haben, kann eine Lösung zu $((x_1^*, y_1^*), \ldots, (x_k^*, y_k^*))$ direkt in eine Lösung zu $((x_1, y_1), \ldots, (x_k, y_k))$ decodiert werden.

Fazit: Der Entwurf von Reduktionen ist gar nicht so schwierig, wenn die betrachteten Probleme eng verwandt sind.

2.8   Testfragen und stichwortartige Antworten

Testfragen

1. Warum beschäftigen wir uns heutzutage noch mit Turingmaschinen?

2. Inwieweit sind Registermaschinen realistische Rechner?

3. Was sind universelle Rechner? Beschreibe eine universelle Turingmaschine.

4. Wie lassen sich Registermaschinen durch Turingmaschinen und umgekehrt simulieren?

5. Wie lautet die Churchsche These? Warum läßt sie sich nicht beweisen?

6. Was folgt aus der Churchschen These?

7. Ist die Klasse der rekursiv aufzählbaren Sprachen eine sinnvolle Sprachklasse?

8. Welche Abschlußeigenschaften gelten für die Klasse der rekursiven und die Klasse der rekursiv aufzählbaren Sprachen?

9. Welche Sprachen sind nicht rekursiv aufzählbar? Beweisideen?

10. Welche Sprachen sind zwar rekursiv aufzählbar, aber nicht rekursiv? Beweisideen?

11. Wie findet man „die erste" nicht rekursive Sprache?

12. Erläutere das Reduktionskonzept $\leq$ und führe einige Beispielreduktionen aus.

13. Erläutere den Beweisgang zum Nachweis, daß das Postsche Korrespondenzproblem nicht rekursiv ist.

Stichwortartige Antworten

1. Turingmaschinen können das gleiche wie reale Rechner, nur langsamer. Die einzelnen Rechenschritte wirken nur lokal, so daß Rechnungen einfacher zu verfolgen sind. Dies erleichtert negative Resultate, z.B. den Entwurf der Reduktion $H \leq$ MPKP. In Fragen der Berechenbarkeit sind Turingmaschinen äquivalent zu allen bekannten Rechnermodellen.

2. Was Registermaschinen können, können reale Rechner erst recht. Bei der Rechenzeit müssen allerdings Operationen auf sehr langen Zahlen fair, d.h. mit dem logarithmischen Kostenmaß, bewertet werden. Umgekehrt bieten reale Rechner weit mehr Komfort, wobei sich die auf realen Rechnern möglichen Operationen auf Registermaschinen ohne wesentlichen Zeitverlust nachbilden lassen. Registermaschinen sind ein realistisches, assemblernahes Rechnermodell.

3. Universelle Rechner erhalten als Eingabe ein Programm und Daten. Sie wenden das Programm auf die Daten an. Für Turingmaschinen sind Programme Gödelnummern. Die durch die Gödelnummer beschriebene Turingmaschine wird von der universellen Turingmaschine Schritt für Schritt simuliert.

4. Registermaschinen können Turingmaschinen ziemlich direkt simulieren. In der anderen Richtung ist für die Effizienz wichtig, daß Turingmaschinen die aktuelle Konfiguration der Registermaschine kompakt verwalten. Näheres in Kap. 2.1.

5. Die Klasse der Turing-berechenbaren Funktionen stimmt mit der Klasse der intuitiv berechenbaren Funktionen überein. Die Churchsche These läßt sich nicht beweisen, da sie mit dem Begriff „intuitiv berechenbare Funktion" einen formal nicht definierten Begriff benutzt.

6. Für Fragen der Berechenbarkeit ist die Wahl des Rechnermodells unerheblich (solange es so viel kann wie Turingmaschinen).

7. Eine rekursiv aufzählbare Sprache L läßt sich nicht unbedingt entscheiden, d.h. es muß keinen Algorithmus geben, der die Frage, ob ein Wort w zu L gehört, in endlicher Zeit korrekt beantwortet. Aus einem algorithmenorientierten Blickwinkel ist die Klasse nicht sinnvoll. Allerdings gibt es natürliche Sprachen, die sich als rekursiv aufzählbar, aber nicht rekursiv erwiesen haben. Dazu zählen die universelle Sprache U, die Sprache syntaktisch korrekter Programme für die allgemeinste Klasse von Grammatiken und die Klasse beweisbarer Theoreme (basierend auf Axiomen und einem Regelsystem). Die Wichtigkeit dieser Probleme ist eine ausreichende Basis, um die Klasse rekursiv aufzählbarer Sprachen als sinnvoll zu bezeichnen.

8. Klasse rekursiver Sprachen: Vereinigung und Durchschnitt (Maschinen nacheinander oder parallel simulieren), Komplement (Antwort negieren) und Differenzbildung (aus Durchschnitt und Komplement zusammengesetzt).

   Klasse rekursiv aufzählbarer Sprachen: Vereinigung (Maschinen parallel simulieren), Durchschnitt (Maschinen nacheinander oder parallel simulieren), aber nicht Komplement (sonst wäre jede rekursiv aufzählbare Sprache auch rekursiv, und die universelle Sprache U ist rekursiv aufzählbar, aber nicht rekursiv), auch nicht Differenz (da Σ^* rekursiv aufzählbar, ist Komplementbildung Spezialfall).

9. Dies sind Komplemente von Sprachen, die rekursiv aufzählbar, aber nicht rekursiv sind. Dazu gehören H, U und PKP. Beweisidee: Sind L und $\bar{L}$ rekursiv aufzählbar, sind sie auch rekursiv (Maschinen parallel simulieren).

10. Wie zu Testfrage 9 beschrieben, gehören dazu H, U und PKP. Die Nichtrekursivität folgt mit Reduktionsbeweisen (s. Antwort zu Testfrage 12). Die Sprachen sind rekursiv aufzählbar, da wir alle (unendlich viele) Möglichkeiten ausprobieren und im Erfolgsfall akzeptierend stoppen können. Beim PKP ist dies am deutlichsten. Wir probieren alle Indexfolgen in kanonischer Reihenfolge. Bei H und U geht es nur um die Simulation einer Turingmaschine, allerdings auf unbestimmte Zeit.

11. Da noch keine nicht rekursive Sprache bekannt ist, ist ein Reduktionsbeweis ausgeschlossen. Es muß also direkt gezeigt werden, daß alle Programme das Problem nicht lösen. Dazu wird das Problem gerade so definiert, daß das i-te Programm (die Menge der Programme läßt sich aufzählen) auf dem i-ten Eingabewort (in beliebiger Reihenfolge) einen Fehler macht.

12. Es ist A auf B reduzierbar, wenn sich A durch einen endlichen Algorithmus entscheiden läßt, der am Schluß für ein Wort fragen darf, ob es zu B gehört. Die Konsequenzen aus $A \le B$ sind:

    - B rekursiv $\Rightarrow$ A rekursiv.

    - A nicht rekursiv $\Rightarrow$ B nicht rekursiv.

    Anwendung finden Reduktionen vor allem in Situationen, in denen bekannt ist, daß A nicht rekursiv ist, und bewiesen werden soll, daß B nicht rekursiv ist.

    Folgende Reduktionen wurden beschrieben: $\bar{D} \le U$, $H \le$ MPKP, MPKP $\le$ PKP, PKP $\le$ PKP$_{0,1}$. Dabei wurden auch die Ideen herausgearbeitet. Nur in der Reduktion $H \le$ MPKP wird ein Problem auf ein intuitiv ganz andersartiges Problem reduziert.

13. Die wichtigsten Ideen finden sich im entsprechenden Unterpunkt in Kap. 2.5.

3 Die NP-Vollständigkeitstheorie

3.1 Effizient lösbare Probleme und die Klasse P

Ziele

Beginnen wir mit einer Binsenweisheit. Ein Algorithmus ist um so besser, je weniger Ressourcen er beansprucht. Zu den Ressourcen gehören in erster Linie Rechenzeit und Speicherplatz, aber auch die Schwierigkeit der Implementierung. Obwohl es Bereiche gibt, in denen Speicherplatz die kritische Ressource darstellt, konzentrieren wir uns auf die in den meisten Fällen wichtigste Ressource, die Rechenzeit.

Ideal wäre es, wenn wir zu einem Algorithmus und einer aktuellen Eingabe vorab sehr schnell die benötigte Rechenzeit feststellen könnten. Dann würden wir unter mehreren Kandidaten den Algorithmus auswählen, der für die aktuelle Eingabe am schnellsten ist. Im allgemeinen können wir die Rechenzeit jedoch nur bestimmen, indem wir den Algorithmus auf der Eingabe laufen lassen. Dann ist das Problem gelöst, und die Auswahl eines Algorithmus erübrigt sich.

Es bleibt also keine andere Möglichkeit, als die Rechenzeit für größere Eingabemengen möglichst genau (nach oben) abzuschätzen. Dabei bietet es sich an, Eingabemengen bezüglich ihrer Länge zu gruppieren. Oft geht es weniger um die Bitlänge als um ein vergröbertes Maß, für Graphen z. B. die Zahl der Knoten oder Kanten. Die Rechenzeitschranke soll das wahre Verhalten möglichst gut widerspiegeln, so daß die Auswahl eines Algorithmus durch die Anwender erleichtert wird. Zur Berechnung minimaler Spannbäume auf Graphen mit n Knoten und m Kanten gibt es den Algorithmus von Prim mit Rechenzeit $O(n^2)$ und den Algorithmus von Kruskal mit Rechenzeit $O(n + m \log m)$. Für Graphen, die dicht besetzt sind, also viele Kanten haben, ist der Algorithmus von Prim überlegen, ansonsten der Algorithmus von Kruskal. Beide Algorithmen können als effizient bezeichnet werden, da sie für recht große Graphen anwendbar sind.

Wir haben effiziente Algorithmen verglichen und diskutiert, welcher Algorithmus effizienter ist. Dabei haben wir noch nicht einmal festgelegt, wann ein Algorithmus effizient heißt. Dies werden wir später nachholen. Ein Problem heißt natürlich *effizient lösbar*, wenn es einen effizienten Algorithmus gibt, der das Problem löst.

Damit ist auch klar, daß wir die effiziente Lösbarkeit eines Problems im allgemeinen durch die Angabe und Analyse eines effizienten Algorithmus beweisen. Wie können wir aber Vermutungen, daß Probleme nicht effizient lösbar sind, beweisen? Nichtrekursive Probleme sind überhaupt nicht lösbar, also erst recht nicht effizient lösbar. Daher werden wir nur noch lösbare Probleme behandeln. Wir diskutieren später die Schwierigkeit zu beweisen, daß Probleme nicht effizient lösbar sind. Das Ziel der NP-Vollständigkeitstheorie besteht darin, für Probleme, für die niemand in der Lage ist, effiziente Algorithmen zu entwerfen, und für die die meisten Fachleute glauben, daß es keine effizienten Algorithmen gibt, ein Fundament bereitzustellen, daß diese Vermutung unterstützt.

Der Nachweis der NP-Vollständigkeit eines Problems bedeutet für die Fachwelt, daß das Problem nicht effizient lösbar ist. Dies berechtigt dazu, die Suche nach effizienten Algorithmen abzubrechen, dies dem Auftraggeber zu begründen und mit der Suche nach Ersatzlösungen zu beginnen.

Viele der hier am Beginn nur skizzierten Überlegungen werden wir vertiefen, wenn wir die zugehörigen Begriffe formalisiert haben.

Worst case und average case

Die NP-Vollständigkeitstheorie ist eine Theorie über die *worst case* Rechenzeit, also die Rechenzeit bezogen auf die „schwersten" Eingaben einer bestimmten Eingabelänge. Dieses Maß ist für manche Algorithmen unfair. Bezüglich der worst case Rechenzeit ist Quicksort vielen anderen Sortierverfahren weit unterlegen. Dennoch hat sich Quicksort wegen seines im Durchschnitt guten Verhaltens als Standard durchgesetzt.

Warum behandeln wir nicht die *average case* Rechenzeit, also die durchschnittliche Rechenzeit?

Dafür gibt es mehrere Gründe von verschiedener Qualität. Aus pragmatischer Sicht können wir argumentieren, daß für viele Algorithmen die Rechenzeit auf allen Eingaben gleicher Länge ungefähr gleich ist, z. B. Heapsort. In den anderen Fällen ist die Berechnung der durchschnittlichen Rechenzeit weit schwieriger als eine gute Abschätzung der worst case Rechenzeit. Dies kann man schon an verschiedenen Quicksortvarianten nachvollziehen.

Daß Rechenzeitberechnungen schwierig sind, ist allerdings aus wissenschaftlicher Sicht kein Argument, sie nicht durchzuführen. Gewichtiger ist das Argument, daß wir im allgemeinen gar nicht wissen, bezüglich welcher Wahrscheinlichkeitsverteilung auf den Daten der Durchschnitt gebildet werden sollte. Eine Ausnahme bildet das Sortierproblem, bei dem es angemessen ist, eine Gleichverteilung auf der Menge der Permutationen der Länge n anzunehmen. Bei Problemen auf Graphen haben die Graphen im Normalfall keine zufällige Struktur. Die Probleme, die tatsächlich zu lösen sind, beziehen sich auf Daten, die reale Gegebenheiten widerspiegeln. Niemand wird ernsthaft behaupten wollen, daß wir es mit einer völlig strukturlosen Umwelt zu tun haben.

Fazit: Wenn genügend Wissen über die Verteilung der Eingabedaten vorliegt, sollte eine average case Analyse versucht werden. In den meisten Fällen verfügen wir nicht über ein derartiges Wissen, und dann ist eine worst case Analyse angemessen.

Die Klasse P als Klasse effizient lösbarer Probleme

Ein Problem heißt *polynomiell lösbar*, wenn es einen Algorithmus zur Lösung des Problems gibt, dessen worst case Rechenzeit durch ein Polynom in der Bitlänge der Eingabe abgeschätzt werden kann. Ein *Polynom* ist dabei bekanntermaßen eine Summe von endlich vielen Termen $a_k n^k$ mit $k \in \mathbb{N}$. Es ist häufig günstig, sich bei Rechenzeitschranken auf positive Terme ($a_k > 0$) zu beschränken. Rechenzeiten wie $n^{3/2}$ oder $n \log n$ sind keine Polynome, aber sie sind polynomiell beschränkt, da sie beide durch n^2 nach oben beschränkt sind.

Mit P bezeichnen wir die Klasse der polynomiell lösbaren Probleme. Diese Klasse identifizieren wir mit der Klasse der effizient lösbaren Probleme.

Eine derartige Definition erfordert natürlich eine Diskussion. Die zwei wichtigsten Fragen sind die folgenden. Ist die Klasse P robust genug oder hängt es vom Rechnermodell ab, ob ein Problem zu P gehört? Sind wirklich alle polynomiell zeitbeschränkten Algorithmen effizient und gibt es nicht effiziente Algorithmen, deren Rechenzeit nicht polynomiell beschränkt ist? Diese Fragen diskutieren wir in den nächsten Abschnitten.

Die erweiterte Churchsche These

Unter der *erweiterten Churchschen These* wollen wir folgende Hypothese verstehen. Die Menge der auf irgendeinem Rechner polynomiell lösbaren Probleme stimmt mit der Menge der von Turingmaschinen in polynomieller Zeit lösbaren Probleme überein. Aus der Diskussion in Kap. 2 folgt, daß auch diese These prinzipiell nicht beweisbar ist und daß die von Turingmaschinen effizient lösbaren Probleme in der Praxis effizient lösbar sind. Die Simulationen von realen Rechnern auf Registermaschinen und weiter auf Turingmaschinen zeigen sogar, daß die Klasse P für die heutzutage benutzten Rechner robust ist. Erst Rechner, die gänzlich anders konzipiert sind als unsere heutigen Rechner (aktuelles Stichwort: Quantenrechner), könnten die erweiterte Churchsche These erschüttern. Bis dahin bildet sie ein solides Fundament.

Polynomielle und exponentielle Rechenzeit — ein qualitativer Unterschied

Rechenzeiten heißen *exponentiell*, wenn sie für ein $\varepsilon > 0$ durch $2^{n^{\varepsilon}}$ nach unten beschränkt sind, und *echt exponentiell*, wenn sie für ein $\varepsilon > 0$ durch $2^{\varepsilon n}$ nach unten beschränkt sind.

Niemand wird ernsthaft behaupten, daß ein n^{100}-Algorithmus effizient ist. Andererseits können wir mit einem $2^{n/1000}$-Algorithmus gut leben. Nur — beides sind nicht sehr praktische Beispiele. Die meisten polynomiellen Algorithmen haben Rechenzeitschranken, die Polynome von kleinem Grad sind (schon Grad 5 ist selten). Auch ein Faktor von 10^{-3} im Exponenten kommt „eigentlich nicht vor“.

Polynomielle und exponentielle Rechenzeiten unterscheiden sich qualitativ erheblich. Stellen wir uns die nicht untypische Situation vor, daß neue Hardware die Rechenzeiten, gemessen in CPU-Sekunden, halbiert. Andererseits sind wir bereit, zur Lösung einer Aufgabe weiterhin eine fest vorgegebene Zeitdauer bereitzustellen. Wenn die vorher zu bearbeitende Eingabelänge m war, wie verändert sie sich? Betrachten wir zunächst eine Rechenzeit von 2^n. Die Zahl erlaubter Rechenschritte hat sich verdoppelt, die erlaubte Eingabelänge wächst also nur von m auf $m+1$. Allgemeiner wächst sie bei echt exponentieller Rechenzeit nur um konstante Summanden und auch bei exponentieller Rechenzeit nicht um Faktoren, die größer als 1 sind. Betrachten wir als nächstes die polynomielle Rechenzeit n^2. Wenn $m^2 = t$ ist, ist $(\sqrt{2}m)^2 = 2t$, die erlaubte Eingabelänge hat sich also um den Faktor $\sqrt{2} > 1,4$ vergrößert.

Nur bei polynomiellen Rechenzeiten führt eine konstante Beschleunigung der Hardware auf eine Erhöhung der Eingabelänge, die in einer vorgegebenen Zeit bearbeitbar ist, um einen konstanten Faktor größer als 1.

Fazit: Nicht alle polynomiellen Algorithmen sind praktisch effizient, und nicht alle praktisch effizienten Algorithmen sind polynomiell zeitbeschränkt. Dennoch ist keine bessere Charakterisierung der Klasse effizient lösbarer Probleme bekannt als die Klasse P. Diese Klasse ist robust gegen Änderungen des Rechnermodells. Nur polynomielle Rechenzeiten implizieren, daß Hardwareverbesserungen um konstante Faktoren auf die Länge behandelbarer Eingaben als konstante Faktoren durchschlagen.

Nicht polynomielle und nicht exponentielle Rechenzeiten

Haben wir mit polynomiellen und exponentiellen Rechenzeiten alle Möglichkeiten erfaßt? Nein, eine Rechenzeit wie $n^{\log n}$ ist gleichzeitig *superpolynomiell* und *subexponentiell*. Sie ist sicher durch kein Polynom zu beschränken, da der „Grad“ von $n^{\log n}$ mit n wächst. Da $n^{\log n} = 2^{\log^2 n}$ ist, wächst diese Funktion auch nicht exponentiell. Rechenzeiten, bei denen der „Grad“ ein Polynom in $\log n$ ist, heißen *quasipolynomiell*. Es sei nur erwähnt, daß derartige Rechenzeiten bei interessanten

Algorithmen tatsächlich vorkommen. Für eine Einführung in die Theoretische Informatik ist es aber ausreichend, sich auf polynomielle und exponentielle Rechenzeiten zu beschränken.

Methoden, um zu entscheiden, ob Probleme in P liegen

Die positiven Resultate (ein Problem ist in P enthalten) werden in praktisch allen Fällen durch die Angabe und Analyse eines polynomiell zeitbeschränkten Algorithmus bewiesen. Methoden zum Entwurf effizienter Algorithmen sind bekannt. Sie werden in Vorlesungen über „Effiziente Algorithmen" behandelt.

Wie kommen wir zu negativen Resultaten (ein Problem ist nicht in P enthalten)? Wir müssen zeigen, daß kein Algorithmus mit polynomieller Rechenzeit das Problem löst. Dies ist der Fall für nicht rekursive Probleme, aber auch für Klassen rekursiver, aber sehr schwieriger Probleme. Schließlich führen falsch gestellte Probleme dazu, daß die Ausgabenlänge exponentiell wird. Wenn wir z. B. beim Traveling Salesman Problem nach allen optimalen Touren fragen, sind dies für Eingaben, bei denen alle Distanzen gleich groß sind, alle Touren.

Allerdings müssen wir feststellen, daß es für Tausende (dies ist nicht übertrieben!) interessanter und zum großen Teil auch praktisch relevanter Probleme bisher nicht gelungen ist zu entscheiden, ob sie in P enthalten sind. Da vermutet wird, daß diese Probleme alle nicht zu P gehören, müssen wir folgendes Fazit ziehen.

Fazit: Für sehr schwierige und für schlecht gestellte Probleme gelingt es nachzuweisen, daß sie nicht in P enthalten sind. Davon abgesehen mangelt es uns an Methoden, um zu zeigen, daß Probleme nicht in P enthalten sind. Die NP-Vollständigkeitstheorie untermauert für viele Probleme die Vermutung, daß sie nicht effizient lösbar sind.

Entscheidungsvarianten und Optimierungsvarianten

Die NP-Vollständigkeitstheorie behandelt Sprachen und Entscheidungsprobleme (s. Kap. 2.2). Die Ergebnisse sind aber leicht auf allgemeinere Problemtypen übertragbar. Für die in der Praxis so wichtigen Optimierungsprobleme wollen wir an zwei wichtigen Beispielen (zwei weitere in den Übungsaufgaben) nachweisen, daß die allgemeinste Optimierungsvariante genau dann effizient lösbar ist, d. h. in P ist, wenn dies für eine viel einfacher aussehende Entscheidungsvariante gilt. Nur diese Resultate rechtfertigen die Einschränkung auf Entscheidungsprobleme im Rest des Kapitels.

Allgemein unterscheiden wir bei Optimierungsproblemen drei Varianten. Bei der *Optimierungsvariante* besteht die Aufgabe in der Berechnung einer Lösung, deren Wert maximal (Maximierungsproblem) bzw. minimal (Minimierungsproblem) ist. Bei der

Zahlvariante soll der Wert einer optimalen Lösung berechnet werden. Schließlich soll bei der *Entscheidungsvariante* für ein Limit entschieden werden, ob der Wert einer optimalen Lösung oberhalb (bei Maximierungsproblemen) bzw. unterhalb des Limits liegt.

Falls die Optimierungsvariante effizient lösbar ist, gilt dies auch für die Zahlvariante, wenn es effizient möglich ist, den Wert einer Lösung zu berechnen. Dies gilt für alle von uns betrachteten Probleme, z. B. ist es im Traveling Salesman Problem einfach, für eine gegebene Tour die Kosten aufzuaddieren. Ist die Zahlvariante effizient lösbar, dann auch stets die Entscheidungsvariante, da nur der Wert der optimalen Lösung mit dem Limit verglichen werden muß. Überraschenderweise gilt für wichtige Optimierungsprobleme auch die Umkehrung.

Die Beweisstrategien dafür wollen wir am Cliquenproblem und am Traveling Salesman Problem exemplarisch vorstellen.

Eine *Clique* in einem ungerichteten Graphen ist eine Knotenmenge, zwischen denen alle möglichen Kanten existieren. Der Wert einer Clique ist die Zahl ihrer Knoten. Das *Cliquenproblem* CLIQUE ist ein Maximierungsproblem.

Eine *Tour* auf n Orten ist eine Rundreise, also eine Permutation, die beschreibt, in welcher Reihenfolge die Orte genau einmal besucht werden. Dabei sind Touren geschlossene Rundreisen, d. h. wir kehren vom letzten Ort zum Ausgangspunkt zurück. Für gegebene Kosten, um von einem Ort zum anderen zu gelangen, sind die *Kosten der Tour* als Summe der Kosten der benutzten Strecken definiert. Das *Traveling Salesman Problem* TSP ist das Problem der Berechnung einer Tour mit minimalen Kosten.

Nehmen wir zunächst an, daß die Entscheidungsvariante eines Optimierungsproblems effizient lösbar ist. Für die Zahlvariante bestimmen wir den Wert einer optimalen Lösung mit einer Suchstrategie. Für das Cliquenproblem genügt es offensichtlich, die Entscheidungsvariante mit dem Limit $k = n$, $n-1$, $n-2, \ldots$, so lange aufzurufen, bis die Antwort zum ersten Mal „ja" lautet. Dies sind höchsten n Aufrufe der Entscheidungsvariante. Die analoge Strategie für das TSP würde die Limits $0, 1, 2, \ldots$ bis zur ersten positiven Antwort testen. Die Kosten einer optimalen Tour können aber exponentiell in der Eingabegröße sein, da sich beispielsweise die Zahl 2^n mit $n+1$ Bits beschreiben läßt. Die Strategie der *Linearen Suche* sollte durch die Strategie der *Binären Suche* ersetzt werden. Offensichtlich ist die Summe s der n größten Kostenwerte eine obere Schranke für die Kosten einer optimalen Tour. Nun wird die Entscheidungsvariante für $\lceil s/2 \rceil$ aufgerufen. Bei Antwort ja wird das Limit auf $\lceil s/4 \rceil$ gesetzt, sonst auf $\lceil 3s/4 \rceil$, usw. Insgesamt reichen ca. $\log s$ Aufrufe der Entscheidungsvariante für das TSP, um die Zahlvariante zu lösen. Da die Kosten, um von einem Ort zum anderen zu kommen, zur Eingabe gehören, ist $\log s$ kleiner als die Eingabelänge, also ist mit der Entscheidungsvariante auch die Zahlvariante effizient lösbar. Für das Cliquenproblem ist die Binäre Suche ebenfalls effizienter, die Zahl der Aufrufe der Entscheidungsvariante kann auf $\lceil \log n \rceil$ gesenkt werden.

Nehmen wir nun an, daß die Zahlvariante eines Optimierungsproblems effizient lösbar ist. Die Strategie, um daraus einen effizienten Algorithmus für die Optimierungsvariante abzuleiten, besteht darin, für jede einzelne Komponente zu testen, ob wir sie für eine optimale Lösung wählen müssen. Für das Cliquenproblem stellen wir uns die Knoten als Personen vor. Eine Kante symbolisiert Sympathie zwischen den Personen. In einer Clique mögen sich alle. Zunächst stellen wir die Größe g der größten Clique fest, wenn alle Personen in einem Raum sind. Dann werden die Personen nacheinander aus dem Raum geschickt und die Größe der größten Clique der noch im Raum versammelten Personen bestimmt. Wenn diese weiterhin g ist, bleibt die Person draußen, da sie für eine Clique der Größe g nicht gebraucht wird. Ansonsten kehrt sie in den Raum zurück, da sie zu jeder Clique der Größe g unter den noch vorhandenen Personen gehört. Am Ende sind im Raum g Personen, die eine Clique bilden. Der Algorithmus für die Zahlvariante wurde $(n+1)$-mal aufgerufen.

Beim TSP werden wir den Algorithmus für die Zahlvariante $\left(\binom{n}{2}+1\right)$-mal aufrufen, zunächst einmal, um die Kosten c einer optimalen Tour zu bestimmen, und danach für jede Verbindung zwischen zwei Orten. Dazu stellen wir uns einen vollständigen Graphen auf den n Orten vor, in dem alle Kanten grün (wählbar) sind. Für alle Kanten wird nacheinander folgendes Verfahren durchgeführt. Die Kante wird versuchsweise verboten, d. h. rot gefärbt. Formal werden die Kosten der Kante riesig groß gemacht. Mit der Zahlvariante wird entschieden, ob die Kosten einer optimalen Tour weiterhin c sind. Wenn ja, bleibt die Kante rot. Wenn nein, wird sie wieder grün gefärbt, die Kosten erhalten wieder ihren ursprünglichen Wert. Am Ende bilden die grünen Straßen (Kanten) eine Tour mit minimalen Kosten.

3.2 Nichtdeterminismus und die Klasse NP

Nichtdeterminismus als natürliches Konzept

Von einem Rechner, einem Algorithmus oder einem Programm erwarten wir deterministisches Verhalten. Ausgehend von der mit endlich vielen Bits beschriebenen Gegenwartssituation ist der nächste Schritt eindeutig bestimmt. Im Gegensatz dazu erscheint uns das Verhalten von Menschen als nichtdeterminiert, also nicht vollständig vorher bestimmt. Für eine Diskussion, ob der Lauf der Welt determiniert ist oder nicht, wird auf die spannende Diskussion in Ruelle (1992) verwiesen. Wir wollen statt dessen überlegen, wo uns Nichtdeterminismus begegnet.

Die Grammatik der deutschen Sprache bemüht sich um ein Regelwerk, um genau die syntaktisch, d. h. grammatikalisch korrekten deutschen Texte zu erzeugen. Dabei enthält sie Regeln wie die folgende. Ein Satz kann ein Hauptsatz sein oder zusammengesetzt sein aus Hauptsätzen oder aus einem Hauptsatz gefolgt von einem Nebensatz bestehen oder .... Im Idealfall führt jeder erlaubte Weg zu einem Text und umgekehrt. Ähnlich verhält es sich mit Kochrezepten. Ein Gemüseeintopf ist nicht eindeutig definiert. Rezepte ermöglichen daher freie Entscheidungen zwischen vorgegebenen Alternativen (300g Nudeln oder 500g Kartoffeln) oder durch unpräzise Vorgaben (mit Petersilie, Schnittlauch und Basilikum abschmecken). In jedem Fall führt aber jede Befolgung der Regeln zum Erfolg.

Ganz anders sieht es bei Plänen zur Schatzsuche aus. Die Erinnerung an entsprechende Abenteuerromane zeigt, daß gewisse Vorschriften unpräzise sind. Eine Vorschrift wie „am nächsten Felsen in Richtung Westen abbiegen" läßt mehrere Möglichkeiten zu. Wie groß muß ein Stein sein, um als Felsen zu gelten? Ist Westen eine präzise Richtungsangabe? Es gibt also viele Wege, die mit dem Plan kompatibel sind. Für unsere Betrachtungen halten wir folgendes fest. Wer tatsächlich einen Schatz vergraben hat, erstellt einen Plan, so daß mindestens eine Interpretation zum Schatz führt. Witzbolde, die Pläne zur Schatzsuche verfassen, ohne einen Schatz zu vergraben, haben Pläne verfaßt, für die keine Interpretation zum Schatz führt. Es ist diese Form von Nichtdeterminismus, mit der wir arbeiten wollen. Wir fassen dieses Beispiel zusammen. Für jeden Plan (jede Eingabe) gibt es viele mit dem Plan kompatible Suchpfade (zulässige Rechenwege). Ist der Plan gefälscht, führt kein Pfad zum Schatz (kein Rechenweg zum Akzeptieren der Eingabe). Manche Pfade (Rechenwege) können sogar unendlich lang sein. Ist der Plan echt (gehört die Eingabe zur Sprache), führt mindestens ein Suchpfad schnell zum Schatz (mindestens ein Rechenweg in polynomieller Zeit zum Akzeptieren der Eingabe). Das Ausprobieren aller Suchpfade (Rechenwege) kann sehr lange dauern.

Ähnlich verhält es sich bei der Suche nach einem Beweis für eine Behauptung. Wenn die Behauptung falsch ist, gibt es keinen Beweis. Beweisversuche können beliebig lang werden. Wenn die Behauptung richtig ist, können wir uns immer wieder zwischen verschiedenen Vorgehensweisen entscheiden. Es gibt mindestens eine Folge guter Entscheidungen, die zu einem Beweis führt, aber es gibt auch sinnvolle Beweisversuche, die scheitern.

Nichtdeterministische Rechner

Wie in Kap. 3.1 diskutiert, beschränken wir uns auf Entscheidungsprobleme. Für ein Wort soll also entschieden werden, ob es zu einer Sprache gehört. *Nichtdeterministische Rechner* dürfen zu einer Konfiguration endlich viele Nachfolgekonfigurationen haben. Die Übergangsfunktion einer Turingmaschine wird durch eine Relation ersetzt, zu jedem Paar aus aktuellem Zustand und gelesenem Buchstaben gibt es nun endlich viele „erlaubte Tripel", die beschreiben, wie der nächste Zustand aussieht, welcher Buchstabe geschrieben wird und wie sich der Rechnerkopf bewegt. Ein nichtdeterministischer Rechner akzeptiert eine Eingabe genau dann, wenn es mindestens einen zulässigen Rechenweg gibt, auf dem die Eingabe akzeptiert wird.

Können nichtdeterministische Rechner gebaut werden?

Wir können einen Rechner bauen, der nacheinander alle erlaubten Rechenwege der Länge l für wachsendes l ausprobiert. Dies ist jedoch wieder ein deterministischer Rechner. Wenn der kürzeste akzeptierende Rechenweg Länge t hat und stets zwei Nachfolgekonfigurationen erlaubt sind, würde der akzeptierende Rechenweg erst nach einer Zeit von ungefähr 2^t gefunden. Damit wir die Rechnung für Eingaben, die nicht akzeptiert werden sollen, irgendwann abbrechen können, brauchen wir eine obere Schranke für die Zeit, nach der alle zu akzeptierenden Eingaben einer bestimmten Länge auch akzeptiert sind.

Diese Konstruktion ist eine Hilfskonstruktion, nämlich eine Simulation nichtdeterministischer Rechner durch deterministische Rechner. Rechner, die tatsächlich nichtdeterministisch arbeiten, können nicht gebaut werden. Sie können uns also nur als Modell dienen, mit dem wir zu Erkenntnissen über reale Rechner gelangen.

Wie können wir uns nichtdeterministische Rechner vorstellen?

Auch wenn nichtdeterministische Rechner nicht gebaut werden können, ist es hilfreich, sich eine Vorstellung von diesen Rechnern zu machen.

Das erste Modell ist etwas mystisch (und sehr optimistisch). Wir stellen uns die Hilfe einer übernatürlichen Kraft (z. B. des Orakels von Delphi) vor, die uns bei jeder Entscheidung die beste Möglichkeit nennt. Wenn wir dieser Kraft so vertrauen, warum lassen wir uns nicht gleich die Antwort geben? Im Fall, daß wir einen akzeptierenden Rechenweg erhalten, können wir selber nachprüfen, daß die Eingabe akzeptiert werden muß (der Schatzsucher erhält den Weg zum Schatz und nicht nur die Aussage, daß es einen Schatz gibt).

Die anderen beiden Konzepte versuchen, Nichtdeterminismus mit modernen Rechnermodellen zu erläutern. Wir können die Entscheidung zwischen den möglichen Alternativen auswürfeln, jede Alternative bekommt die gleiche Wahrscheinlichkeit. Eingaben, die nicht akzeptiert werden, werden dann mit Wahrscheinlichkeit 0, also niemals, akzeptiert. Eingaben, die akzeptiert werden sollen, werden mit positiver Wahrscheinlichkeit akzeptiert. Ist das nicht auch praktisch relevant? Nein, denn die Akzeptanzwahrscheinlichkeit ist zu klein. Nach 100 Rechenschritten mit je zwei Alternativen ist die Wahrscheinlichkeit eines Rechenweges nur 2^{-100}. Bei praktischer Umsetzung würden wir wohl nie erleben, daß eine Eingabe akzeptiert wird.

Bei Einsatz eines Multiprozessorsystems mit genügend vielen Prozessoren können wir die Prozessoren auf die verschiedenen Rechenwege verteilen. Im obigen Beispiel brauchen wir jedoch 2^{100} Prozessoren, mehr als bisher jemals gebaut worden sind.

Obwohl alle drei Konzepte, uns nichtdeterministische Rechner vorzustellen, keine praktische Relevanz haben, sind sie in verschiedenen Situationen hilfreich, um uns Aussagen über nichtdeterministische Rechner zu veranschaulichen.

Die Klasse NP

Die folgende Definition der Klasse NP kann nicht überraschen. Die Klasse NP enthält alle von *nichtdeterministischen Rechnern* (Turingmaschinen) *in polynomieller Zeit lösbaren Probleme* (also Entscheidungsprobleme). Nur wie messen wir die Rechenzeit von nichtdeterministischen Rechnern? Hier nehmen wir das Delphi-Modell zu Hilfe, das stets den kürzesten akzeptierenden Rechenweg auswählt, falls es einen solchen gibt. Für eine Eingabe, die akzeptiert wird, ist die Rechenzeit eines nichtdeterministischen Rechners die *Länge eines kürzesten akzeptierenden Rechenweges*. Die Rechenwege für Eingaben, die nicht akzeptiert werden, können alle unendlich lang sein. Daher sollten wir die Rechenzeit für derartige Eingaben nicht messen, sondern formal als 0 definieren. Am Ende von Kap. 3.2 werden wir sehen, daß diese willkürliche Festlegung für die Klasse NP nicht wirklich relevant ist.

Welche Probleme sind in NP enthalten?

Zunächst alle Entscheidungsprobleme aus P, da wir bei nichtdeterministischen Rechnern auf die Option des Nichtdeterminismus verzichten können. Die Bezeichnung $P \subseteq NP$ gilt streng genommen nur, wenn wir P auf Entscheidungsprobleme einschränken.

Für viele schwierige Optimierungsprobleme gilt, daß die Entscheidungsvarianten zu NP gehören. Für diese Probleme ist es oft schwierig, eine Lösung zu finden, es ist jedoch einfach zu verifizieren, ob ein Lösungsversuch tatsächlich eine Lösung darstellt.

Exemplarisch behandeln wir wieder das Cliquenproblem und das Traveling Salesman Problem TSP.

Um zu entscheiden, ob ein Graph eine k-elementige Clique enthält, könnte uns das Orakel von Delphi die Clique verraten, oder wir könnten mit $\binom{n}{k}$ Prozessoren alle denkbaren Cliquen der Größe k testen. Etwas formaler würden wir die Knotenzahl n des Graphen berechnen und n Speicherzellen kennzeichnen. Diese Speicherzellen werden nichtdeterministisch mit 0 bzw. 1 beschrieben. Die folgende Rechnung erfolgt deterministisch. Die Zahl geschriebener Einsen wird bestimmt. Wenn sie von k verschieden ist, wird die Rechnung abgebrochen. Ansonsten wird der 0-1-Vektor als Beschreibung einer k-elementigen Knotenmenge interpretiert (Knoten i gehört dazu, wenn an Stelle i eine 1 steht). Für diese Knotenmenge wird nun überprüft, ob alle möglichen Kanten zwischen ihnen existieren. Für alle Graphen ohne k-Clique führt kein Weg zum Akzeptieren der Eingabe. Für Graphen mit einer k-Clique wird diese auf einem Rechenweg erzeugt und dann die Existenz dieser Clique verifiziert. Diese Rechnung hat polynomielle Länge.

Für das TSP ist die Vorgehensweise analog. Es wird nichtdeterministisch eine Permutation erzeugt und dann deterministisch überprüft, ob die Kosten der zugehörigen Tour klein genug sind. Um eine Permutation π zu beschreiben, genügen $n\lceil\log n\rceil$ Bits, die $\pi(0),\ldots,\pi(n-1)$ in Binärdarstellung beschreiben. Für eine Bitfolge dieser Länge kann natürlich effizient überprüft werden, ob sie eine Permutation beschreibt.

In einer Einführung in die Theoretische Informatik können alle Beweise, daß Probleme in NP sind, auf ähnlich einfache Weise geführt werden.

Wie effizient können Probleme aus NP deterministisch gelöst werden?

Wenn ein Problem in NP enthalten ist, kann es nichtdeterministisch in polynomieller Zeit $p(n)$ (o. B. d. A. $p(n) \geq n$) gelöst werden. Wir wollen nun die Länge nicht akzeptierender Rechenwege beschränken. Die Rechenzeit wird sicherlich nur um einen konstanten Faktor größer, wenn wir die Eingabelänge n bestimmen und $p(n)$ ausrechnen. Danach können wir die Anzahl ursprünglicher Rechenschritte zählen und Rechenwege, die länger als $p(n)$ sind, abbrechen. Damit erweist sich für NP die Messung der Rechenzeit für nicht akzeptierte Eingaben als unerheblich.

Nun reicht es, alle Rechenwege der ursprünglichen Länge $p(n)$ zu simulieren. Da in jedem Schritt die Zahl der Optionen durch eine Konstante c beschränkt ist, ist die Zahl dieser Rechenwege durch $c^{p(n)}$ beschränkt. Die Simulation jedes Rechenweges ist in Zeit $O(p(n))$ möglich. Also gibt es für jedes Problem in NP ein Polynom q, so daß sich das Problem deterministisch in Zeit $2^{q(n)}$ lösen läßt. Diese Rechenzeit ist für praktische Zwecke viel zu groß, aber sie ist nicht so abstrus groß wie z. B. 2^{2^n}.

Zusammenfassung

Nichtdeterministische Rechner können nicht gebaut werden. Sie dienen uns als Modell für die im folgenden vorgestellte NP-Vollständigkeitstheorie. Zu Veranschaulichungen nichtdeterministischer Rechnungen können wir auf verschiedene Weise gelangen: als Orakel von Delphi, als Rechnung auf Multiprozessorsystemen mit sehr vielen Prozessoren, als probabilistische Rechnung mit sehr geringer, aber positiver Akzeptanzwahrscheinlichkeit. Nichtdeterministische Rechnungen lassen sich deterministisch simulieren, wenn eine Schranke für die Rechenzeit bekannt ist, der Rechenzeitverlust ist exponentiell. Es ist leicht zu zeigen, daß die Entscheidungsvarianten wichtiger Optimierungsprobleme in NP, der Klasse der nichtdeterministisch in polynomieller Zeit lösbaren Probleme, enthalten sind.

3.3   NP-Vollständigkeit

Motivation

Wenn wir ein Problem bearbeiten wollen, möchten wir am liebsten einen polynomiellen Algorithmus entwerfen, dazu einen mit möglichst kleiner Rechenzeit. Wenn das Problem nicht in P ist, möchten wir das zumindest gerne beweisen. Einerseits um die Suche nach polynomiellen Algorithmen in der Gewißheit abzubrechen, daß die Suche erfolglos bleiben muß, und andererseits, um andere, darunter unsere Auftraggeber, zu überzeugen, daß unsere erfolglose Suche nicht an unserer Unfähigkeit liegt.

Tatsächlich kann aber für Tausende von interessanten Problemen nicht entschieden werden, ob sie in P sind oder nicht. Was tun wir dann? Wenn unser Problem B neu und unbekannt ist, während das Problem A als vermutlich schwer seit langem bekannt ist, ist doch folgende Aussage hilfreich: Ein effizienter Algorithmus für B führt direkt zu einem effizienten Algorithmus für A. Ähnlich wie in Kap. 2.5 hoffen wir dabei nicht, Problem A mit Hilfe von Problem B zu lösen. Statt dessen überträgt sich die vermutete Schwierigkeit von Problem A auch auf Problem B. Die Aussage, daß ein effizienter Algorithmus für B zu einem effizienten Algorithmus für A führt, beweisen wir durch Angabe eines effizienten Algorithmus für A, der ein unbekanntes Unterprogramm für B benutzt, d. h. wir entwerfen eine polynomielle Reduktion von A auf B.

Erstaunlicherweise lassen sich auf die beschriebene Weise viele Probleme als gleich schwer klassifizieren, d. h. wir können A polynomiell auf B reduzieren und B polynomiell auf A. Damit noch nicht genug, diese Probleme gehören alle zu den schwierigsten Problemen innerhalb von NP, d. h. *alle* Probleme aus NP lassen sich polynomiell auf A (und B) reduzieren. Derartige Probleme werden wir als NP-vollständig bezeichnen.

Es verbleiben nur zwei Möglichkeiten:

- NP = P, und alle Probleme in NP sind polynomiell lösbar, dies wäre eine Sensation.

– NP $\neq$ P, und kein NP-vollständiges Problem läßt sich in polynomieller Zeit lösen, dies ist die Erwartung der Fachwelt.

Für Probleme in NP ist der Beweis der NP-Vollständigkeit heutzutage das weitestgehende Indiz, daß sie nicht effizient lösbar sind. Für viele Optimierungsprobleme können wir nicht mehr beweisen als die NP-Vollständigkeit der zugehörigen Entscheidungsvariante.

Polynomielle Reduktionen

Wir verweisen zunächst auf unsere Diskussion in Kap. 2.5 über die Ziele von Reduktionskonzepten. Wir beschränken uns wieder auf Sprachen.

Eine Sprache A heißt auf B *polynomiell reduzierbar*, Notation $A \leq_p B$, wenn es eine *in polynomieller Zeit* berechenbare Funktion f gibt, die Eingaben für das Problem A in Eingaben für das Problem B überführt und die folgende Eigenschaft erfüllt: $w \in A \Leftrightarrow f(w) \in B$.

Falls $B \in$ P ist, zeigt folgender Algorithmus, daß auch $A \in$ P ist:

– Berechne $f(w)$ (möglich in polynomieller Zeit).

– Entscheide, ob $f(w) \in B$ ist (möglich in polynomieller Zeit bezogen auf die Länge von $f(w)$).

Die Entscheidung ist korrekt, da $f(w) \in B$ und $w \in A$ äquivalent sind. Die Rechenzeit ist polynomiell. Da $f(w)$ in polynomieller Zeit berechnet wurde, ist seine Länge auch polynomiell beschränkt. Schließlich ergibt die Hintereinanderausführung von Polynomen (ebenso wie die Addition oder Multiplikation) wieder ein Polynom.

Ähnlich wie beim Reduktionskonzept $\leq$ bleibt die obige Folgerung richtig, wenn das Unterprogramm für B polynomiell oft aufgerufen und die Antwort dann in polynomieller Zeit berechnet werden darf. Ein derartiges Konzept heißt *Turing-Reduktion*, Notation $A \leq_T B$, und ist auf beliebige Probleme, nicht mehr nur Entscheidungsprobleme, anwendbar. In Kap. 3.1 haben wir gezeigt, daß die verschiedenen Varianten des Cliquenproblems genauso aufeinander Turing-reduzierbar sind wie die verschiedenen Varianten des TSP.

Die Beschränkung auf polynomielle Reduktionen läßt sich nur dadurch rechtfertigen, daß viele Probleme bereits polynomiell aufeinander reduzierbar sind.

Eigenschaften polynomieller Reduktionen

Wir wollen zeigen, daß $\leq_p$ reflexiv und transitiv ist. Dies sind (s. Übungsaufgabe 12 in Kap. 2) Eigenschaften, die Reduktionskonzepte prinzipiell erfüllen sollten.

Nur so läßt sich auch die umgangssprachliche Formulierung „bis auf polynomielle Zeitfaktoren nicht schwieriger als" für $A \leq_p B$ rechtfertigen.

Natürlich gilt $L \leq_p L$, da f als identische Abbildung gewählt werden kann.

Es gelte nun $L_1 \leq_p L_2$ und $L_2 \leq_p L_3$. Es seien f_1 und f_2 die zugehörigen in polynomieller Zeit berechenbaren Transformationen. Dann ist $f_3 = f_2 \circ f_1$ als polynomiell berechenbare Transformation für die Reduktion $L_1 \leq_p L_3$ geeignet. Wie schon gesehen ist die Hintereinanderausführung polynomiell berechenbarer Transformationen selber polynomiell berechenbar. Schließlich gilt

$$w \in L_1 \Leftrightarrow f_1(w) \in L_2 \Leftrightarrow f_2 \circ f_1(w) \in L_3 \Leftrightarrow f_3(w) \in L_3.$$

NP-Vollständigkeit — Definition

Für Komplexitätsklassen bezeichnen wir Probleme als *vollständig*, wenn sie selber zu der Problemklasse gehören und kein anderes Problem der Klasse bzgl. eines geeigneten Reduktionskonzepts schwieriger ist. Vollständige Probleme sind in diesem Sinn die schwierigsten Probleme einer Klasse.

Eine Sprache B heißt NP-*vollständig*, wenn sie zu NP gehört und sich jede Sprache $A \in$ NP polynomiell auf B reduzieren läßt.

Zu diesem Zeitpunkt wissen wir noch nicht, ob dieser Begriff sinnvoll ist. Es könnte sein, daß alle Probleme in NP auch NP-vollständig sind. Dann wäre das Konzept $\leq_p$ zu schwach. Andererseits haben partielle Ordnungen auf unendlichen Mengen nicht notwendig größte Elemente. Daher ist bisher nicht einmal die Existenz eines einzigen NP-vollständigen Problems gesichert. Für uns wäre es auch wenig hilfreich, wenn sich nur völlig uninteressante Probleme als NP-vollständig erweisen.

NP-Vollständigkeit — Konsequenzen

Nehmen wir nun die Existenz eines NP-vollständigen Problems B an. Was hat es für Konsequenzen, wenn wir entscheiden können, ob $B \in$ P oder $B \notin$ P ist?

Falls $B \in$ P, folgt NP $=$ P. Jedes andere Problem in NP läßt sich polynomiell auf B reduzieren und gehört nach unseren Überlegungen über polynomielle Reduktionen ebenfalls zu P.

Falls $B \notin$ P, folgt NP $\neq$ P, da $B \in$ NP $-$ P ist. Dann gehört aber kein NP-vollständiges Problem zu P. Sonst (s. o.) wäre ja NP $=$ P.

Wir wiederholen noch einmal die Umkehrungen, die wir nun bewiesen haben.

- Falls NP $=$ P, sind alle Probleme in NP polynomiell lösbar.

- Falls NP $\neq$ P, ist kein NP-vollständiges Problem polynomiell lösbar.

Ob NP = P oder NP $\neq$ P ist, kann dadurch entschieden werden, daß für ein beliebiges NP-vollständiges Problem herausgefunden wird, ob es zu P gehört oder nicht.
Zur Erinnerung: Es gibt Tausende bekannter NP-vollständiger Probleme.

Die NP $\neq$ P -Vermutung

Viele Bereiche der Komplexitätstheorie basieren auf der Vermutung, daß NP $\neq$ P
ist. Wie können wir es verantworten, uns so stark auf eine unbewiesene Vermutung
zu stützen? Dazu sei Strassen (1986) zitiert, wobei er die NP $\neq$ P-Vermutung mit
Cook's hypothesis bezeichnet: „The evidence in favor of Cook's and Valiant's hypo-
theses is so overwhelming, and the consequences of their failure are so grotesque, that
their status may perhaps be compared to that of physical laws rather than that of
ordinary mathematical conjectures." Die NP $\neq$ P-Hypothese wird also mit physikalischen Gesetzen wie der Heisenbergschen Unschärferelation oder Einsteins $E = mc^2$
verglichen. Über die Gültigkeit physikalischer Gesetze philosophiert Hawking (1991)
auf unvergleichliche Weise.

NP-Vollständigkeit — Beweismethoden

Wenn es viele bekannte NP-vollständige Probleme gibt, muß es doch auch Methoden
für NP-Vollständigkeitsbeweise geben. Die Definition ist nicht sehr handlich, da sie
Aussagen über alle Probleme in NP erfordert. So war auch der erste Beweis, daß
ein Problem NP-vollständig ist, recht schwierig, und wir widmen diesem Beweis
Kap. 3.4. Heute haben wir es viel leichter.

Es sei ein Problem B gegeben, von dem wir zeigen wollen, daß es NP-vollständig
ist. Das Grundkonzept eines NP-Vollständigkeitsbeweises läßt sich in vier Schritte
einteilen.

1.) Zeige, daß $B \in$ NP ist. Dies ist im allgemeinen einfach, eine Lösung wird
   nichtdeterministisch geraten und dann deterministisch verifiziert.

2.) Auswahl *eines* „geeigneten" als NP-vollständig bekannten Problems A. Warum
   dies genügt, diskutieren wir etwas später. Bei der Wahl von A ist Intuition
   gefragt. Ein Beweis $A \leq_p B$ sollte möglichst einfach sein. Dies ist oft dann der
   Fall, wenn sich A und B sehr ähnlich sind. Die Ähnlichkeit von Problemen ist
   oft nicht leicht zu erkennen.

3.) Angabe einer deterministisch in polynomieller Zeit berechenbaren Transformation f, die Eingaben für A in Eingaben für B überführt.

4.) Beweis der Eigenschaft: $x \in A \Leftrightarrow f(x) \in B$. Nicht vergessen, daß beide
   Richtungen zu beweisen sind.

Warum reicht dieses Vorgehen aus? In Schritt 1 wird gezeigt, daß $B \in$ NP ist. Danach wird gezeigt, daß $A \leq_p B$ ist. Da aber A selber NP-vollständig ist, gilt $L \leq_p A$ für alle Sprachen $L \in$ NP. Nun folgt aus der Transitivität von $\leq_p$ auch $L \leq_p B$ für alle Sprachen $L \in$ NP, und B ist NP-vollständig. Wenn es bereits ein recht ähnliches als NP-vollständig bekanntes Problem gibt, kann es ziemlich einfach sein, die NP-Vollständigkeit von B zu beweisen.

3.4   Der Satz von Cook

Das Erfüllbarkeitsproblem SAT

Wir haben zwar davon gehört, daß viele Probleme als NP-vollständig bekannt sind. Aber wir haben dies bisher für kein Problem bewiesen. Wir versetzen uns daher in das Jahr 1969 zurück. Für welches Problem sollen wir als erstes zeigen, daß es NP-vollständig ist? Es ist irrelevant, ob dieses Problem „wichtig" oder „interessant" ist. Entscheidend ist, daß es uns gelingt, alle Sprachen in NP polynomiell auf dieses Problem zu reduzieren. Wenn wir ein beliebiges Problem aus NP betrachten, wissen wir nur, daß es von einer nichtdeterministischen Turingmaschine in polynomieller Zeit entschieden wird. Das von uns auszuwählende Problem sollte also gut in der Lage sein, Rechnungen von nichtdeterministischen Turingmaschinen darzustellen. Schaltkreise bilden eine so allgemeine Darstellungsform, daß „praktisch alles" in Schaltkreise transformierbar ist. Ein akzeptierender Rechenweg soll dazu führen, daß der Schaltkreis 1 berechnet. So kommen wir zum *Erfüllbarkeitsproblem für Schaltkreise*. Für einen Schaltkreis soll entschieden werden, ob es eine Eingabe gibt, die zur Ausgabe 1 führt.

Damit spätere Reduktionen auf andere Probleme einfacher werden, ist es günstig, ein möglichst spezielles Erfüllbarkeitsproblem zu betrachten. Ein Schaltkreis ist in *konjunktiver Normalform*, wenn auf der ersten Ebene nur *Klauseln*, das sind Disjunktionen von *Literalen* (Variable und negierte Variable), gebildet werden und diese auf der zweiten Ebene durch Konjunktionen verknüpft werden. Als *Erfüllbarkeitsproblem* SAT (satisfiability problem) bezeichnet man das Erfüllbarkeitsproblem für Schaltkreise in konjunktiver Normalform. Die Aufgabe besteht dann darin zu entscheiden, ob es eine Eingabe gibt, die alle Klauseln gleichzeitig *erfüllt*, d.h. zu 1 macht.

Die praktische Bedeutung von SAT

Wir haben bereits diskutiert, daß es nicht schlimm wäre, wenn wir zunächst ein völlig uninteressantes Problem als NP-vollständig nachweisen. Das Erfüllbarkeitsproblem ist aber sogar von großer praktischer Bedeutung, z. B. bei der Hardwareverifikation. Sei S die Spezifikation einer Booleschen Funktion und S' ein Schaltkreisentwurf für die gleiche Funktion. Um S' zu verifizieren, muß gezeigt werden, daß S und S' die gleiche Funktion darstellen. Dies ist äquivalent zur Nichterfüllbarkeit der EXOR-Verbindung von S und S'.

Fazit: In Kap. 2 erwies sich die allgemeine Verifikation von Software als nicht rekursiv. Hardwareverifikation ist ein entscheidbares Problem, da eine Boolesche Funktion nur endlich viele Eingaben hat, aber sie ist nur genau dann in polynomieller Zeit möglich, wenn NP=P ist.

SAT gehört zu NP

Dies ist ganz einfach zu zeigen. Wenn die Eingabe auf n Booleschen Variablen arbeitet, wird eine Belegung dieser Variablen nichtdeterministisch erzeugt. Es ist natürlich in polynomieller Zeit möglich zu überprüfen, ob alle Klauseln für diese Eingabe erfüllt sind.

Der Rate-Verifikations-Modus

Wir wollen jede Sprache $L \in$ NP polynomiell auf SAT reduzieren. Dazu werden wir von der zu L gehörigen nichtdeterministischen, polynomiell zeitbeschränkten Turingmaschine ausgehen und die Rechenwege durch Konjunktionen von Klauseln codieren. Nichtdeterministische Turingmaschinen können das nichtdeterministische Raten und das deterministische Arbeiten beliebig verzahnen. Für unsere angestrebte Reduktion ist es günstig, Raten und Arbeiten zu trennen. Nichtdeterministische Turingmaschinen sollen auf einem zweiten Band einen Vektor beliebiger Länge aus Nullen und Einsen nichtdeterministisch erzeugen und danach deterministisch arbeiten. Warum wird dadurch die Berechnungskraft nichtdeterministischer Turingmaschinen nicht eingeschränkt? Wenn immer eine nichtdeterministische Turingmaschine eine nichtdeterministische Entscheidung zwischen a Alternativen treffen will, kann sie sich in der eingeschränkten Version $\lceil \log a \rceil$ nichtdeterministische Bits, die noch nicht benutzt wurden, besorgen und mit diesen die nichtdeterministische Entscheidung simulieren. Bei einer Rechenzeit von $p(n)$ werden nicht mehr als $O(p(n))$ nichtdeterministische Bits benötigt. Der kürzeste akzeptierende Rechenweg ist also nur um einen konstanten Faktor länger geworden.

Wenn wir nur ein Band benutzen, werden die nichtdeterministischen Bits links von der Eingabe erzeugt, die Rechenzeit quadriert sich höchstens.

Die Beweisidee zum Satz von Cook

Als *Satz von Cook* wird die Aussage „SAT ist NP-vollständig" bezeichnet. Nach den Vorbetrachtungen müssen wir „nur" noch jede beliebige Sprache $L \in$ NP polynomiell auf SAT reduzieren.

Sei $L \in$ NP und M eine nichtdeterministische Turingmaschine im Rate-Verifikations-Modus, die L in polynomieller Zeit $p(n)$ entscheidet. Zu einer Eingabe w soll nun eine Klauselmenge $K(w)$ in polynomieller Zeit so erzeugt werden, daß $K(w)$ genau dann erfüllbar ist, wenn $w \in L$ ist.

Die Aussage $w \in L$ drücken wir äquivalent mit Hilfe von M aus. Es ist $w \in L$ genau dann, wenn es eine Bitfolge für die nichtdeterministischen Bits gibt, für die M zu einem akzeptierenden Endzustand gelangt.

Wir können M auf die $2p(n) + 1$ in $p(n)$ Schritten erreichbaren Bandzellen beschränken, wenn wir eine Eingabe w der Länge n betrachten. Außerdem können wir uns auf Rechnungen mit $p(n)$ geratenen Bits beschränken. Wenn wir die eigentliche Rechnung nach der Ratephase starten lassen, gibt es $2^{p(n)}$ Anfangskonfigurationen, die sich durch die Belegung des Ratevektors unterscheiden.

Schließlich müssen wir uns überlegen, wie wir die Turingmaschinenberechnung in eine Klauselmenge transformieren. Natürlich kann der Zustand zu einem Zeitpunkt mit $\lceil \log |Q| \rceil$ Bits codiert werden. Diese kompakte Codierung erschwert jedoch die Darstellung des Rechenwegs durch Klauseln. Wir wählen daher eine redundantere Codierung mit $|Q|$ Bits, von denen jeweils nur eines 1 sein darf und dann den Zustand symbolisiert. Diese Codierung wählen wir auch für jeden Zeitpunkt $0 \leq t \leq p(n)$ für die Kopfposition der Turingmaschine und für jeden Zeitpunkt und jede Bandzelle für den abgespeicherten Buchstaben. Die Zahl der Variablen beträgt $O(p(n)^2)$.

Was sollen die Klauseln ausdrücken?

a) Zu jedem Zeitpunkt wird eine Konfiguration codiert.

b) Für den Zeitpunkt 0 wird eine zu w passende Anfangskonfiguration dargestellt.

c) Für den Zeitpunkt $p(n)$ enthält die Konfiguration einen akzeptierenden Zustand, d. h. $w \in L$.

d) Die Konfiguration zum Zeitpunkt t ist in t Schritten aus einer Anfangskonfiguration erreichbar.

Wir greifen voraus. Wenn es gelingt, diese Anforderungen an die Klauseln so zu erfüllen, daß die Klauseln auch noch in polynomieller Zeit erzeugbar sind, dann ist die Reduktion gelungen. Die Klauseln sind nach Definition genau dann erfüllbar, wenn $w \in L$ ist.

a) Für die einzelnen Variablengruppen muß verifiziert werden, ob genau eine Variable den Wert 1 hat. Dies ist für polynomiell viele Variablen durch polynomiell viele effizient konstruierbare Klauseln möglich.

b) Der Zustand muß der Anfangszustand sein, dies ist eine Klausel der Länge 1. Auf den Inputpositionen muß w stehen, dies sind n Klauseln der Länge 1. Auf den Ratepositionen muß 0 oder 1 stehen, dies sind $p(n)$ Klauseln der Länge 2. Auf den anderen Positionen muß B stehen, dies ist durch Klauseln der Länge 1 ausdrückbar.

c) Dies läßt sich durch eine Klausel ausdrücken, deren Länge gleich der Zahl akzeptierender Zustände ist.

d) Diese Bedingung ist die schwierigste, da sie die Dynamik der Rechnung ausdrückt. Wir wollen hierzu logische Aussagen formulieren. Wenn zum Zeitpunkt $t - 1$ der Zustand q, die Kopfposition pos und der an pos gespeicherte Buchstabe a ist, dann ist der Zustand zum Zeitpunkt t gerade q' (analog für den Buchstaben an Position pos und die neue Kopfposition). Außerdem muß für die Position pos$' \neq$ pos der gespeicherte Buchstabe a' sein, wenn er zum Zeitpunkt $t - 1$ bereits a' war. Dies sind polynomiell viele Bedingungen, die sich effizient auflisten lassen. Sie sind für Literale A, B, C, D und E alle von der Form A $\wedge$ B $\wedge$ C $\Rightarrow$ E oder A $\wedge$ B $\wedge$ C $\wedge$ D $\Rightarrow$ E. Dies läßt sich aber auch durch die Klausel $\bar{A} \vee \bar{B} \vee \bar{C} \vee$ E oder $\bar{A} \vee \bar{B} \vee \bar{C} \vee \bar{D} \vee$ E ausdrücken.

Fazit: Der Satz von Cook ist eines der wichtigsten Ergebnisse der Informatik. Als erstes Problem wurde SAT, ein Problem auch von praktischer Bedeutung, als NP-vollständig nachgewiesen. Die polynomielle Reduktion einer beliebigen Sprache $L \in$ NP auf SAT ist zwar technisch kompliziert, folgt dabei aber einer gut nachvollziehbaren Idee. Zunächst werden nichtdeterministische Turingmaschinen in eine leichter handhabbare Form gebracht, in der die Rechnung auf einer exponentiellen Menge möglicher Anfangskonfigurationen deterministisch abläuft. Die Klauselmenge zu einer Eingabe w wird so konzipiert, daß eine Erfüllung aller Klauseln gleichbedeutend mit einem Rechenweg von einer Anfangskonfiguration zu w in eine akzeptierende Konfiguration ist.

3.5 Beweistechniken für die NP-Vollständigkeit von Problemen

Ziele

Die NP-Vollständigkeitstheorie wäre nicht so erfolgreich, wenn jeder NP-Vollständigkeitsbeweis so schwierig wie der Beweis des Satzes von Cook wäre. Wir haben bereits in Kap. 3.3 gezeigt, daß es für ein Problem $B \in$ NP zum Nachweis der NP-Vollständigkeit genügt, ein beliebiges NP-vollständiges Problem A polynomiell auf B zu reduzieren. Die Probleme, die wir hier behandeln, sind alle trivialerweise in NP enthalten. Darauf weisen wir nicht mehr gesondert hin. Wir wollen Beweistechniken zum Entwurf polynomieller Reduktionen einüben, so daß sie zum Handwerkszeug werden.

Hierbei ist zu unterscheiden, ob B aus einem Problemkreis stammt, in dem bereits viele Probleme als NP-vollständig bekannt sind, oder ob B das erste Problem aus einem Gebiet ist, für das die NP-Vollständigkeit bewiesen werden soll. Zum ersten Fall gehören die Beweistechniken Restriktion und lokale Ersetzung, und diese Beweise sollten von jeder Informatikerin und jedem Informatiker in der Praxis zu erbringen sein. Die Reduktionen für den zweiten Fall müssen Probleme aus verschiedenen Gebieten verbinden und sind meistens wesentlich schwieriger. Die zugehörige Beweismethode heißt Transformation mit verbundenen Komponenten. Diese Technik sollten Informatikerinnen und Informatiker an ausgewählten Beispielen kennenlernen.

Zusammenfassung der Resultate

Da unser Hauptziel das Verständnis der Methoden ist, stellen wir die Reduktionen nicht in einer inhaltlichen, sondern in einer methodischen Reihenfolge vor. Wir werden also A manchmal polynomiell auf B reduzieren, bevor wir nachgewiesen haben, daß A NP-vollständig ist. Um den Überblick zu behalten, geben wir zunächst eine Auflistung der betrachteten Probleme und eine Klassifikation der später diskutierten Reduktionen an.

SAT: Erfüllbarkeitsproblem für Schaltkreise in konjunktiver Normalform.

SAT*:   Erfüllbarkeitsproblem für Schaltkreise.

3-SAT: SAT unter der Einschränkung, daß Klauseln genau drei Literale enthalten.

CLIQUE: Die Entscheidungsvariante des Cliquenproblems (s. Kap. 3.1).

TSP:	Die Entscheidungsvariante des Traveling Salesman Problems (s. Kap. 3.1).
HC:	Das Problem, für ungerichtete Graphen zu entscheiden, ob sie einen *Hamiltonschen Kreis* (Hamiltonian Circuit) enthalten, dies ist eine Tour, also ein geschlossener Weg, der jeden Knoten genau einmal enthält.
DHC:	Das Problem HC für gerichtete (directed) Graphen.
KP:	Die Entscheidungsvariante des *Rucksackproblems* (Knapsack Problem). Für n Objekte mit Nutzen a_i und Gewicht g_i ist zu entscheiden, ob es eine Auswahl von Objekten gibt, deren Gesamtgewicht höchstens G und deren Gesamtnutzen mindestens A beträgt.
KP*:	Das Problem KP eingeschränkt auf den Fall, daß $A = G$ und $a_i = g_i$ für alle i ist.
PAR:	Für eine Folge natürlicher Zahlen $b_1, \ldots, b_n$ ist zu entscheiden, ob sie so in zwei Mengen eingeteilt (partitioniert) werden kann, daß die Summen der Zahlen in den beiden Mengen gleich sind.
BPP:	Die Entscheidungsvariante des *Bin Packing Problems*. Für n Objekte der Größe $b_1, \ldots, b_n$ ist zu entscheiden, ob sie in k Kisten der Größe B verstaut werden können.

Das folgende Bild faßt die polynomiellen Reduktionen zusammen, die wir diskutieren wollen. Die Zahlen an den Reduktionen stellen die Beweismethode dar: Restriktion (1), lokale Ersetzung (2) und Transformation mit verbundenen Komponenten (3). Eine derartige Klassifikation von Beweisen ist niemals eindeutig, dies deuten auch die zwei Fragezeichen an.

$$
\text{SAT}
\begin{cases}
\leq_p^1 \ \text{SAT*} \\[2ex]
\leq_p^2 \ \text{3-SAT}
\begin{cases}
\leq_p^3 \ \text{DHC} \leq_p^2 \text{HC} \leq_p^1 \text{TSP} \\[1ex]
\leq_p^3 \ \text{CLIQUE} \\[1ex]
\leq_p^{2?} \ \text{KP*}
\begin{cases}
\leq_p^1 \ \text{KP} \\[1ex]
\leq_p^{1?} \ \text{PAR} \leq_p^1 \text{BPP}
\end{cases}
\end{cases}
\end{cases}
$$

Am Ende haben wir die NP-Vollständigkeit einer Reihe wichtiger und sehr verschiedener Probleme gezeigt. Direkte Beziehungen zwischen SAT, TSP, CLIQUE, KP und BPP sind ja keinesfalls offensichtlich. Bereits die Hälfte der polynomiellen Reduktionen sind einfache Restriktionen und nur zwei folgen der schwierigsten Methode.

Polynomielle Reduktionen durch Restriktion

Diese Methode benutzt den einfachen Grundsatz, daß ein verallgemeinertes Problem mindestens so schwer wie das zugrundeliegende Problem sein muß, da es dieses als Spezialfall enthält. Die Methode ist allerdings nicht so banal, wie es der erste Anschein glauben läßt. Wir werden nämlich den Begriff Spezialfall recht allgemein fassen.

Wir beginnen mit zwei trivialen Restriktionen: SAT $\leq_p$ SAT* und KP* $\leq_p$ KP. Hier ist der Begriff Spezialfall im Wortsinn richtig. Als Transformation ist die identische Abbildung geeignet.

Zwei weitere Restriktionen sind ebenfalls recht einfach zu entwerfen.

PAR $\leq_p$ BPP: Beim Partitionsproblem sollen n Objekte der Größe $b_1, \ldots, b_n$ (sie heißen dort nicht Objekte, aber das ist nur eine Frage der Formulierung) so in zwei Kisten verpackt werden, daß beide gleich voll sind. Also setzen wir im Bin Packing Problem die Kistenzahl k auf 2 und die Kistengröße B auf $(b_1 + \ldots + b_n)/2$. Diese Transformation ist in Linearzeit berechenbar, und PAR hat offensichtlich genau dann eine Lösung, wenn das konstruierte Packungsproblem eine Lösung hat.

HC $\leq_p$ TSP: Graphen haben Kanten und Nichtkanten. Im Traveling Salesman Problem existieren alle Verbindungen, sie haben jedoch verschiedene Kosten. Da ist es doch naheliegend, Kanten durch kurze Verbindungen (Kosten 1) und Nichtkanten durch lange Verbindungen (Kosten 2) zu codieren. Ein Hamiltonkreis hat als TSP-Tour Kosten n, jede Tour, die nicht zu einem Hamiltonkreis gehört, hat Kosten, die mindestens $n + 1$ betragen. Also sollte das Kostenlimit in der Entscheidungsvariante des TSP n betragen. Offensichtlich erhalten wir die gewünschte polynomielle Reduktion.

Schließlich wollen wir noch KP* auf PAR polynomiell reduzieren.

Sei S die Summe aller a_i in der gegebenen Eingabe für KP*. Dann läßt sich KP* als die PAR-Variante auffassen, bei der eine Partitionierung gesucht wird, in der eine Menge den Wert A und die andere den Wert $S - A$ hat. Falls $A = S - A$, haben wir eine passende Eingabe für PAR konstruiert. Was ist, falls $A \neq S - A$? Wir benötigen dann ein weiteres Objekt. Damit verlassen wir die Restriktionsmethode, wenn wir diese sehr eng fassen.

Sei zunächst $A < S - A$. Es ist naheliegend, die Größe des neuen Objektes als $S - 2A$ festzulegen. Die Summe aller Objekte ist dann $S^* = 2S - 2A$. Aus einer Lösung von KP* wird eine Lösung der zugehörigen PAR-Eingabe, indem wir das neue Objekt der Größe $S - 2A$ zur Menge der Größe A hinzufügen. Umgekehrt erhalten wir aus einer Lösung für PAR eine Lösung für KP*, indem wir das neue Objekt aus seiner Menge entfernen.

Die Überlegungen für den Fall $A > S - A$ sind ähnlich. Das neue Objekt bekommt die Größe $2A - S$, also ist $S^* = 2A$. Die KP*-Lösung ist automatisch eine Lösung für PAR, wenn das neue Objekt in die „andere" Menge kommt. Die Menge einer PAR-Lösung, die das neue Objekt nicht enthält, ist eine Lösung von KP*.

Fazit: Restriktionen sind geeignet, um recht ähnliche Probleme aufeinander zu reduzieren, insbesondere wenn das Problem, von dem die Reduktion ausgeht, ein (im weiteren Sinn) Spezialfall des anderen Problems ist. Restriktionen sind oft einfach zu entwerfen.

Polynomielle Reduktionen durch lokale Ersetzung

Für die Eingaben der meisten Probleme gilt, daß sie in Komponenten zerfallen, bei SAT sind es Variablen und Klauseln, bei Graphen Knoten und Kanten und sonst häufig Objekte mit ihren Eigenschaften. Eine Reduktion mit Hilfe einer lokalen Ersetzung versucht, die Komponenten der Eingabe des gegebenen Problems einzeln (lokal) durch eine oder mehrere Komponenten der Eingabe des neuen Problems zu ersetzen. Zwischen den Komponenten der transformierten Eingabe darf es keine (oder nur marginale) Verknüpfungen geben.

Ein Musterbeispiel für eine lokale Ersetzung ist die polynomielle Reduktion SAT $\leq_p$ 3-SAT. Hier ist 3-SAT der Spezialfall, so daß 3-SAT $\leq_p$ SAT mit einer trivialen Restriktion bewiesen werden kann. Wir wollen aber die gegenteilige Reduktion entwerfen, um das sehr spezielle Problem 3-SAT als Startproblem für weitere Reduktionen zu haben. Die Zusammenfassung der Resultate macht deutlich, daß 3-SAT das Startproblem bei fast allen Reduktionen ist, die in andere Problembereiche führen.

Wie sieht die lokale Ersetzung für SAT $\leq_p$ 3-SAT aus? Die Klauseln der Eingabe für SAT werden völlig unabhängig voneinander behandelt. Zu kurze Klauseln werden durch die Wiederholung von Literalen aufgefüllt. Das eigentliche Problem bilden die zu langen Klauseln. Was machen wir aus einer Klausel mit den 5 Literalen $z_1, \ldots, z_5$? Wenn wir drei von ihnen in eine Klausel packen, verschärfen wir die Bedingungen. Versuchen wir es mit z_1 und z_2. Um nicht zu einer Verschärfung der gegebenen Klauseln zu gelangen und keine Konflikte mit anderen Klauseln zu produzieren, wählen wir als drittes Literal eine neue Variable y_1, die nur in der Ersetzung dieser Klausel benutzt wird. Wir erhalten also als erste Klausel $z_1 \vee z_2 \vee y_1$. Wenn in der alten Klausel z_1 oder z_2 den Wert 1 hat, ist die Klausel erfüllt, und die weiteren Klauseln dieser Komponente sollen trivial erfüllbar sein. Wenn $z_1 = z_2 = 0$ ist, können wir die neue Klausel nur mit $y_1 = 1$ erfüllen. Die nächste neue Klausel enthält als erstes Literal $\overline{y_1}$. Falls $z_1 \vee z_2 = 1$, ist die neue Klausel mit $y_1 = 0$ trivial erfüllbar. Wir fügen z_3 hinzu, um die Literale der gegebenen Klausel zu „verarbeiten". Wieder als Verbindung benötigen wir die neue Variable y_2. Die letzte Klausel kann wie die erste zwei Literale, hier z_4 und z_5, „verarbeiten". Wir konstruieren also drei neue Klauseln: $z_1 \vee z_2 \vee y_1$, $\overline{y_1} \vee z_3 \vee y_2$, $\overline{y_2} \vee z_4 \vee z_5$. Falls $z_1 \vee z_2 \vee z_3 \vee z_4 \vee z_5 = 1$, finden wir stets eine Belegung von (y_1, y_2), so daß alle drei Klauseln erfüllt sind. Falls alle $z_i = 0$ sind, geht dies offensichtlich nicht.

Indem alle Klauseln so ersetzt werden, erhalten wir eine polynomielle Reduktion von SAT auf 3-SAT.

Manche Probleme sind auf ungerichteten und gerichteten Graphen von unterschiedlicher Komplexität. Daher ist es keine triviale Aufgabe, DHC auf HC zu reduzieren. Es genügt sicherlich nicht, die gerichteten Kanten durch ungerichtete Kanten zu ersetzen. Der gerichtete Graph auf den drei Knoten a, b und c mit den Kanten (a, b), (a, c) und (b, c) hat keinen Hamiltonkreis, in der ungerichteten Version wird daraus ein Dreieck mit Hamiltonkreis. Wir müssen also erzwingen, daß in Hamiltonkreisen der ungerichteten Version jeweils zwei Kanten am Knoten v gewählt werden, von denen in der gerichteten Version eine v erreicht und eine in v startet. Dazu ersetzen wir jeden Knoten v des gerichteten Graphen durch drei neue Knoten v_1, v_2 und v_3. Jede gerichtete Kante (v, w) wird durch eine ungerichtete Kante $\{v_3, w_1\}$ ersetzt. Zusätzlich gibt es die Kanten $\{v_1, v_2\}$ und $\{v_2, v_3\}$.

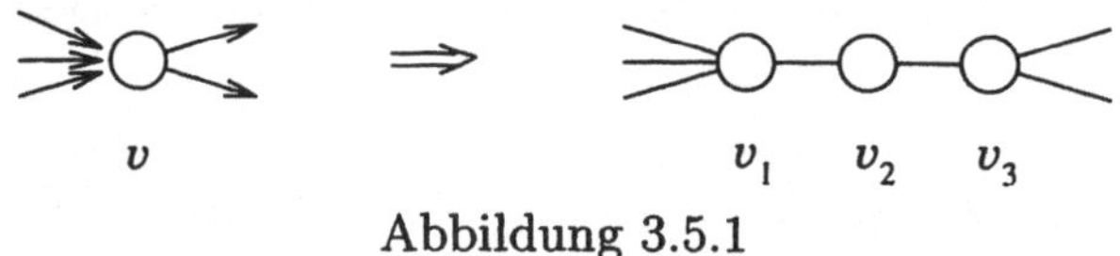

Abbildung 3.5.1

Hamiltonkreise haben Grad 2 für jeden Knoten. Daher müssen die Kanten $\{v_1, v_2\}$ und $\{v_2, v_3\}$ gewählt werden. Danach muß noch eine Kante an v_1 und eine Kante an v_3 gewählt werden, dies entspricht in der gerichteten Version einer Kante, die v erreicht, und einer, die v verläßt.

Die bisher behandelten lokalen Ersetzungen haben verwandte Probleme miteinander verbunden. Die letzte lokale Ersetzung 3-SAT $\leq_p$ KP* betrifft dagegen sehr verschiedene Probleme. In einer derartigen Ausgangssituation gelingt nur selten eine polynomielle Reduktion mit Hilfe einer lokalen Ersetzung.

Zunächst wollen wir jedes der $2n$ Literale x_i und $\overline{x_i}$, $1 \leq i \leq n$, durch ein Objekt im Problem KP* ersetzen. Die zu x_i gehörige Zahl a_i hat zunächst m Dezimalzahlen, wobei m die Zahl der Klauseln in der Eingabe für 3-SAT ist. An der j-ten Stelle steht die Ziffer, die beschreibt, wie oft x_i in der j-ten Klausel vorkommt. Analog wird b_i zu $\overline{x_i}$ gebildet. Auf diese Weise entsprechen sich die Klauselmengen und die Objektgrößen eindeutig. Eine Auswahl der Variablen ist genau dann erfüllend, wenn die Summe der zugehörigen Objektgrößen an jeder Stelle mindestens 1 beträgt. Im Dezimalsystem kann es nicht zu Überträgen kommen, da die Summe aller Ziffern an der j-ten Stelle gleich der Zahl der Literale in der j-ten Klausel, also genau 3 ist. Dennoch gibt es Probleme. Wir können bei der KP*-Eingabe nicht verhindern, daß a_i und b_i gewählt werden, während x_i und $\overline{x_i}$ nicht gemeinsam 1 sein können. Schließlich benötigen wir im Problem KP* *eine* Zahl $A \in G$, die mit einer Auswahl von Zahlen erreicht werden soll.

Diese Probleme können wir überwinden. Dazu werden die Zahlen um n Stellen verlängert, wobei a_i und b_i an der i-ten neuen Stelle eine 1 und sonst nur Nullen erhalten. Wenn die zu erzeugende Summe A an den letzten n Stellen nur Einsen enthält, erzwingen wir, daß wir für jedes i genau eine der Zahlen a_i und b_i wählen und damit entscheiden, ob $x_i = 1$ oder $\overline{x_i} = 1$ ist. Die vorderen m Stellen von A setzen wir auf 4. Nun brauchen wir Füllobjekte, mit denen genau jede erfüllende Belegung zu einer Lösung der zugehörigen KP*-Eingabe korrespondiert. Die $2m$ Füllobjekte c_j und d_j enthalten im vorderen Bereich eine 1 bzw. 2 an der Stelle j, $1 \leq j \leq m$, und ansonsten, auch an den hinteren n Stellen, nur Nullen. Eine nicht erfüllende Belegung führt zu einer Summe von 0 an einer Stelle. Daraus können die Füllobjekte keine 4 machen. Ist die Summe an jeder Stelle 1, 2 oder 3, kann eine Auswahl der Füllobjekte daraus eine 4 machen. Damit ist die polynomielle Reduktion gelungen.

Die Füllobjekte widersprechen dem reinen Prinzip einer lokalen Ersetzung. Jede Variable hat lokal eine Komponente erhalten, aber wie spiegeln sich die Klauseln in der konstruierten KP*-Eingabe wider? Sie finden sich an einer Stelle aller a- und b-Zahlen. Dies kann als Verbindung der Komponenten für die Variablen aufgefaßt werden. Die Reduktion kann daher als lokale Ersetzung, aber auch als Transformation mit verbundenen Komponenten aufgefaßt werden.

Fazit: Lokale Ersetzungen sind geeignet, um recht ähnliche Probleme aufeinander zu reduzieren. Sie sind oft dann die „richtige" Reduktionsmethode, wenn ein allgemeines Problem auf einen Spezialfall reduziert werden soll oder wenn ein Spezialfall eines Problems auf einen anderen Spezialfall reduziert werden soll.

Polynomielle Reduktionen durch Transformationen mit verbundenen Komponenten

Ein Musterbeispiel für diese allgemeine Reduktionsmethode ist die Reduktion 3-SAT $\leq_p$ CLIQUE. Die Probleme haben auf den ersten Blick nichts miteinander zu tun. Nun denken wir uns tiefer in die Probleme ein. Wir haben Cliquen als Gruppen aufgefaßt, in denen sich alle mögen, wobei die Relation „sich mögen" durch ungerichtete Kanten symbolisiert wird. Wann mögen sich Literale? Wenn sie nicht in Konflikt stehen, d. h. gleichzeitig erfüllbar sind.

Die $3m$ Literale in den gegebenen m Klauseln werden also durch $3m$ Knoten eines Graphen dargestellt. Eine Clique von m Knoten soll einer Variablenbelegung, die alle m Klauseln erfüllt, entsprechen. Daher soll ein Literal der j-ten Klausel genau dann ein Literal einer <u>anderen</u> Klausel mögen (durch eine Kante mit ihm verbunden sein), wenn die beiden Literale gemeinsam erfüllbar sind. Für eine erfüllende Belegung wählen wir in jeder Klausel ein erfüllendes Literal. Diese m Literale mögen sich und bilden eine m-Clique. Andererseits gehört jede m-Clique zu m Literalen, von denen jede zu einer anderen Klausel gehört. Da die Literale sich mögen, können sie gemeinsam erfüllt werden.

Die Reduktion ist uns gelungen, weil wir die Interpretation von Cliquen als sich paarweise mögende Subjekte (oder Objekte) in das Erfüllbarkeitsproblem transferieren konnten.

Die letzte polynomielle Reduktion 3-SAT $\leq_p$ DHC wollen wir hier nur andiskutieren (für Details s. Lehrbuch). Die Grundidee besteht darin, die Variablen und Klauseln durch Komponenten darzustellen. Jede Variable wird durch einen einzelnen Knoten repräsentiert, den zwei Kanten verlassen. Wenn ein Hamiltonkreis die 0-te bzw. 1-te Kante, die den Knoten x_i verläßt, wählt, soll das die Belegung von x_i entscheiden. Die Kante für $x_i = 1$ (für $x_i = 0$ analog) erreicht die erste Klausel (die mit der kleinsten Nummer), die x_i enthält. Eine Kante, die die Klausel verläßt, erreicht die zweite Klausel mit x_i usw., bis die letzte Klausel mit x_i erreicht wird. Von dort geht es zum Knoten mit der Variablen x_{i+1} (bzw. x_1, falls $i = n$). Dieser simple Entwurf hat eine Lücke. Klauseln mit mehreren erfüllten Literalen werden auf diese Weise mehrfach erreicht, was auf Hamiltonkreisen verboten ist. Daher muß die Komponente für eine Klausel vergrößert werden. Wir wählen drei Eingänge und drei Ausgänge. Es soll möglich sein, diese Komponente passend zu durchlaufen, wenn mindestens ein Literal der Klausel erfüllt ist. Wir verlieren jede Übersicht, wenn wir die Komponente am Eingang, der das zweite Literal darstellt, erreichen und am Ausgang für das dritte Literal verlassen können. Eine Klauselkomponente soll daher folgenden Wunschvorstellungen genügen. Wenn auf einem Hamiltonkreis die Komponente am j-ten Eingang erreicht wird, wird sie auch am j-ten Ausgang verlassen. Alle Knoten der Komponente können genau einmal durchlaufen werden, wenn die Komponente nur an einem beliebigen Eingang, an zwei beliebigen Eingängen oder an allen drei Eingängen erreicht wird.

Die Situation ist typisch für Reduktionen. Wir suchen eine Komponente mit ganz speziellen Eigenschaften. Wenn es sie nicht gibt, muß eine andere Reduktionsidee ausprobiert werden. Die Suche nach einer entsprechenden Komponente ist eine Tüftelaufgabe. In unserem Fall gibt es eine passende Komponente, die außer den drei Eingängen und drei Ausgängen keinen weiteren Knoten braucht und intern mit neun gerichteten Kanten auskommt. Mit dieser Komponente ist der Entwurf der polynomiellen Transformation fertig. Es gibt Komponenten für Variablen und Klauseln, die durch externe Kanten verbunden werden. Die Variablenknoten werden von zwei Kanten verlassen, die zum ersten Vorkommen von x_i und $\overline{x_i}$ führen. Ein Ausgang einer Klauselkomponente, der x_i (oder $\overline{x_i}$) repräsentiert, wird mit dem passenden Eingang der nächsten Klausel, die x_i (oder $\overline{x_i}$) enthält, verbunden. Falls es keine derartige Klausel gibt, wird der Variablenknoten für x_{i+1} (x_1, falls $i = n$) erreicht.

Aus einer erfüllenden Belegung läßt sich ein gerichteter Hamiltonkreis gewinnen, indem die Variablenknoten durch die entsprechenden Kanten verlassen werden und die Klauselkomponenten passend durchlaufen werden. Hierbei ist zu beachten, daß jede Klauselkomponente mindestens einmal erreicht wird, da die Variablenbelegung erfüllend ist. In jedem gerichteten Hamiltonkreis wird jeder Variablenknoten einmal verlassen und damit eine Variablenbelegung „definiert". Diese muß erfüllend sein, da auf Hamiltonkreisen jede Klauselkomponente erreicht werden muß.

Fazit: Transformationen mit verbundenen Komponenten sind geeignet, um recht verschiedene Probleme aufeinander zu reduzieren. Insofern kann auch der Beweis des Satzes von Cook als Transformation mit verbundenen Komponenten aufgefaßt werden. Es ist oft hilfreich, die Probleme mit Leben zu füllen und dann die Beziehung zwischen diesen Interpretationen herzustellen. Häufig werden Komponenten mit sehr speziellen Eigenschaften benötigt, um Eigenschaften des gegebenen Problems in die Transformation zu codieren.

3.6 Erweiterungen der NP-Vollständigkeitstheorie

Ziele

Falls NP $\neq$ P ist, gibt es keine polynomiellen Algorithmen zur Lösung NP-vollständiger Probleme. Dennoch werden wir ständig mit NP-vollständigen Problemen konfrontiert. Mit Erweiterungen der NP-Vollständigkeitstheorie soll es ermöglicht werden, möglichst viele Problemvarianten als einfach oder schwierig zu klassifizieren.

Die Komplexität von allgemeinen Problemen

Nur Entscheidungsprobleme können NP-vollständig sein. Die Beschränkung auf Entscheidungsprobleme haben wir damit gerechtfertigt, daß sehr häufig Optimierungsvarianten genau dann polynomiell lösbar sind, wenn dies für die zugehörige Entscheidungsvariante gilt. Für das Cliquenproblem und das TSP haben wir dies exemplarisch gezeigt.

Die Theorie für allgemeine Probleme (da eine Lösung gesucht wird, oft *Suchprobleme* genannt) arbeitet mit *Turing-Reduktionen* $A \leq_T B$. Dabei darf ein polynomielles Programm für ein Problem A eine unbekannte Prozedur für B beliebig oft aufrufen, wobei B ein Suchproblem sein darf. Ein Aufruf für B und die Eingabe x liefert eine der möglichen Lösungen von B für x. Die Kosten des Aufrufs werden gleich der Summe von Eingabe- und Ausgabelänge gesetzt. Das Reduktionskonzept $\leq_T$ hat die üblichen Eigenschaften.

Ein Suchproblem A heißt nun *NP-leicht*, wenn $A \leq_T B$ für ein Entscheidungsproblem $B \in$ NP ist. Falls NP $=$ P, sind die NP-leichten Probleme in polynomieller Zeit lösbar.

Ein Suchproblem A heißt *NP-hart*, wenn $B \leq_T A$ für ein NP-vollständiges Entscheidungsproblem B gilt. Falls NP $\neq$ P, sind die NP-harten Probleme nicht in polynomieller Zeit lösbar.

Ein Suchproblem A heißt *NP-äquivalent*, wenn es NP-leicht und NP-hart ist. Ein NP-äquivalentes Problem ist genau dann in polynomieller Zeit lösbar, wenn NP $=$ P ist. Alle NP-vollständigen Entscheidungsprobleme sind (als Suchproblem interpretiert) NP-äquivalent, aber auch die Zahl- und Optimierungsvarianten der von uns behandelten Probleme sind alle NP-äquivalent.

Die Komplexität von Approximationsproblemen

In vielen Anwendungsproblemen ist die exakte Lösung von Optimierungsproblemen schon deswegen nicht wichtig, weil die Parameter selbst Schätzwerte sind. Es genügt die Berechnung einer Lösung mit einer garantierten Güte.

Für das allgemeine Rucksackproblem gibt es einen Algorithmus, der bei zusätzlicher Eingabe eines Parameters $\varepsilon > 0$ eine zulässige Lösung liefert, so daß der Wert einer optimalen Lösung höchstens um den Faktor $1 + \epsilon$ größer ist als der Wert der berechneten Lösung. Die Laufzeit des Algorithmus beträgt $O(n^3 \varepsilon^{-1})$, ist also z. B. für $\varepsilon = \frac{1}{n}$ polynomiell. Dieses Ergebnis macht das Rucksackproblem zu einem handhabbaren Problem.

Gibt es ähnliche Algorithmen für das TSP und das Cliquenproblem? Die Antwort lautet in beiden Fällen: Nein. Für das TSP ist es relativ einfach zu zeigen, daß ein polynomieller Algorithmus, der stets Lösungen liefert, deren Kosten nur um einen Faktor von höchstens n über den Kosten einer optimalen Tour liegen, in einen polynomiellen Algorithmus für das Hamiltonkreisproblem umgebaut werden kann. Falls NP $\neq$ P, gibt es also für das TSP keinen effizienten Approximationsalgorithmus. Ein ähnliches Ergebnis läßt sich für das Cliquenproblem zeigen, wobei der Beweis jedoch auf die komplexe Theorie der „probabilistically checkable proof systems", einer neuen faszinierenden Theorie, zurückgreift.

Starke NP-Vollständigkeit

Wenn wir die Reduktion HC $\leq_p$ TSP näher betrachten, fällt auf, daß alle Kosten in der konstruierten Eingabe für das TSP nur die Werte 1 und 2 haben. Das TSP ist also bereits für Eingaben, die nur kleine Zahlen enthalten, NP-vollständig. In der Reduktion 3-SAT $\leq_p$ KP* entstanden riesige Zahlen, sie haben für eine Eingabe für 3-SAT mit n Variablen und m Klauseln eine Dezimallänge von $n + m$. Dies ist auch kein Wunder, denn selbst das allgemeine Rucksackproblem kann in polynomieller Zeit gelöst werden, wenn der Wert der Zahlen a_i, g_i, A und G durch ein Polynom in der Zahl der Objekte beschränkt ist.

Dieser gravierende Unterschied zwischen dem TSP und dem KP wird durch die Theorie stark NP-vollständiger Problem erfaßt. Ein Problem heißt *stark NP-vollständig*, wenn es bereits eingeschränkt auf Eingaben, bei denen die Größe aller Zahlen durch ein Polynom in der Bitlänge der Eingabe beschränkt ist, NP-vollständig ist. Das TSP ist stark NP-vollständig, aber das Rucksackproblem nicht. Was ist mit dem Cliquenproblem? Es ist trivialerweise stark NP-vollständig, da es keine großen Zahlen enthalten kann. Der Begriff stark NP-vollständig hat also nur Aussagekraft für Probleme, deren Eingaben sehr große Zahlen enthalten können.

Die Komplexitätsanalyse von Problemen

Die NP-Vollständigkeitstheorie dient auch dazu, die Grenze aufzuzeigen, wann Spezialfälle effizient lösbar werden können. Wir haben schon gesehen, daß das TSP recht schwierig ist. Es bleibt NP-vollständig, wenn die Distanzen nur kleine Zahlen sein dürfen oder wenn nur approximative Lösungen gesucht sind. Das Rucksackproblem wird in beiden Fällen einfach. Für das Erfüllbarkeitsproblem ist bereits die sehr spezielle Variante 3-SAT NP-vollständig, aber 2-SAT ist sogar in Linearzeit lösbar (siehe Aufgabe 14). Allgemein besteht die Komplexitätsanalyse eines Problems darin, für möglichst viele Varianten herauszufinden, ob sie in polynomieller Zeit lösbar oder NP-hart sind.

3.7 Zusammenfassung

Die Klasse P ist am besten geeignet als Charakterisierung der effizient lösbaren Probleme. Sie ist robust gegen Änderungen des Rechnermodells. Da im allgemeinen die Verteilung der Eingaben unbekannt ist, ist es gerechtfertigt, sich auf eine worst case Analyse von Algorithmen zu beschränken. Zwischen polynomiellen und exponentiellen Rechenzeiten gibt es nicht nur einen quantitativen, sondern auch einen qualitativen Unterschied. Dennoch sind nicht alle polynomiellen Algorithmen praktisch effizient, und manche exponentiellen Algorithmen sind für praktisch relevante Eingabegrößen effizient.

Es ist für viele Probleme bekannt, daß sie zu P gehören, aber es ist heutzutage für viele als schwierig vermutete Probleme unmöglich, sie als nicht zu P gehörig zu klassifizieren. Die NP-Vollständigkeitstheorie liefert eine relative Klassifikation der folgenden Art: Ein Problem A ist genau dann in Polynomialzeit lösbar, wenn NP = P ist. Die Fachwelt glaubt, daß NP $\neq$ P ist, da aus NP = P „unglaubliche Dinge" folgen. Die NP $\neq$ P-Hypothese ist ein Fundament vergleichbar mit physikalischen Gesetzen.

Die Basis der NP-Vollständigkeitstheorie bilden nichtdeterministische Rechner, die für die Konstruktion von realen Rechnern keine Bedeutung haben. Sie ermöglichen eine effiziente Lösung von Problemen, für die es einfach ist, einen Lösungsversuch darauf zu überprüfen, ob er tatsächlich eine Lösung darstellt. Dies gilt für die Entscheidungsvarianten vieler Optimierungsprobleme.

Mit Hilfe polynomieller Reduktionen lassen sich die Entscheidungsprobleme in NP in ihrem Schwierigkeitsgrad vergleichen. Die schwierigsten Probleme heißen NP-vollständig und sind genau dann polynomiell lösbar, wenn NP = P ist.

Heutzutage sind Tausende von Problemen als NP-vollständig bekannt. Historisch zeigte Cook zunächst die NP-Vollständigkeit des für die Hardwareverifikation auch praktisch relevanten Erfüllbarkeitsproblems. Wegen der Transitivität polynomieller Reduktionen genügt es nun, ein beliebiges NP-vollständiges Problem A polynomiell auf ein Problem $B \in$ NP zu reduzieren, um die NP-Vollständigkeit von B zu beweisen. Falls B eine Verallgemeinerung von A ist, bietet sich die Reduktionsmethode der Restriktion an. Wenn B dagegen ein Spezialfall von A ist oder A und B verschiedene Spezialfälle eines allgemeinen Problems C sind, gelingt eine polynomielle Reduktion häufig mit der Methode der lokalen Ersetzung. Für die Reduktion eines Problems auf ein gänzlich andersartiges Problem ist die Methode der Transformation mit verbundenen Komponenten hilfreich.

Verallgemeinerungen der NP-Vollständigkeitstheorie dienen zur komplexitätstheoretischen Klassifikation möglichst vieler Varianten eines Problems.

3.8   Übungsaufgaben mit Lösungsansätzen

Hinweis: Mit der ersten Aufgabe soll die Abhängigkeit der Komplexität eines Problems von seiner Codierung aufgezeigt werden.

1.) Das Problem, für eine Eingabe n, gegeben in Unärdarstellung, zu entscheiden, ob n Primzahl ist, ist in P enthalten.

Die Lösung ist einfach. Wir testen einfach für alle Zahlen $k \leq n$ ($k \leq n^{1/2}$ würde genügen), ob k ein Teiler von n ist. Die Rechenzeit ist sicher durch $O(n^2)$ beschränkt. Ist n allerdings in Binärdarstellung gegeben, muß die Rechenzeit auf die Eingabelänge $\lceil \log(n + 1) \rceil$ bezogen werden. Heutzutage ist noch kein polynomieller Primzahltest für Eingaben in der üblichen Binärdarstellung bekannt.

Hinweis: Mit den nächsten vier Aufgaben wird an weiteren Beispielen der Zusammenhang zwischen Entscheidungsvariante, Zahlvariante und Optimierungsvariante verdeutlicht.

2.) Wenn die Entscheidungsvariante von KP polynomiell lösbar ist, dann auch die Zahlvariante.

Der Nutzen 0 ist stets mit dem leeren Rucksack erreichbar. Der maximal mögliche Nutzen ist A^*, die Summe aller Nutzenwerte. Die binäre Länge von A^* ist durch die binäre Länge der Eingabe beschränkt. Eine binäre Suche nach dem Wert einer optimalen Rucksackbepackung kommt mit $\lceil \log(A^* + 1) \rceil$ Aufrufen der Entscheidungsvariante von KP aus.

3.) Wenn die Entscheidungsvariante von KP polynomiell lösbar ist, dann auch die Optimierungsvariante.

Wir benutzen die beim TSP und dem Cliquenproblem bewährte Strategie, Komponenten der möglichen Lösung zu verbieten. Zunächst wird (s. Aufgabe 2) der Wert A_{opt} einer optimalen Lösung bestimmt. Dann werden die Objekte nacheinander verboten, d. h. aus der Eingabe entfernt. Bleibt der Wert A_{opt} erreichbar, bleibt das Objekt verboten. Ansonsten kehrt es in die Gruppe wählbarer Objekte zurück. Am Ende bilden die wählbaren Objekte eine optimale Lösung.

4.) Wenn die Entscheidungsvariante von BPP polynomiell lösbar ist, dann auch die Zahlvariante.

Dies ist besonders einfach zu zeigen, da mindestens eine Kiste nötig ist und n Kisten stets reichen, wenn kein Objekt zu groß ist, um überhaupt verstaut zu werden. Auf $\{1, \ldots, n\}$ hat selbst lineare Suche polynomielles Zeitverhalten.

5.) Wenn die Entscheidungsvariante von BPP polynomiell lösbar ist, dann auch die Optimierungsvariante.

Hier benötigen wir eine neue Idee. Wenn wir ein oder mehrere Objekte bestimmten Kisten zuordnen, ist der Freiraum in den Kisten verschieden groß. Wir nehmen aber nur an, daß die Entscheidungsvariante für gleich große Kisten polynomiell lösbar ist. Wir können (s. Aufgabe 4) zunächst die optimale Kistenzahl k_{opt} bestimmen. Als nächstes wollen wir herausfinden, ob die Objekte 1 und 2 bei einer optimalen Lösung in der gleichen Kiste verstaut werden können. Dazu bilden wir aus diesen beiden Objekten ein zusammengeklebtes Objekt der Größe $b_1 + b_2$ und benutzen die

Entscheidungsvariante, um herauszufinden, ob $n-1$ Objekte mit den Größen $b_1 + b_2$, $b_3, \ldots, b_n$ auch in k_{opt} Kisten der Größe B verstaut werden können. Im positiven Fall bleiben die Objekte verklebt, im negativen Fall werden sie wieder getrennt. Auf die gleiche Weise fahren wir mit dem Objekt, das aus dem ersten Objekt entstanden ist, und den Objekten $3, \ldots, n$ fort. Am Ende gibt es ein zusammengeklebtes Objekt O^*, das Objekt 1 beinhaltet, und Einzelobjekte. Zusammen lassen sie sich in k_{opt} Kisten verpacken, wobei kein Objekt mit O^* zusammen in eine Kiste paßt (sonst wäre es mit ihm verklebt worden). Wir können also die Objekte, die O^* bilden, in einer Kiste verstauen. Auf analoge Weise berechnen wir, wie die restlichen Objekte in $k_{opt} - 1$ Kisten verstaut werden können.

Hinweis: Die nächste Aufgabe ergibt eine logikorientierte Charakterisierung von NP, die in Erweiterungen der NP-Vollständigkeitstheorie eine entscheidende Rolle spielt.

6.)   Eine Sprache liegt genau dann in NP, wenn es ein polynomiell entscheidbares Prädikat P und ein Polynom p gibt, so daß sich L darstellen läßt als

$$L = \{w \mid \exists w' : |w'| \leq p(|w|) \text{ und } P(w, w') \text{ ist wahr}\}.$$

Falls sich L wie beschrieben darstellen läßt, hat es eine nichtdeterministische Turingmaschine im Rate-Verifikations-Modus leicht. Es wird w' geraten, die Längenbedingung überprüft und anschließend deterministisch getestet, ob $P(w, w')$ wahr ist. Nach Voraussetzung ist all dies in polynomieller Zeit möglich.

Aber auch die andere Richtung fällt leicht, da wir vom Rate-Verifikations-Modus nichtdeterministischer Turingmaschinen M ausgehen können. Als Prädikat P wählen wir das folgende: Die Turingmaschine M akzeptiert w, wenn w' die geratene Bitfolge ist. Damit läßt sich L auf die geforderte Weise darstellen.

7.)   Jede nichtdeterministische Turingmaschine läßt sich durch eine nichtdeterministische Turingmaschine simulieren, die in jedem Schritt höchstens zwei zulässige Nachfolgekonfigurationen hat und deren Rechenzeit nur um einen konstanten Faktor größer als die der gegebenen Turingmaschine ist.

Es gibt nur endlich viele Paare (q, a). Wenn $\delta(q, a)$ genau r Tripel enthält, benutzen wir $r - 2$ neue Zustände. Die Konfiguration mit r direkten Nachfolgekonfigurationen kann im Konfigurationsgraph als Knoten mit r direkten Nachfolgern aufgefaßt werden. Der Knoten wird nun durch einen binären Baum mit den r Blättern, die den direkten Nachfolgekonfigurationen entsprechen, ersetzt.

Hinweis: Die nächste Aufgabe zeigt, daß das Konzept polynomieller Reduktionen innerhalb von P nutzlos ist. Wenn ein Problem effizient lösbar ist, wird kein unbekanntes Unterprogramm benötigt.

8.) Für Sprachen L_1 und L_2 über dem Alphabet Σ gilt $L_1 \leq_p L_2$, falls $L_1 \in$ P, $L_2 \neq \emptyset$ und $L_2 \neq \Sigma^*$ ist.

Nach Voraussetzung gibt es Eingaben w_0 und w_1 mit $w_0 \notin L_2$ und $w_1 \in L_2$. Sei nun w eine Eingabe. Dann können wir in polynomieller Zeit entscheiden, ob $w \in L_1$ ist. Es sei $f(w) = w_0$, falls $w \notin L_1$, und $f(w) = w_1$, falls $w \in L_1$. Die Transformation f ist, da w_0 und w_1 fest vorgegeben sind, in polynomieller Zeit berechenbar. Die Beziehung „$w \in L_1 \Leftrightarrow f(w) \in L_2$" folgt nach Konstruktion.

9.) Gibt es Gemeinsamkeiten im Beweis der Nichtrekursivität des PKP und des Satzes von Cook?

Ja, weil das Hauptproblem darin liegt, allgemeine Turingmaschinenberechnungen in einer anderen Sprache zu codieren.

Hinweis: Die folgenden fünf Aufgaben zeigen, daß Probleme, die sehr ähnlich zu einem NP-vollständigem Problem sind, einfache polynomielle Algorithmen haben können.

10.) Es sei CLIQUE(k) das Problem, für einen Graphen zu entscheiden, ob er eine k-Clique enthält. Für konstantes k ist CLIQUE(k) $\in$ P.

Es gibt nur $\binom{n}{k} \leq n^k$ Kandidaten, die eine k-Clique bilden können. Diese polynomiell vielen Kandidaten können in polynomieller Zeit durchprobiert werden. Die Reduktion 3-SAT $\leq_p$ CLIQUE zeigt, daß CLIQUE($n/3$) NP-vollständig ist.

11.) Eine Clique $V' \subseteq V$ heißt nicht vergrößerbar, wenn keine echte Obermenge von V' eine Clique ist. Eine nicht vergrößerbare Clique kann in polynomieller Zeit berechnet werden.

Wir beginnen mit dem Knoten 1 und fügen Knoten nacheinander hinzu, wenn sie die Cliqueneigenschaft nicht verletzen. Nach einem Knotendurchlauf und Zeit $O(n^2)$ ist eine nicht vergrößerbare Clique berechnet.

Für einige Optimierungsprobleme gilt, daß durch Hinzufügen nicht verbesserbare Lösungen einfach zu berechnen sind, während das Optimierungsproblem NP-hart ist.

12.) Ein Eulerkreis in einem ungerichteten Graphen ist ein Kreis, der jede Kante genau einmal benutzt, wobei Knoten mehrfach auf dem Weg liegen dürfen. Es kann in polynomieller Zeit entschieden werden, ob ein Graph einen Eulerkreis enthält.

Folgendes ist eine einfach zu testende notwendige und hinreichende Bedingung für einen Eulerkreis. Der Graph muß bis auf isolierte Knoten zusammenhängend sein, und der Grad jedes Knotens muß gerade sein. Die Notwendigkeit der Bedingungen ist einfach zu sehen. Die Zusammenhangsbedingung ist trivial. Auf jedem Kreis wird jeder Knoten genauso oft erreicht wie verlassen. Daher muß der Knotengrad gerade sein. Die Bedingungen sind aber auch hinreichend. Dies zeigen wir mit einem Greedy Algorithmus. Wir starten an einem nicht isolierten Knoten und wählen stets eine noch nicht gewählte Kante, bis dies nicht mehr möglich ist. Wegen der Bedingung über den Knotengrad endet dieser Prozeß wieder am Startpunkt. Wenn noch nicht alle Kanten gewählt sind, gilt dies wegen der Zusammenhangsbedingung auch für eine Kante an einen Knoten auf dem bisher erzeugten Kreis. Von diesem Knoten starten wir nun auf die gleiche Weise und fügen den neu konstruierten Kreis in den alten Kreis ein. Dieses Verfahren wird bis zur endgültigen Erzeugung eines Eulerkreises iteriert. Der Algorithmus kommt bei geschickter Implementierung mit linearer Zeit aus.

13.) Das Erfüllbarkeitsproblem SAT für Schaltkreise in konjunktiver Normalform ist der Test, ob die dargestellte Funktion f die Konstante 0 ist. Der Test, ob f die Konstante 1 ist, ist in polynomieller Zeit möglich.

Die Funktion f ist offensichtlich genau dann die Konstante 1, wenn dies für jede Klausel gilt. Eine Klausel ist genau dann konstant 1, wenn es eine Variable in positiver und negierter Form enthält. Dies läßt sich in linearer Zeit testen.

14.) Das Problem 2-SAT ist die Einschränkung von SAT auf Klauseln der Länge 2. Das Problem 2-SAT ist in polynomieller Zeit lösbar.

Klauseln, die ein Literal zweimal enthalten, erzwingen, daß dieses Literal den Wert 1 hat. Dadurch werden eventuell andere Klauseln verkürzt. Diese Vereinfachungen werden durchgeführt, bis alle Klauseln zwei verschiedene Literale enthalten. Nun stellen wir das Problem durch einen gerichteten Graphen dar. Dabei kann jede Klausel $a \vee b$ durch die beiden Aussagen $\bar{a} = 1 \Rightarrow b = 1$ und $\bar{b} = 1 \Rightarrow a = 1$ ersetzt werden, und diese beiden Aussagen stellen wir auf der Menge aller Literale durch die beiden gerichteten Kanten $(\bar{a}, b)$ und $(\bar{b}, a)$ dar. Wir nennen $(\bar{b}, a)$ dual zu $(\bar{a}, b)$ und umgekehrt. In dem so entstehenden gerichteten Graphen bestimmen wir in Linearzeit die starken Zusammenhangskomponenten und den zugehörigen gerichteten Wald W auf den Knoten, die die starken Zusammenhangskomponenten repräsentieren. Für Details sei auf Ottmann und Widmayer (1990) verwiesen. Wenn x_i und $\bar{x}_i$ in einer starken Zusammenhangskomponente liegen, sind die Klauseln nicht gemeinsam erfüllbar. Es muß ja $x_i = 1$ oder $\bar{x}_i = 1$ sein. Daraus folgt aber $\bar{x}_i = 1$ bzw. $x_i = 1$. In beiden Fällen ein Widerspruch. Ansonsten gibt es eine erfüllende Belegung, die wir folgendermaßen erhalten können. Wir wählen ein Blatt B in W und setzen die Literale der zugehörigen Komponente auf 1. Dies hat nur die Konsequenzen, daß alle Literale der dualen Komponente B^* auf 0 gesetzt werden müssen. Die duale Komponente ist in W eine Wurzel. Aus W können die zwei Knoten B und B^* entfernt werden. Danach wird analog fortgefahren, bis am Ende eine Belegung konstruiert wurde, die alle Aussagen, die den Kanten entsprechen, erfüllt. Damit sind auch alle Klauseln erfüllt.

Hinweis: Im folgenden soll der Entwurf polynomieller Reduktionen geübt werden. Damit auch die Wahl der Reduktionsmethode zur Aufgabe gehört, sind die Aufgaben nicht gemäß der geeigneten Reduktionsmethode geordnet.

15.) Entwerfe direkt eine Reduktion für SAT$\leq_p$ CLIQUE.

Es zeigt sich hier sehr einfach, daß die Einschränkung auf 3-SAT kein wesentlicher Vorteil war. Klauseln der Länge l müssen nur durch l Knoten dargestellt werden. Danach kann die Reduktion analog zu 3-SAT $\leq_p$ CLIQUE gestaltet werden.

16.) Es sei 3-SAT* die Einschränkung von 3-SAT auf Klauselmengen, in denen Klauseln drei verschiedene Literale enthalten. Zeige, daß 3-SAT* NP-vollständig ist.

Offensichtlich ist 3-SAT* $\in$ NP. Am ähnlichsten zu 3-SAT* ist unter den als NP-vollständig bekannten Problemen 3-SAT. Da 3-SAT* ein Spezialfall von 3-SAT ist, wählen wir die Methode lokaler Ersetzungen. Zu ersetzen sind nur Klauseln der Länge 1 und 2. Für die Klausel z der Länge 1 können wir $z = 1$ in allen anderen Klauseln setzen und die Klausel streichen. Dies führen wir durch, bis nur noch Klauseln der Länge 2 und 3 übrig sind. Sei nun $z \vee z'$ eine Klausel der Länge 2. Dann ersetzen wir sie für eine neue Variable y durch $z \vee z' \vee y$ und $z \vee z' \vee \bar{y}$. Offensichtlich ist $z \vee z' = (z \vee z' \vee y) \wedge (z \vee z' \vee \bar{y})$.

17.) Die Sprache SI (SUBGRAPH ISOMORPHISM) besteht aus allen Paaren $(G_1 = (V_1, E_1), G_2 = (V_2, E_2))$ von ungerichteten Graphen, für die G_1 isomorph in G_2 eingebettet werden kann, d. h. es existiert eine injektive Abbildung $f : V_1 \to V_2$, so daß $\{u, v\} \in E_1$ genau dann ist, wenn $\{f(u), f(v)\} \in E_2$ ist. Zeige, daß SI NP-vollständig ist.

Es ist SI $\in$ NP, da die Abbildung f geraten werden kann. Wenn wir nun die Liste der uns bekannten NP-vollständigen Probleme durchgehen und nach einem verwandten Problem suchen, erkennen wir (hoffentlich), daß CLIQUE der Spezialfall von SI ist, in dem G_1 ein vollständiger Graph (d. h. alle denkbaren Kanten sind vorhanden) ist. Also ist eine Restriktion möglich, indem aus der Eingabe (G, k) für CLIQUE ein vollständiger Graph G_1 auf k Knoten und der Graph $G_2 = G$ wird.

18.) In einem ungerichteten Graphen $G = (V, E)$ heißt eine Knotenmenge $V' \subseteq V$ *unabhängig*, wenn keine Kante zwischen zwei Knoten aus V' existiert. Die Sprache IP (INDEPENDENT SET) besteht aus allen Paaren (G, k) von ungerichteten Graphen und natürlichen Zahlen, für die G eine unabhängige Knotenmenge mit k Knoten enthält. Zeige, daß IP NP-vollständig ist.

Offensichtlich ist IP $\in$ NP. Das Problem CLIQUE ist in einem gewissen Sinn das Gegenteil von IP. Bei CLIQUE werden k Knoten gesucht, zwischen denen alle denkbaren Kanten existieren, bei IP sind es k Knoten ohne Verbindung. Also folgt CLIQUE $\leq_p$ IP, indem wir (G, k) auf (G', k) transformieren, wobei G' genau die Kanten enthält, die G nicht enthält, d. h. G' ist der zu G komplementäre Graph.

19.)   Eine Knotenmenge V' in einem ungerichteten Graphen $G = (V, E)$ bildet eine *Knotenüberdeckung* (vertex cover), wenn jede Kante in E mindestens einen Knoten aus V' enthält. Die Sprache VC (VERTEX COVER) besteht aus allen Paaren (G, k) von ungerichteten Graphen und natürlichen Zahlen, für die es ein vertex cover mit k Knoten in G gibt. Zeige, daß VC NP-vollständig ist.

Offensichtlich ist VC $\in$ NP. Hier müssen wir schon etwas schärfer hinschauen, um die äußerst enge Verwandtschaft zu IP zu erkennen. Es ist nämlich V' genau dann eine unabhängige Menge mit k Knoten in $G = (V, E)$, wenn $V - V'$ ein vertex cover mit $n - k$ Knoten ist. Also folgt IP $\leq_p$ VC, indem wir (G, k) in $(G, n - k)$ transformieren.

Bemerkung: Die Probleme CLIQUE, IP und VC sind eng verwandt. Jedes Problem läßt sich auf jedes andere mit Hilfe einer einfachen Restriktion polynomiell reduzieren. In diesem Sinn ist jedes der Probleme ein „Spezialfall" jedes anderen Problems.

20.)   Die Sprache 3-DM (Dreidimensionales Matching) besteht aus allen (X, Y, Z, M), wobei X, Y und Z disjunkte Mengen gleicher Mächtigkeit q sind und M eine Teilmenge von $X \times Y \times Z$ ist, so daß es q Tripel in M gibt, die zusammen alle Elemente in X, Y und Z enthalten. Zeige, daß 3-DM NP-vollständig ist.

Zunächst machen wir uns ein Bild dieses neuen Problems. Die Mengen X, Y und Z könnten Expertengruppen für drei Problemkreise sein. Ein Tripel (x, y, z) in M soll andeuten, daß die Experten x, y und z harmonieren und ein Team bilden können. Das Problem besteht darin zu entscheiden, ob die Fachleute in harmonische Dreierteams eingeteilt werden können.

Offensichtlich ist 3-DM $\in$ NP. Auch bei genauem Hinsehen ist keine Verwandtschaft zu einem uns bekannten NP-vollständigen Problem ersichtlich. Daher stellen wir uns auf eine Transformation mit verbundenen Komponenten ein und versuchen, vom bewährten Problem 3-SAT zu starten. Wir deuten hier nur die Ideen an und verweisen für Details auf Garey und Johnson (1979).

Es sei eine Eingabe für 3-SAT gegeben, die auf den Variablen $u_1, \ldots, u_n$ arbeitet und die Klauseln $c_1, \ldots, c_m$ enthält. Zunächst entwerfen wir Komponenten, die sichern, daß jede Variable in allen Klauseln nur auf die gleiche Weise durch Konstante ersetzt werden kann. Für die Variable u_i gibt es die Experten $u_i(j)$ und

$\overline{u_i}(j)$, $1 \leq j \leq m$, in X, $a_i(j)$ in Y und $b_i(j)$ in Z. Harmonische Teams bilden $(\overline{u_i}(j), a_i(j), b_i(j))$, $1 \leq j \leq m$, einerseits und $(u_i(j), a_i(j+1), b_i(j))$, $1 \leq j \leq m-1$, und $(u_i(m), a_i(1), b_i(m))$ andererseits. Die a- und b- Experten harmonieren nur auf die beschriebene Weise, d. h. sie sind in keinen anderen Tripeln enthalten. Wenn nur harmonische Dreierteams gebildet werden sollen, haben wir nur die Wahl zwischen den Teams der ersten Gruppe und den Teams der zweiten Gruppe. Also sind entweder die Experten $u_i(j)$, $1 \leq j \leq m$, noch frei (Interpretation: $u_i = 1$) oder die Experten $\overline{u_i}(j)$, $1 \leq j \leq m$ ($u_i = 0$).

Für die j-te Klausel gibt es nur einen Experten $s'(j)$ in Y und einen Experten $s''(j)$ in Z. Falls die j-te Klausel die Form $u_7 \vee u_9 \vee \overline{u_{15}}$ hat, sollen die Teams $(u_7(j), s'(j), s''(j))$, $(u_9(j), s'(j), s''(j))$ und $(\overline{u_{15}}(j), s'(j), s''(j))$ harmonieren.

Die Klauselexperten harmonieren mit niemandem anders. Sie finden also nur Anschluß, wenn die Expertenteams für die Variablenbelegung so gewählt worden sind, daß mindestens ein Literal der Klausel erfüllt ist.

Bisher haben wir $2mn$ Experten in X, aber nur nur je $mn + m$ Experten in Y bzw. Z. Aber es gilt folgende Aussage. Es können genau dann $mn + m$ harmonische Teams gebildet werden, wenn die Klauselmenge erfüllbar ist. Um die polynomielle Reduktion 3-Sat $\leq_p$ 3-DM zu vervollständigen werden noch je $mn - m$ weitere Experten in Y und Z benötigt, die untereinander und mit allen Experten aus X harmonieren.

Hinweis: 2-DM ist das entsprechende Problem für zwei Expertengruppen. Dieses Problem ist in polynomieller Zeit lösbar, s. z. B. Ottmann und Widmayer (1990). Das Problem hat auch die Interpretation, daß ein gütiger (!) Diktator die Männer und Frauen seines Reiches so verheiraten will, daß jedes Paar sich mag. Ob es eine solche Massenhochzeit gibt, läßt sich auch graphentheoretisch charakterisieren. Der zugehörige Satz heißt bezeichnenderweise *Heiratssatz*.

21.) Die Sprache MC (MINIMUM COVER) besteht aus allen Tripeln (S, C, k), so daß C ein System von Teilmengen von S ist und sich S als Vereinigung von k Mengen aus C darstellen (*überdecken*) läßt. Zeige, daß MC NP-vollständig ist.

Das Problem MC hat Anwendungen bei der Minimierung von PLAs (programmable logic arrays). Dann ist S die Menge der Eingaben einer Funktion, die auf 1 abgebildet werden sollen, für jeden Primimplikanten gibt es eine Menge in C, die angibt, welche Minterme dieser Primimplikant überdeckt. Es soll entschieden werden, ob sich die Funktion als Disjunktion von k Primimplikanten darstellen läßt (für Einzelheiten siehe Wegener (1989)).

Offensichtlich ist MC $\in$ NP. Wir sollten schnell erkennen, daß 3-DM ein Spezialfall ist. Sei (X, Y, Z, M) eine Eingabe für 3-DM. Dann transformieren wir diese Eingabe in (S, C, k) mit $S = X \cup Y \cup Z$. Das System enthält für jedes Tripel $(x, y, z) \in M$

die Menge $\{x, y, z\}$ und $k = |X|$. Wir halten fest, daß MC selbst in dem Spezialfall NP-vollständig ist, in dem verlangt wird, daß die überdeckenden Mengen disjunkt sind und alle Mengen dreielementig sind (3XC – EXACT COVER BY 3-SETS).

22.)   Wir betrachten ein einfaches Scheduling Problem, bei dem die Anwendungsmöglichkeiten offensichtlich sind. Für eine endliche Menge A von Aufgaben mit Bearbeitungszeiten $l(A)$, $a \in A$, soll entschieden werden, ob die Aufgaben so auf m Prozessoren verteilt werden können, daß sie zur Deadline D bearbeitet sind (MS= MULTIPROCESSOR SCHEDULING). Zeige, daß MS NP-vollständig ist.

Offensichtlich ist MS $\in$ NP. Es ist leicht zu sehen, daß PAR der Spezialfall ist, bei dem $m = 2$ und D die halbe Summe aller Bearbeitungszeiten ist.

23.)   SWI (SEQUENCING WITH INTERVALS) ist ebenfalls ein Schedulingproblem. Es sei eine endliche Menge A von Aufgaben gegeben. Zu jeder Aufgabe a gehört die Bearbeitungszeit $l(a)$, der frühestmögliche Beginn $r(a)$ der Bearbeitung und die Deadline $d(a)$. Es soll entschieden werden, ob die Aufgaben so von einem Prozessor bearbeitet werden können, daß alle Nebenbedingungen erfüllt sind. Zeige, daß SWI NP-vollständig ist.

Offensichtlich ist SWI $\in$ NP. Zur Reduktion bietet sich das einfachste Schedulingproblem PAR an. Aber SWI ist nicht eine Verallgemeinerung von PAR, da nur ein Prozessor zur Verfügung steht. Die Idee der Transformation besteht darin, zu erzwingen, daß die Objekte aus der Eingabe für PAR als Aufgaben interpretiert in zwei Hälften zerlegt werden müssen, um eine ordnungsgemäße Bearbeitung zu erlauben. Dazu benötigen wir eine weitere Aufgabe, die diese Trennung „erzwingt". Wir können die Reduktion als *lokale Ersetzung mit erzwingendem Element* bezeichnen.

Sei nun $b_1, \ldots, b_n$ eine Eingabe für PAR. Dazu konstruieren wir folgende Eingaben für SWI. Es gibt $n+1$ Aufgaben $a_1, \ldots, a_{n+1}$. Die ersten n Aufgaben entstehen direkt aus den Eingaben für PAR. Es sei also $l(a_i) = b_i$ für $1 \leq i \leq n$ und $l(a_{n+1}) = 1$. Damit ist die Gesamtdauer für alle Aufgaben $B = b_1 + \ldots + b_n + 1$. Für die ersten n Aufgaben wird $r(a_i) = 0$ und $d(a_i) = B$ gesetzt. Zusätzlich sei $r(a_{n+1}) = (B - 1)/2$ und $d(a_{n+1}) = (B + 1)/2$. Damit wird erzwungen, daß die erzwingende Aufgabe im Intervall $[(B-1)/2, (B+1)/2]$ bearbeitet wird. Da es keine Arbeitspause geben darf, müssen die anderen Aufgaben so in zwei Gruppen eingeteilt werden, daß beide eine Bearbeitungsdauer von $(B - 1)/2$ haben. Damit ist das Schedulingproblem genau dann lösbar, wenn das Partitionsproblem lösbar ist.

24.)   Wir behandeln das *Münzwechselproblem*. Eine Währung habe k verschiedene Münztypen mit den Werten $n_1 \leq \ldots \leq n_k$, wobei $n_1 = 1$ ist. Für einen Betrag B soll die minimal benötigte Münzzahl berechnet werden. Der Greedy Algorithmus berechnet die größtmögliche Zahl von n_k-Münzen, deren Wert B nicht übertrifft.

Dann wird der Restbetrag mit den n_{k-1}-Münzen auf analoge Weise behandelt usw..
Für die D-Mark Währung mit den Münzwerten 1, 2, 5, 10, 50, 100, 200, 500 ist der
Greedy Algorithmus optimal (Beweis?), für eine Funny-Währung mit den Münz-
werten 1, 5, 7 jedoch nicht. Der Betrag 10 läßt sich in zwei Münzen wechseln, der
Greedy Algorithmus braucht jedoch vier Münzen. Das Problem besteht nun darin,
für ein Münzsystem $n_1, \ldots, n_k$ und einen Betrag B zu entscheiden, ob das System
für B funny ist, d. h. der Greedy Algorithmus nicht optimal ist. Zeige, daß dieses
Münzwechselproblem NP-vollständig ist.

Das Problem ist in NP enthalten, da wir Zahlen $h_1, \ldots, h_k \leq B$ raten und danach
in polynomieller Zeit verifizieren können, ob $h_1 n_1 + \ldots + h_k n_k = B$ ist, d. h. ob der
Gesamtwert der Münzen B ist und ob der Greedy Algorithmus mehr als $h_1 + \ldots + h_k$
Münzen braucht.

Welches uns bekannte NP-vollständige Problem ist mit dem Münzwechselproblem
verwandt? Da es um die genaue Darstellung von B geht, fällt uns vielleicht 3XC aus
Aufgabe 21 ein. Sei also S eine endliche Menge und C ein System von dreielementigen
Teilmengen von S. Kann S als Vereinigung von disjunkten Mengen aus C dargestellt
werden? Die Frage ist nur sinnvoll, wenn S für eine natürliche Zahl n genau $3n$
Elemente enthält, o. B. d. A. $S = \{1, \ldots, 3n\}$. Wie können wir nun Mengen eindeutig
durch Münzwerte darstellen? Wir erinnern uns an die Reduktion 3-SAT $\leq_p$ KP*.
Dort war für jede Klausel eine Stelle im Dezimalsystem reserviert. Hier benötigen
wir für jedes Element eine Stelle. Der Greedy Algorithmus wird für die konstruierte
Eingabe $n + 1$ Münzen benutzen, daher wählen wir im wesentlichen eine p-adische
Darstellung (Zahlenbasis p anstelle von 10 in der Dezimaldarstellung) für $p = n + 1$.
Es sei $A = \{i, j, m\}$ eine Menge in C. Dann ist der zugehörige Münzwert $n_A = 1 + p^i +
p^j + p^m$. Darüber hinaus gibt es die Münzwerte $n_1 = 1$ und $n_{total} = p + p^2 + \ldots + p^{3n}$.
Der Betrag B wird auf $n + n_{total}$ gesetzt. Der Greedy Algorithmus wählt eine Münze
mit Wert n_{total} und kann dann nur noch n Münzen mit Wert 1 wählen. Eine bessere
Lösung darf keine n_{total}-Münze wählen. Nach Wahl von $p = n + 1$ ist $np^i < p^{i+1}$.
Es kann also nicht zu Überträgen kommen. Die p-adische Darstellung von B enthält
an der letzten Position die Zahl n und davor $3n$ Einsen Da es keine Überträge gibt,
können wir den Betrag B genau dann in n Münzen wechseln, wenn es n Münzwerte
gibt, die zu disjunkten Mengen korrespondieren.

Wieder haben wir es mit einer lokalen Ersetzung der Mengen zu tun, die durch drei
erzwingende oder auch verbindende Elemente (Münzwerte 1 und n_{total}, Betrag B)
ergänzt wird. Es ist umstritten, ob die Reduktion noch eine lokale Ersetzung ist
oder es sich schon um eine Transformation mit verbundenen Komponenten handelt.
Exemplarisch ist die Codierung von Mengen durch Zahlen.

3.9 Testfragen und stichwortartige Antworten

Testfragen

1. Ist P unumstritten die Klasse der effizient lösbaren Probleme?

2. Worin besteht der Unterschied zwischen polynomiellen und exponentiellen Rechenzeiten?

3. Wie läßt sich zeigen, daß ein Problem nicht in P ist?

4. Warum sind die Entscheidungs-, Zahl- und Optimierungsvarianten von Problemen oft „im wesentlichen" gleich schwer?

5. Wie können wir die Arbeitsweise von nichtdeterministischen Turingmaschinen veranschaulichen?

6. Wozu sind nichtdeterministische Maschinenmodelle gut?

7. Welchen Zeitverlust müssen wir bei der Simulation von nichtdeterministischen polynomiell zeitbeschränkten Turingmaschinen durch deterministische Turingmaschinen in Kauf nehmen?

8. Wie ist das Reduktionskonzept $\leq_p$ definiert, welche Eigenschaften hat $\leq_p$ und was folgt aus $L_1 \leq_p L_2$?

9. Was haben $\leq_p$ und $\leq_T$ mit dem Konzept der Unterprogramme in der Programmierung zu tun?

10. Inwieweit ist die NP $\neq$ P-Hypothese ein sicheres Fundament?

11. Warum werden NP-Vollständigkeitsbeweise im Prinzip im Laufe der Zeit immer einfacher?

12. Welche Schritte enthält ein NP-Vollständigkeitsbeweis?

13. Warum war der Satz von Cook bahnbrechend und wie läßt er sich beweisen?

14. Warum ist es nützlich, die NP-Vollständigkeit von möglichst speziellen Varianten eines Problems zu beweisen?

15. Wie lassen sich die Methoden zum Entwurf von polynomiellen Reduktionen klassifizieren? Gib für jede Methode ein Beispiel an.

Stichwortartige Antworten

1. Nein, denn nicht jeder polynomielle Algorithmus ist praktisch effizient, und es
   gibt Algorithmen mit nicht polynomiellen Rechenzeiten, die sich in der Praxis
   bewährt haben. Aber es gibt keine „bessere" Klasse als P zur Charakterisierung effizient lösbarer Probleme. Die Klasse P ist robust gegen Änderungen des
   Rechnermodells, und die Betrachtung der worst case Rechenzeit ist gerechtfertigt durch die Tatsache, daß die Verteilung der Eingaben im allgemeinen
   unbekannt ist.

2. Wenn wir z. B. die Anzahl zugelassener Rechenschritte verdoppeln, wächst bei
   polynomiellen Rechenzeiten die Länge von Eingaben, die bearbeitet werden
   können, um einen konstanten Faktor größer als 1, bei exponentieller Rechenzeit
   ist dies nur ein additiver Term.

3. Ein Problem ist sicher nicht in P, wenn es nicht rekursiv ist oder die Länge
   der Ausgabe nicht polynomiell beschränkt ist. Darüber hinaus kann für sehr
   schwierige Probleme gezeigt werden, daß alle Algorithmen zur Problemlösung
   mehr als polynomielle Zeit benötigen. Derartige Methoden wurden aber nicht
   diskutiert.

4. Es gibt allgemeine Strategien, um die Varianten aufeinander mit Hilfe des Konzepts von Turing-Reduktionen zu reduzieren. Wir erhalten einen Algorithmus
   für die Zahlvariante, wenn wir den optimalen Wert mit der Binären Suche
   bestimmen und dabei jeweils die Entscheidungsvariante aufrufen. Dafür muß
   es für den optimalen Wert eine untere und eine obere Schranke geben, deren Binärdarstellungen polynomielle Länge haben. Wir erhalten häufig einen
   Algorithmus für die Optimierungsvariante, wenn wir einzelne Komponenten
   der möglichen Lösung verbieten und dann testen, ob der optimale Wert noch
   erreichbar ist.

5. Nichtdeterminismus entspricht der Unsicherheit von Plänen bei der Schatzsuche. Gibt es keinen Schatz, führt auch kein mit dem Plan kompatibler Weg zu
   einem Schatz. Gibt es einen Schatz, führt mindestens ein mit dem Plan kompatibler Weg zum Schatz. Um auch die Messung der Rechenzeit als Länge des
   kürzesten akzeptierenden Rechenweges zu erfassen, ist die Vorstellung eines
   Orakels von Delphi hilfreich, das uns stets den besten Weg weist. Weitere Modelle sind parallele Rechner mit sehr vielen Prozessoren oder probabilistische
   Algorithmen mit kleiner, aber positiver Akzeptanzwahrscheinlichkeit.

6. Sie dienen nicht zur Rechenzeitmessung realer Rechner. Sie bilden dagegen das
   Rechnermodell für die Klasse NP und unterstützen die komplexitätstheoretische Klassifikation von Problemen.

7. Wenn die Rechenzeit der nichtdeterministischen Turingmaschine $p(n)$ beträgt, genügt es, alle Rechenwege der Länge $p(n)$ auszuprobieren. Die Rechenzeit der simulierenden deterministischen Turingmaschine ist durch $2^{O(p(n))}$ beschränkt, und damit ist der Zeitverlust exponentiell.

8. Es gilt $L_1 \leq_p L_2$, wenn es eine in polynomieller Zeit berechenbare Funktion f gibt, so daß die Eigenschaft „$w \in L_1 \Leftrightarrow f(w) \in L_2$" erfüllt ist. Die Relation $\leq_p$ ist reflexiv und transitiv. Falls sich L_1 polynomiell auf L_2 reduzieren läßt und $L_2 \in$ P ist, ist auch $L_1 \in$ P.

9. Wenn $L_1 \leq_p L_2$ gilt, läßt sich L_1 in polynomieller Zeit berechnen, wobei als letzter Schritt einmal ein nicht in die Rechenzeit eingehender Aufruf eines Unterprogramms für L_2 erfolgt. Die Antwort dieses Aufrufs ist auch die Antwort des Programms für L_1.

Wenn $L_1 \leq_T L_2$ gilt, läßt sich L_1 in polynomieller Zeit lösen, wobei ein Unterprogramm für L_2 jederzeit und beliebig oft aufgerufen werden darf. Ein Aufruf des Unterprogramms trägt zur Rechenzeit die Bitlänge von Eingabe und Ausgabe bei.

Das Reduktionskonzept $\leq_p$ bezieht sich nur auf Entscheidungsprobleme, $\leq_T$ dagegen auf allgemeine Probleme.

10. Zunächst einmal ist NP $\neq$ P eine unbewiesene Vermutung, an der jede Frau und jeder Mann zweifeln dürfen. Allerdings würde es unglaubliche Konsequenzen haben, wenn NP = P ist. Diese Konsequenzen sind für viele so grotesk, daß die NP $\neq$ P-Hypothese mit physikalischen Gesetzen verglichen wird.

11. Es genügt zu zeigen, daß das betrachtete Problem B in NP enthalten ist, und ein als NP-vollständig bekanntes Problem A polynomiell auf B zu reduzieren. Da im Laufe der Zeit die Liste der als NP-vollständig bekannten Probleme kontinuierlich wächst, wird die Zahl der möglichen Startprobleme A größer. Die Chance wächst, daß darunter ein Problem ist, daß sich relativ leicht polynomiell auf B reduzieren läßt.

12. Das Beweisrezept enthält vier Schritte:

   – Zeige, daß das Problem B in NP enthalten ist.

   – Wähle ein geeignetes (Intuition!) NP-vollständiges Problem A aus.

   – Entwerfe eine in polynomieller Zeit berechenbare Transformation f, die Eingaben für das Problem A in Eingaben für das Problem B überführt.

   – Beweise, daß „$w \in A \Leftrightarrow f(w) \in B$" gilt (beide Richtungen).

13. Mit dem Satz von Cook wurde erstmalig ein Problem als NP-vollständig nachgewiesen. Dazu war es notwendig, alle Probleme aus NP auf das ausgewählte Problem SAT polynomiell zu reduzieren. Danach wurden weitere NP-Vollständigkeitsbeweise einfacher (s. Testfrage 11).

    Der Beweis enthält zunächst eine Übertragung von nichtdeterministischen Turingmaschinen in den Rate-Verifikations-Modus und dann die Codierung polynomiell langer Rechenwege durch die Konjunktion polynomiell vieler in polynomieller Zeit berechenbarer Klauseln. Dabei sind die Klauseln genau dann gemeinsam erfüllbar, wenn es einen akzeptierenden Rechenweg der gegebenen Turingmaschine gibt. Mehr Einzelheiten finden sich in Kap 3.4.

14. Erstens ist dadurch ausgeschlossen (falls $NP \neq P$), daß es wenigstens für die speziellen Varianten effiziente Algorithmen gibt. Zweitens sind sehr spezielle Varianten eines Problems gute Kandidaten, um auf andere Probleme polynomiell reduziert zu werden.

15. Es ist zunächst zu beachten, daß eine Klassifikation von Beweismethoden nicht eindeutig ist. Mit Restriktionen lassen sich vor allem Probleme auf verallgemeinerte Probleme oder auf sehr verwandte Probleme reduzieren. Die Transformation ist dabei von sehr einfacher Form. Typische Beispiele sind SAT $\leq_p$ SAT* oder PAR $\leq_p$ BPP für einen nicht ganz trivialen Fall. Mit lokalen Ersetzungen lassen sich vor allem Probleme auf spezielle Varianten oder auf recht eng verwandte Probleme reduzieren. Die Komponenten des Ausgangsproblems werden dabei unabhängig voneinander (lokal) durch Komponenten des neuen Problems ersetzt. Musterbeispiel ist der Beweis von SAT $\leq_p$ 3-SAT. Die Methode der Transformation mit verbundenen Komponenten ist ein Leitfaden, um ein Problem auf ein strukturell sehr verschiedenes Problem zu reduzieren. Weiterhin werden Komponenten des Ausgangsproblems durch Komponenten des neuen Problems ersetzt. Diese Komponenten müssen jedoch verbunden werden, um die Struktur des gegebenen Problems in die Struktur des neuen Problems zu übertragen. Für diese Methode stellt der Beweis von 3-SAT $\leq_p$ CLIQUE ein Musterbeispiel dar.

4 Endliche Automaten

4.1 Cola-Automaten, Ampelanlagen, Schaltwerke und Rechner

Was ist ein endlicher Automat?

Es ist am einfachsten, sich einen *endlichen Automaten* als Turingmaschine (und damit als Rechner) ohne Speicher vorzustellen. Wir müssen präzisieren, wie ein endlicher Automat Zugriff auf die Eingabe hat und wie er seine Ausgabe produziert. Die Eingabe, ein Wort über einem endlichen Eingabealphabet, steht auf einem speziellen Eingabeband, das nur einmal von links nach rechts gelesen werden kann. Später werden wir sehen, daß wir diese strikte Einschränkung erheblich lockern können, ohne die Berechnungskraft endlicher Automaten zu erhöhen. Die Eingabekonvention impliziert, daß die Rechnung stoppt, wenn wir an das Ende der Eingabe stoßen, also versuchen, den $(n + 1)$-ten Buchstaben eines Wortes der Länge n zu lesen. In jedem Rechenschritt schreibt der endliche Automat einen Buchstaben (eventuell ein Leerzeichen) aus einem endlichen Ausgabealphabet auf das Ausgabeband. Informationen auf dem Ausgabeband dürfen nicht mehr gelesen werden. Für jede Eingabe wird also eine gleich lange Ausgabe erzeugt.

Zu jedem Zeitpunkt befindet sich ein endlicher Automat in einem Zustand q aus der endlichen Zustandsmenge Q und liest einen Buchstaben a aus dem Eingabealphabet Σ. Aufgrund dieser Information wird in den Zustand $\delta(q, a)$ gewechselt und die Ausgabe $\gamma(q, a)$ erzeugt, wobei $\delta : Q \times \Sigma \to Q$ die *Zustandsüberführungsfunktion* und $\gamma : Q \times \Sigma \to \Omega$ für das Ausgabealphabet Ω die *Ausgabefunktion* ist. Mit der zusätzlichen Angabe des Anfangszustandes q_0 ist der endliche Automat vollständig beschrieben. Auf dem Eingabe- und dem Ausgabeband wird in jedem Schritt eine Rechtsbewegung ausgeführt.

Da die Arbeitsweise endlicher Automaten so eingeschränkt ist, sollten wir uns fragen, ob wir mit endlichen Automaten überhaupt praxisrelevante Situationen modellieren können. Zuvor zeigen wir, daß endliche Automaten nicht ganz ohne Speicher auskommen müssen.

Endliche Automaten haben einen Speicher konstanter Größe

Endliche Automaten wurden als Rechner ohne Speicher eingeführt. Dies ist eine Frage des Blickwinkels. Indem wir die Zustandsmenge Q für eine Konstante c durch $Q \times \{0,1\}^c$ ersetzen, „geben" wir dem Automaten einen Speicher, der c Bits aufnehmen kann. Der Speicherinhalt ist formal in den aktuellen Zustand integriert, und der Automat hat fortwährend Überblick über den Gesamtinhalt des Speichers.

Die Zustandsmenge eines endlichen Automaten und damit auch der Speicher können riesig groß sein. Die Größe ist aber eine von der Eingabe unabhängige Konstante.

Cola-Automaten

Die einfachen „Automaten", denen wir im Alltag begegnen, lassen sich als endliche Automaten modellieren. So hat z. B. ein Cola-Automat Zustände, die folgende Informationen beinhalten:

- Anzahl der Dosen jeder Getränkesorte im endlichen Dosenspeicher.

- Anzahl der Münzen jeder Art, die sich im endlichen Geldspeicher befinden und als Wechselgeld in Frage kommen.

- Von der Kundin eingegebene Geldsumme, die durch die Größe des Münzspeichers beschränkt ist.

- Von der Kundin geäußerter Getränkewunsch, wobei der vorletzte Getränkewunsch vergessen wird.

Implizit haben wir auch das Eingabealphabet beschrieben. Die Kundin kann eine Münze einwerfen oder einen Getränkewunsch äußern. Spitzfindig könnte jemand bemerken, daß die Kundin ein beliebiges rundes Metallstück als Münze einwerfen kann und das Eingabealphabet daher nicht endlich ist. In unserem Modell werden diese Eingaben unter dem Eingabebuchstaben „Falschmünze" zusammengefaßt. Die Leserin und der Leser können nun selbst die Zustandsüberführungsfunktion beschreiben. Auch das Ausgabeverhalten von Cola-Automaten ist uns aus dem Alltagsleben bekannt. Nachdem das Prinzip klar geworden ist, sind auch Erweiterungen möglich, z. B. die Angabe, ob genügend Wechselgeld vorhanden ist.

Welche Aufgaben stellen sich aus der Sicht der Informatik beim Entwurf derartiger Automaten? Ein Ziel ist es, mit einer kleinen Zustandsmenge auszukommen und dennoch das vorgegebene Verhalten zu ermöglichen. Zudem sollten die Zustandsmenge, das Eingabe- und Ausgabealphabet sowie die Zustandsüberführungs- und die Ausgabefunktion so codiert sein, daß die Funktionen „hardwaremäßig" möglichst einfach zu realisieren sind.

Ampelanlagen

Moderne Ampelanlagen reagieren auf Knopfdruck durch Fußgänger und erhalten Signale von Kontaktschwellen, Kameras und aus der Verkehrszentrale. Sie haben eine komplizierte Logik. So erhalten Fußgänger nur grünes Licht, wenn es angefordert wird und eine Mindestzeit seit der letzten Grünphase vergangen ist. Zusätzlich kann es Vorrangschaltungen für Krankenwagen geben. Dennoch erhalten wir eine Modellierung durch endliche Automaten, wenn wir die Zeit durch eine Taktung diskretisieren. Endliche Automaten können sehr komplex werden.

VLSI-Chips und Schaltwerke

Während die meisten Menschen bei Cola-Automaten nicht an Computer denken, ist die Nähe zu Rechnern bei komplexen Ampelanlagen schon größer. Haben „richtige" Rechner etwas mit endlichen Automaten zu tun? VLSI-Chips sind besonders schnell, wenn sie eine Aufgabe „alleine" lösen, also nicht mit anderen Rechnerkomponenten kommunizieren müssen. Da der interne Speicher eines Chips endliche Größe hat, können wir Chips auch durch endliche Automaten modellieren.

Schaltwerke bilden ein gängiges Modell für Hardware. Da sie auf binär codierten Informationen arbeiten, gibt es geeignete Wortlängen, so daß Q, Σ und Ω durch $\{0,1\}^k$, $\{0,1\}^l$ und $\{0,1\}^m$ modelliert werden können. In jedem Takt wird im Schaltkreisteil des Schaltwerkes eine Boolesche Funktion realisiert. Die Eingabe besteht aus den k Bits, die den inneren Zustand des Schaltwerkes darstellen, und l Eingabebits. Daraus werden der neue innere Zustand und m Ausgabebits berechnet. Diese Rechnung läßt sich offensichtlich als Realisierung einer Zustandsüberführungsfunktion und einer Ausgabefunktion interpretieren.

Automaten sind Schaltwerke

Wie wir eben gesehen haben, kann jedes getaktete Schaltwerk als endlicher Automat modelliert werden. Jetzt behaupten wir die Umkehrung. Wer vor einem Cola-Automaten steht, hat wohl kaum das Gefühl, vor einem Schaltwerk zu stehen. Gemeint ist ja auch nur, daß das Verhalten von Automaten durch Schaltwerke *modelliert* werden kann. Dabei wird z. B. das Einwerfen einer Münze als Eingabe einer bestimmten Bitfolge aufgefaßt. Endliche Mengen können stets durch Bitfolgen einer festen Länge modelliert werden, wobei wir, da die Zahl der Bitfolgen einer festen Länge stets eine Zweierpotenz ist, auch Dummy-Bitfolgen erlauben. Auf der Bitebene sind endliche Funktionen Boolesche Funktionen und können durch Schaltkreise realisiert werden. Mit Hilfe von Flip-Flops können die Bits, die den aktuellen Zustand darstellen, gespeichert werden. Die Aussage „Automaten sind Schaltwerke" gilt also nur auf der Modellebene.

Sind konkrete Rechner endliche Automaten?

Wenn wir bei der Softwareerstellung davon reden, daß ein Programm durch einen Rechner ausführbar ist, gehen wir stets von einem virtuellen Rechner und nicht von einem konkreten Rechner aus. Wir nehmen nämlich (bis auf sehr einfache Ausnahmen) an, daß wir einen unbeschränkten Speicher benutzen dürfen, d. h. wir arbeiten mit dem Konzept virtueller Speicher. Wenn ein konkreter Rechner nicht genügend Speicher hat, bricht er das Programm ab. Jeder konkrete Rechner hat jedoch nur einen Speicher konstanter Größe. Als solcher kann er als endlicher Automat aufgefaßt werden. Allerdings ist es unrealistisch, einen Rechenschritt mit der Verarbeitung eines Eingabebuchstabens gleichzusetzen. Tatsächlich wird die Modellierung konkreter Rechner durch endliche Automaten erst sinnvoll, wenn wir als Rechenschritt auffassen, was während eines Taktes geschieht. Diese automatenorientierte Sicht auf konkrete Rechner kann bei der Leistungsbewertung von Rechnern angemessen sein, während sie bei der Softwareentwicklung unsinnig ist.

Fazit: Es gibt genügend praktisch relevante Fragen, die die Beschäftigung mit dem Modell endlicher Automaten motivieren.

Können endliche Automaten addieren?

Haben wir diese Frage nicht schon beantwortet? Cola-Automaten addieren doch die Werte der eingegebenen Geldmünzen. Dabei ist jedoch die Addition auf Zahlen beschränkt, so daß der entsprechende Geldbetrag durch Münzen im endlichen Münzspeicher darstellbar ist. Unter der Addition verstehen wir dagegen die Addition zweier Binärzahlen beliebiger Länge.

Die gestellte Frage hat keine eindeutige Antwort. Für verschiedene Eingabemodi ergeben sich verschiedene Antworten. Wenn wir an die Schulmethode der schriftlichen Addition denken, ist es naheliegend, die Summanden bitweise nach steigender Wertigkeit zu betrachten. Um $(a_{n-1}, \ldots, a_0)$ und $(b_{n-1}, \ldots, b_0)$ zu addieren, können wir das Eingabealphabet $\{0, 1\}$ und die Eingabereihenfolge $a_0, b_0, a_1, b_1, \ldots, a_{n-1}, b_{n-1}$ oder das Eingabealphabet $\{0, 1\}^2$ und die Eingabereihenfolge $(a_0, b_0), (a_1, b_1), \ldots,$ (a_{n-1}, b_{n-1}) benutzen. Im zweiten Fall können wir direkt eine Folge von Volladdierern simulieren, das Summenbit wird ausgegeben und das Übertragsbit im Zustand gespeichert. Im ersten Fall werden die a-Bits einen Takt lang gespeichert und in den geraden Zeittakten die Volladdierer simuliert.

Die Situation ändert sich drastisch, wenn wir die Zahlen als Blöcke auffassen und alle a-Bits vor allen b-Bits (getrennt durch ein Trennsymbol) eingeben. Es ist intuitiv einleuchtend, daß wir die gesamte Zahl a abspeichern müssen. Wir können sicher erst mit der Ausgabe beginnen, wenn das erste b-Bit gelesen wird. Wenn zu diesem Zeitpunkt verschiedene Zahlen a und a' zum gleichen Zustand des Automaten geführt haben, muß der Automat für $a + b$ und $a' + b$ die gleiche Ausgabe liefern

und damit einen Fehler machen. Bei blockweiser Eingabe der Summanden können
endliche Automaten also nicht addieren.

Fazit: Ob endliche Automaten eine Aufgabe lösen können, hängt bei manchen
Problemen vom Eingabemodus und daher von der Modellierung des Problems ab.

Darstellungsformen endlicher Automaten

In der klassischen Automatentheorie sind Automaten durch die Funktionstabellen
für die Zustandsüberführungsfunktion und die Ausgabefunktion beschrieben. Derar-
tige Beschreibungen haben eine Länge von $|Q|\,|\Sigma|\,(\lceil\log|Q|\rceil + \lceil\log|\Omega|\rceil)$. Die Effizienz
von Algorithmen wird auf die Eingabelänge oder etwas vergröbernd auf $|Q|$, $|\Sigma|$ und
$|\Omega|$ bezogen. Wenn Σ und Ω als fest vorgegeben angesehen werden können, werden
Rechenzeiten nur noch in Abhängigkeit von der Größe der Zustandsmenge gemessen.
Auch wir werden uns im wesentlichen auf diese klassische Sichtweise beschränken,
ohne allerdings die Problematik dieses Blickwinkels außer acht zu lassen.

Bei der Behandlung sehr einfacher Automaten wie des viel benutzten Cola-Automaten ist die geplante Vorgehensweise angemessen. Aber schon einfache Schaltwerke
oder gar VLSI-Chips können ohne weiteres Zustandsvektoren der Länge 100 oder
mehr haben. Algorithmen, die alle Zustände aufzählen, sind dann unbrauchbar. In
derartigen Fällen sollten wir die Zustandsmenge abstrakt als $\{0,1\}^{100}$ beschreiben
und z. B. die Zustandsüberführungsfunktion durch eine Boolesche Funktion δ' beschreiben. Dabei ist $\delta'(q,a,q') = 1$ gleichbedeutend zu $\delta(q,a) = q'$.

Wir wollen den Unterschied an einem praktischen Beispiel veranschaulichen. Automatenmodelle enthalten oft verbotene Zustände. Ampelanlagen dürfen z. B. nicht
der Hauptstraße und der Nebenstraße gleichzeitig freie Fahrt geben. Bei der Synthese
großer Automaten kann es zu Fehlern kommen. Teil der Verifikation des Automaten
ist der Nachweis, daß kein Zustand aus der Menge Q^* verbotener Zustände von q_0
aus erreichbar ist. Dazu kann die Zustandsüberführungsfunktion durch einen gerichteten Graphen dargestellt werden. Die Kante (q,q') besagt, daß q' in einem Schritt
von q erreichbar ist. Mit einer Depth-First Suche von q_0 aus kann überprüft werden,
ob ein Zustand aus Q^* erreichbar ist. Tiefensuche ist sehr effizient in Bezug auf die
Graphengröße.

Wenn der endliche Automat jedoch durch Schaltkreise für die Booleschen Funktionen, die die Zustandsüberführungsfunktion modellieren, beschrieben ist, stoßen wir
sofort auf NP-harte Probleme. In dem Problem, ob ein Zustand q in einem Schritt
aus einem Zustand in Q' erreichbar ist, ist bereits das Erfüllbarkeitsproblem SAT
enthalten. Die Erreichbarkeitsanalyse für endliche Automaten kann dann nur mit
heuristischen Methoden bearbeitet werden. Dabei werden Darstellungsformen Boolescher Funktionen benötigt, die einerseits effiziente Algorithmen für viele Operationen (darunter Erfüllbarkeitstest und Verknüpfung durch Boolesche Operatoren)

erlauben und andererseits kompakt sind. Die für diese Zwecke meistbenutzte Datenstruktur heißt *ordered binary decision diagram* (OBDD). Dieses Konzept wird in den Übungen erarbeitet, da es sich dabei interessanterweise um leicht abgewandelte endliche Automaten für Boolesche Funktionen handelt.

Wir beschränken uns im folgenden auf Automaten, die durch ihre Funktionstabellen beschrieben sind. Dabei behalten wir die Probleme, die bei großen Automaten und einer kompakteren Darstellung entstehen, im Hinterkopf. Derartige Probleme sind bei sehr großen, aber dennoch in der Realität vorkommenden Zustandsmengen unausweichlich.

4.2   Was endliche Automaten können und was sie nicht können

Hintergrund

Im Alltagsleben begegnen wir komplexen endlichen Automaten. Für viele Probleme ist unmittelbar klar, daß sie mit endlichen Automaten gelöst werden können. Andererseits macht schon die Addition Schwierigkeiten, wenn wir die Eingabeform nicht frei wählen können. Bei der Multiplikation wächst im Gegensatz zur Addition auch bei bitweiser Eingabe der Übertrag mit der Länge der Faktoren. So können wir vermuten (die Vermutung wird in Aufgabe 4 bestätigt), daß endliche Automaten nicht in der Lage sind, Zahlen beliebiger Länge zu multiplizieren. Somit ist die Frage nach der Charakterisierung der von endlichen Automaten lösbaren Aufgaben grundlegend.

Endliche Automaten und Sprachen

Der Einfachheit halber wollen wir unsere strukturellen Betrachtungen wieder auf Entscheidungsprobleme und damit auf das Wortproblem für Sprachen beschränken. Daß diese Einschränkung nicht wesentlich ist, haben wir bereits in Kap. 2 und Kap. 3 ausgiebig diskutiert. Beim Wortproblem für eine Sprache $L \subseteq \Sigma^*$ soll für jedes Wort $w \in \Sigma^*$ entschieden werden, ob es zu L gehört. Da wir nicht wissen, wann wir das Ende der Eingabe erreicht haben, müssen wir zu jedem Zeitpunkt wissen, ob das bisher gelesene Teilwort zu L gehört. Für jedes Wort $w = w_1 \ldots w_n$ erhalten wir das Ausgabewort $z = z_1 \ldots z_n$ mit $z_i \in \{0, 1\}$ und $z_i = 1$ genau dann, wenn $w_1 \ldots w_i \in L$ ist.

Endliche Automaten mit akzeptierenden Zuständen

Die Zustandsüberführungsfunktion δ und die Ausgabefunktion γ können zu einer Funktion $\delta' := (\delta, \gamma) : Q \times \Sigma \to Q' := Q \times \Omega$ zusammengefaßt werden. Dabei kann Q' als neue Zustandsmenge aufgefaßt werden, wobei die neue Zustandsüberführungsfunktion nur vom ersten Teil des Zustandes essentiell abhängt. Bei endlichen Automaten, bei denen die Ausgabe eine praktische Bedeutung hat, verstellt diese Sichtweise den Blick auf die Arbeitsweise der Automaten. Nicht so bei endlichen Automaten, die das Wortproblem für eine Sprache lösen. Dann ist $\Omega = \{0, 1\}$, die Zustände $(q, 0) \in Q'$ können nicht akzeptierend genannt werden, die Zustände $(q, 1)$ dagegen akzeptierend. Wir bezeichnen nun Q' und δ' wieder mit Q und δ und erhalten endliche Automaten ohne Ausgabe und mit einer Menge $F \subseteq Q$ akzeptierender Zustände. Ein Wort w wird genau dann akzeptiert, wenn nach dem Lesen des letzten Buchstabens von w ein akzeptierender Zustand erreicht wird. Der Vollständigkeit halber fügen wir hinzu, daß das leere Wort ε, das keinen Buchstaben enthält, genau dann akzeptiert wird, wenn q_0 akzeptierend ist.

Was endliche Automaten können

Was endliche Automaten können, haben wir an praktischen Beispielen wie Cola-Automaten, Ampelanlagen und Schaltwerken bereits kennengelernt. Eine vollständige Beschreibung derartiger Beispiele ist jeweils sehr umfangreich und setzt Wissen über das Anwendungsgebiet voraus. Nur deshalb beschränken wir uns im folgenden auf theoretische Beispiele, die einfache und kurze Beschreibungen haben wie z. B. die Addition.

- Vergleich zweier Binärzahlen. Wenn die Zahlen $a = (a_{n-1}, \ldots, a_0)$ und $b = (b_{n-1}, \ldots, b_0)$ paarweise nach aufsteigender Wertigkeit, d. h. als $(a_0, b_0), \ldots, (a_{n-1}, b_{n-1})$ gegeben sind, kann ein endlicher Automat mit drei Zuständen überprüfen, ob die durch a dargestellte Zahl größer als die durch b dargestellte Zahl ist. Die drei Zustände modellieren, ob für die bisher eingegebenen Zahlen a' und b' gilt, daß $a' > b'$, $a' = b'$ bzw. $a' < b'$ gilt. Nur der erste Zustand ist akzeptierend. Es ist nun leicht, die zugehörige Zustandsüberführungsfunktion anzugeben. Für die Vermutung, daß endliche Automaten Zahlen, die blockweise eingegeben werden, nicht vergleichen können, liefern wir die formalen Argumente in den nächsten Abschnitten.

- Test, ob die Anzahl der Nullen und die Anzahl der Einsen in der Eingabe gerade sind. Für dieses Problem ist es nicht nötig, die Nullen und Einsen zu zählen. Es genügt ein Zählen modulo 2, und somit kommt der Automat mit vier Zuständen aus.

- Test, ob der n-letzte Buchstabe eines Wortes $w \in \{0,1\}^*$ für ein fest vorgegebenes n eine 1 ist. Wenn wir einen Buchstaben b lesen, ist unklar, ob er der n-letzte ist. Wenn wir jedoch n weitere Buchstaben gelesen haben, ist sicher, daß b nicht der n-letzte Buchstabe war. Also genügt es, das aus den letzten n Buchstaben bestehende Teilwort abzuspeichern. Zu Beginn können wir, ohne die Antwort zu verfälschen, annehmen, daß bereits n Nullen gelesen wurden. Daher reichen 2^n Zustände.

- Berechnung einer Booleschen Funktion $f : \{0,1\}^n \to \{0,1\}$. Dies wurde im wesentlichen schon in Aufgabe 7 von Kap. 2 gezeigt. Es genügen 2^{n+1} Zustände, von denen $2^{n+1} - 1$ die Wörter der Längen $k \leq n$ repräsentieren, und ein Extrazustand q^* für alle zu langen Wörter. Nur die Zustände für die Wörter $a \in f^{-1}(1)$ sind akzeptierend.

Abschließend wollen wir diskutieren, ob NP-vollständige Probleme Einschränkungen haben, die von endlichen Automaten lösbare Probleme bilden. Exemplarisch betrachten wir das Erfüllbarkeitsproblem. Bei 3-SAT genügt es, die Zahl der Variablen durch eine Konstante n zu beschränken. Für jedes $a \in \{0,1\}^n$ kann dann gespeichert werden, ob diese Variablenbelegung alle bisher gesehenen Klauseln erfüllt. Wenn Klauseln der Länge 3 durch einen Eingabebuchstaben beschrieben werden, hat der zugehörige Automat die astronomische Zahl von 2^{2^n} Zuständen. Jede Teilmenge von $\{0,1\}^n$ kann die Menge der Belegungen sein, die alle gesehenen Klauseln erfüllt.

Beim Cliquenproblem reicht die Einschränkung auf die Erkennung von Cliquen der Größe 3 nicht aus. Intuitiv ist der Grund, daß die Zahl möglicher 3-Cliquen in Graphen mit n Knoten mit n wächst, während die Zahl möglicher Belegungen bei 3-SAT nur mit der Variablenzahl, aber nicht mit der Klauselzahl wächst.

Diese Beispiele sollen einen Einblick in das Potential endlicher Automaten geben. In der Praxis werden nur sehr kleine endliche Automaten direkt aus der Aufgabenbeschreibung abgeleitet. Größere Automaten entstehen durch Synthese kleinerer Automaten wie auch große Programmsysteme aus kleinen Modulen zusammengesetzt sind. Die Synthese endlicher Automaten diskutieren wir in Kap. 4.5.

Was endliche Automaten nicht können

Sprachen, die von endlichen Automaten akzeptiert werden können, nennen wir *regulär*. Mit ad hoc Argumenten haben wir bereits gezeigt, daß die Sprache aller $a_0, \ldots, a_{n-1}, \#, b_0, \ldots, b_{n-1}$, so daß $|a| + |b| \geq 2^n$ ist, nicht regulär ist. Im folgenden sollen zwei allgemeine Methoden diskutiert und angewendet werden, mit denen nachgewiesen werden kann, daß Sprachen nicht regulär sind. Das *Pumping Lemma* beschreibt eine notwendige, aber nicht hinreichende Eigenschaft für reguläre Sprachen. Für nicht reguläre Sprachen ist es oft einfach zu zeigen, daß sie nicht die

Pumping Eigenschaft haben. Mit dem *Struktursatz von Nerode* erhalten wir ein notwendiges und hinreichendes Kriterium für reguläre Sprachen. Mit diesem Satz wird sogar die minimale Zustandszahl, die endliche Automaten für eine reguläre Sprache haben, charakterisiert. Dieses Ergebnis erweist sich in Kap. 4.3 auch als Schlüssel zu einem effizienten Algorithmus für die Minimierung endlicher Automaten.

Das Pumping Lemma

Wenn L regulär ist, gibt es einen endlichen Automaten, der L akzeptiert. Sei N die Zahl der Zustände eines Automaten für L. Für jedes Wort z der Länge n durchläuft ein endlicher Automat $n + 1$ Zustände. Falls $n \geq N$ ist, wird mindestens ein Zustand q mindestens zweimal erreicht. Dies geschieht bereits beim Lesen der ersten N Buchstaben von z. Wir können das Wort z in drei Teile zerlegen, am Ende des Anfangsteils u wird q zum ersten Mal erreicht, am Ende des Mittelstücks v zum zweiten Mal, und das Reststück nennen wir w. Hierbei können u und w das leere Wort sein, aber v enthält mindestens einen Buchstaben. Schließlich ist die Länge von u und v zusammen durch N beschränkt. Wenn der Automat im Zustand q damit beginnt, v zu lesen, ist er am Ende wieder im Zustand q. Da endliche Automaten sich Informationen nur im Zustand merken, hat unser Automat „vergessen", daß er v gelesen hat. Für sein Akzeptanzverhalten ist es also unerheblich, ob er v gar nicht, einmal oder oft im Zustand q liest. Da er $z = uvw$ akzeptiert, muß er auch $uw, uvvw, uvvvw, \ldots$ akzeptieren. Wir bezeichnen mit v^i die i-fache Wiederholung von v, d. h. alle uv^iw, $i \geq 0$, werden akzeptiert. Die Bezeichnung Pumping Lemma beschreibt anschaulich, daß wir das Wort v beliebig aufpumpen (wiederholen) und auch abpumpen (weglassen) können.

Da die formale Beschreibung des Pumping Lemmas eine alternierende Folge von vier Quantoren beinhaltet, macht sie vielen Schwierigkeiten. Daher bemühen wir uns um eine Veranschaulichung der formalen Darstellung, wobei wir mit $|z|$ die Länge von z beschreiben.

$$
\begin{aligned}
&L \text{ regulär } \Rightarrow \\
&\quad \exists N \in \mathbb{N} \\
&\qquad \forall z \in L,\ |z| \geq N \\
&\qquad\quad \exists \text{ Zerlegung } z = uvw,\ |uv| \leq N,\ |v| \geq 1 \\
&\qquad\qquad \forall i \geq 0 : uv^iw \in L.
\end{aligned}
$$

Wir weisen nur darauf hin, daß wir in jedem Teilwort der Länge N und nicht nur im Anfangsstück eine „Pumpstelle" finden können.

Das Pumping Lemma als Spiel

Für den Nachweis, daß eine Sprache nicht regulär ist, benötigen wir die Umkehrung des Pumping Lemmas.

$$\forall N \in \mathbb{N}$$
$$\exists z \in L, |z| \geq N$$
$$\forall \text{ Zerlegung } z = uvw, |uv| \leq N, |v| \geq 1$$
$$\exists i \geq 0 : uv^i w \notin L$$
$$\Rightarrow L \text{ ist nicht regulär.}$$

Wir können für eine Sprache L nachweisen, daß sie nicht regulär ist, indem wir eine Gewinnstrategie für das folgende Spiel angeben. Unser Spielgegner bekommt die $\forall$-Rolle, während wir die $\exists$-Rolle übernehmen. Das Spiel verläuft in vier Runden, und wir gewinnen, wenn wir im Rahmen der Spielregeln in der letzten Runde ein Wort präsentieren, das nicht zu L gehört.

Runde 1: Unser Gegner wählt eine natürliche Zahl N.

Runde 2: Wir wählen ein Wort z aus L mit mindestens N Buchstaben.

Runde 3: Unser Gegner zerlegt z in drei Teile, so daß $z = uvw$ mit $|uv| \leq N$ und $|v| \geq 1$ ist.

Runde 4: Wir wählen ein i und präsentieren das Wort $uv^i w$.

Viele neue Resultate aus der Komplexitätstheorie lassen sich besonders anschaulich mit Hilfe derartiger Spiele beschreiben.

Anwendungen des Pumping Lemmas

Unsere erste Anwendung betrifft die Sprache aller Wörter $0^n 1^n$ mit $n \in \mathbb{N}$. Sie ist wohl das am häufigsten genannte Beispiel einer nicht regulären Sprache, da diese Sprache von fast allen anderen Rechnermodellen erkannt werden kann. Dazu ist sie prototypisch für Anwendungen des Pumping Lemmas. Wenn unser Gegner das Spiel mit N eröffnet, dann antworten wir mit $0^N 1^N$. Egal was unser Gegner tut, wir gewinnen mit $i = 2$, da v nur Nullen enthält und somit $uv^2 w$ mehr Nullen als Einsen enthält.

Ein zweites Beispiel betrifft die Sprache aller *Palindrome*, das sind Wörter, die gleich ihren Spiegelwörtern sind, d.h. vorwärts wie rückwärts das Gleiche ergeben. Auf die Eröffnung N des Gegners reagieren wir mir dem Palindrom $0^N 1^N 0^N$. Wieder ist $i = 2$ in der letzten Runde eine Gewinnstrategie, da wir den ersten Block von Nullen verlängern, während der zweite Block nicht verändert wird. Ein kleiner Unterschied zum ersten Beispiel soll erwähnt werden. Bei der Sprache aller $0^n 1^n$ ist es unerheblich, wo wir pumpen, in jedem Fall „fallen wir aus der Sprache heraus". Wenn wir im Palindrom $0^n1^n0^n$ im Block der Einsen pumpen, entsteht wieder ein Palindrom. Indem wir das Wort lang genug wählen, stellen wir sicher, daß im Bereich der Nullen gepumpt werden muß.

Automaten, Sprachen und Äquivalenzklassen

Wir arbeiten jetzt auf den Satz von Nerode und damit auf eine Charakterisierung der regulären Sprachen hin. Dazu benötigen wir den Begriff einer *rechtsinvarianten Äquivalenzrelation* R auf Σ^*, dies sind Relationen, die die folgenden Bedingungen für alle Wörter u, v und w erfüllen:

$$
\begin{array}{ll}
\text{Reflexivität:} & wRw. \\
\text{Symmetrie:} & vRw \Leftrightarrow wRv. \\
\text{Transitivität:} & uRv \text{ und } vRw \Rightarrow uRw. \\
\text{Rechtsinvarianz:} & vRw \Rightarrow vzRwz \text{ für alle } z \in \Sigma^*.
\end{array}
$$

Diese Definition ist nur auf den ersten Blick unhandlich. Jeder Zustand q eines endlichen Automaten repräsentiert die Menge der Wörter, für die man aus dem Anfangszustand q_0 nach dem Lesen im Zustand q landet. Es ist also sehr natürlich, zwei Wörter „in Relation zu setzen", wenn sie zum selben Zustand führen. Die so entstehende Relation ist automatisch eine rechtsinvariante Äquivalenzrelation mit so vielen Äquivalenzklassen wie der Automat erreichbare Zustände hat. Die vom Automaten erkannte Sprache ist die Vereinigung der Äquivalenzklassen, die zu akzeptierenden Zuständen gehören. Als *Index* einer Äquivalenzrelation wird die Zahl nicht leerer Äquivalenzklassen bezeichnet, sie ist hier durch die Zahl der Zustände beschränkt und damit endlich.

Bisher haben wir das, was in einem endlichen Automaten geschieht, nur in einer abstrakten Sprache ausgedrückt. Hat dies auch einen Nutzen? Ja, denn wir können auf einer regulären Sprache, unabhängig vom zugehörigen Automaten, die *Nerode-Relation*, ebenfalls eine rechtsinvariante Äquivalenzrelation, definieren. Der Zusammenhang zwischen der Nerode-Relation und den aus endlichen Automaten abgeleiteten Relationen führt zum *Struktursatz von Nerode* und damit zur Charakterisierung regulärer Sprachen.

Mit der Nerode-Relation wollen wir Wörter v und w als äquivalent zusammenfassen, für die die Verlängerungen mit demselben Wort entweder beide zur Sprache gehören oder beide nicht zur Sprache gehören. Für das Akzeptieren des Eingabewortes ist es also egal, ob wir zu Beginn v oder w gelesen haben. Die Nerode-Relation der Sprache L wird mit R_L bezeichnet, formal gilt vR_Lw, wenn für jedes z entweder vz und wz zu L gehören oder vz und wz nicht zu L gehören. Welche Bedeutung hat der Index der Nerode-Relation?

Der Satz von Nerode

Der Satz von Nerode gibt die Antwort auf die gerade gestellte Frage.

Eine Sprache L ist genau dann regulär, wenn der Index der Nerode-Relation R_L endlich ist. Der Index von R_L ist gleich der minimalen Anzahl von Zuständen in endlichen Automaten für L.

Wir diskutieren die wesentlichen Beweisideen. Sei L regulär. Wir haben gesehen, daß zu einem endlichen Automaten für L eine rechtsinvariante Äquivalenzrelation R gehört. Indem wir nachweisen, daß der Index der Nerode-Relation höchstens so groß wie der Index von R ist, beweisen wir einen Teil des Satzes von Nerode. Dazu genügt es zu zeigen, daß jede Äquivalenzklasse von R ganz in einer Äquivalenzklasse von R_L liegt. Wörter, die bzgl. R äquivalent sind, führen im Automaten zum selben Zustand. Also werden vom Automaten Verlängerungen um dasselbe Wort auch gleich entschieden, d. h. die Wörter sind Nerode-äquivalent.

Die Umkehrung zeigen wir, indem wir einen endlichen Automaten entwerfen, der für jede Äquivalenzklasse von R_L einen Zustand hat. Wir erinnern uns daran, daß Wörter Nerode-äquivalent sind, wenn sie am Anfang von Wörtern gegeneinander ausgetauscht werden können. Somit wird die Äquivalenzklasse, die das leere Wort ε enthält, Anfangszustand. Wenn wir in dem Zustand sind, der zur Äquivalenzklasse von w gehört, können wir so tun, als hätten wir w gelesen. Wenn der nächste Buchstabe a ist, landen wir also in dem Zustand, der zur Äquivalenzklasse von wa gehört. Akzeptierend sind natürlich die Zustände, die zu Äquivalenzklassen gehören, die Wörter aus L enthalten. Details des Beweises finden sich im Lehrbuch.

Der so konstruierte Automat für L hat unter allen Automaten für L eine minimale Zustandszahl. Seine Zustandszahl ist gleich dem Index der Nerode-Relation, und, wie der erste Beweisteil zeigt, hat jeder andere Automat für L mindestens so viele Zustände. Darüber hinaus ist der minimale Automat (bis auf Umbenennungen der Zustände) eindeutig. Jeder Zustand minimaler Automaten muß eine Äquivalenzklasse der Nerode-Relation repräsentieren. Wie der minimale Automat effizient konstruiert werden kann, beschreiben wir in Kap. 4.3.

Anwendungen des Satzes von Nerode

Daß eine Sprache L regulär ist, ist äquivalent dazu, daß der Index der Nerode-Relation endlich ist. Um nachzuweisen, daß eine Sprache nicht regulär ist, genügt es, unendlich viele paarweise nicht Nerode-äquivalente Wörter anzugeben.

Für die Sprache aller Wörter $0^n 1^n$ (oder die Sprache aller Wörter mit gleich vielen Nullen wie Einsen) sind dies die Wörter 0^j. Für die Wörter 0^i und 0^j mit $i \neq j$ führt die Ergänzung um 1^i im ersten Fall zu einem Wort der Sprache, nicht aber im zweiten Fall. Die gleichen Wörter können für die Sprache der Palindrome benutzt werden, nur führt hier als Ergänzung $1^i 0^i$ zum Ziel.

Als letztes Beispiel betrachten wir noch einmal die Sprache aller Wörter, deren n-letzter Buchstabe eine 1 ist. Für diese Sprache haben wir bereits einen endlichen Automaten mit 2^n Zuständen entworfen. Was wollen wir mehr? Mit dem Satz von Nerode können wir leicht zeigen, daß der von uns konstruierte Automat minimal ist. Dazu genügt es, 2^n paarweise nicht Nerode-äquivalente Wörter anzugeben. Dies sollen alle Wörter der Länge n sein. Zwei derartige Wörter unterscheiden sich an mindestens einer Position i. Die Verlängerung um $i - 1$ Nullen macht die Position i zur n-letzten Position. Dann gehört nur das Wort zur Sprache, das an Position i eine 1 hat.

4.3 Die effiziente Minimierung der Zustandszahl endlicher Automaten

Mit dem Satz von Nerode haben wir eben für einen Automaten nachgewiesen, daß er die für die Sprache minimale Zustandszahl hat, kurz ein *minimaler Automat* ist. Wenn wir größere Automaten durch Synthese kleinerer Automaten konstruieren, können wir keinesfalls erwarten, daß wir minimale Automaten erhalten. Unser Ziel ist also ein effizienter Algorithmus, der endliche Automaten minimiert. Bevor wir einen solchen Algorithmus vorstellen, wollen wir das Ergebnis bereits gebührend würdigen. Wenn wir endliche Automaten wieder als Rechner auffassen, sind wir in der seltenen Lage, Rechner automatisch und effizient optimieren zu können.

Zunächst einmal können mit Hilfe einer Tiefensuche effizient alle nicht vom Anfangszustand q_0 aus erreichbaren Zustände ersatzlos gestrichen werden. Danach stellt nach dem Beweis des Satzes von Nerode jeder Zustand eine nicht leere Äquivalenzklasse der zum Automaten gehörenden rechtsinvarianten Äquivalenzklasse dar. Jede dieser Klassen liegt ganz in einer Äquivalenzklasse bzgl. der zu der dargestellten Sprache L gehörigen Nerode-Relation. Es genügt also, die Zustände zu verschmelzen, deren zugehörige Sprachklassen Nerode-äquivalent sind.

Wir nennen zwei Zustände p und q äquivalent, wenn für alle Wörter z gilt, daß wir beim Lesen von z bei Start in p genau dann in einem akzeptierenden Zustand landen, wenn dies auch bei Start in q gilt. Es ist dann irrelevant, ob wir uns im Zustand p oder im Zustand q befinden; diese beiden Zustände können also verschmolzen werden. Wir erhalten schon dann einen minimalen Automaten, wenn wir alle Mengen äquivalenter Zustände verschmelzen. Führen nämlich zwei Nerode-äquivalente Wörter zu den Zuständen p und q, dann sind p und q nach Definition der

Nerode-Relation äquivalent.

Somit haben wir unsere Aufgabe darauf reduziert, effizient alle äquivalenten Zustandspaare (p, q) zu bestimmen. Leider beinhaltet die Definition für die Äquivalenz von Zuständen nicht einmal einen endlichen Algorithmus, da sie eine Eigenschaft für *alle* Wörter enthält. Wir gehen daher den Weg, alle Paare nicht äquivalenter Zustände zu bestimmen. Ein Wort w heißt *Zeuge* für die Nichtäquivalenz von p und q, wenn das Lesen von w von genau einem der beiden Zustände p und q in einen akzeptierenden Zustand führt. Wenn N die Zahl der Zustände des Automaten ist, ist N^2 eine obere Schranke für die Länge kürzester Zeugen für die Nichtäquivalenz zweier Zustände. Nach spätestens N^2 Buchstaben wiederholt sich nämlich analog zum Beweis des Pumping-Lemmas ein Zustandspaar und die Teilwörter zwischen derartigen Wiederholungen können aus Zeugen gestrichen werden.

Nun haben wir immerhin einen endlichen Algorithmus. Es genügt, alle Wörter, deren Länge durch N^2 beschränkt ist, darauf zu überprüfen, ob sie Zeugen sind. Allerdings ist die Zahl dieser Wörter, wenn das Alphabet mindestens zwei Buchstaben enthält, exponentiell groß. Sei nun $w = w_1 \ldots w_i$ ein kürzester Zeuge für die Nichtäquivalenz von p und q, dann ist $w' = w_2 \ldots w_i$ ein Zeuge für die Nichtäquivalenz von $\delta(p, w_1)$ und $\delta(q, w_1)$. Das Wort w' muß auch ein kürzester Zeuge sein, denn ein kürzerer Zeuge v für die Nichtäquivalenz von $\delta(p, w_1)$ und $\delta(q, w_1)$ führt zu einem kürzeren Zeugen $w_1 v$ für die Nichtäquivalenz von p und q.

Es seien alle Paare inäquivalenter Zustände bekannt, die Zeugen haben, deren Länge durch l beschränkt ist. Ob das Paar (p, q) einen Zeugen der Länge $l + 1$ hat, können wir dadurch überprüfen, daß wir für alle Buchstaben a testen, ob $\delta(p, a)$ und $\delta(q, a)$ bereits als inäquivalent bekannt sind.

Wir tragen nun das Paar (p, q) für jeden Buchstaben a in eine Liste für das Paar $(\delta(p, a), \delta(q, a))$ ein, wobei wir Doppeleintragungen vermeiden. Glücklicherweise ist es einfach festzustellen, welche Zustandspaare (p, q) durch Zeugen der Länge 0, also das leere Wort, als inäquivalent überführt werden können. Dies sind genau die Paare (p, q), für die ein Zustand akzeptierend und der andere nicht akzeptierend ist. Immer wenn ein Paar (p, q) als inäquivalent überführt ist, gilt dies auch für alle Paare in der zu (p, q) gehörigen Liste. Erkennen wir auf diese Weise alle inäquivalenten Paare? Wenn nicht, gibt es ein Gegenbeispiel (p, q), dessen kürzester Zeuge unter allen Gegenbeispielen die kleinste Länge l hat. Dann werden alle Paare mit Zeugen, deren Länge höchstens $l - 1$ ist, als inäquivalent überführt. Da (p, q) in der Liste eines solchen Paares steht, wird auch (p, q) überführt und ist gar kein Gegenbeispiel. Die Länge aller Listen zusammen ist durch $|Q|^2 |\Sigma|$ beschränkt. Da bei geschickter Implementierung die Listen nach ihrer Initialisierung nur einmal durchlaufen werden, können endliche Automaten in Zeit $O(|Q|^2 |\Sigma|)$ minimiert werden.

4.4   Verallgemeinerte endliche Automaten

Nichtdeterministische endliche Automaten — Fragestellungen

Das Konzept des Nichtdeterminismus hat zur NP-Vollständigkeitstheorie geführt und uns dabei so viele neue Einsichten gebracht, daß wir uns natürlicherweise fragen, was uns das Modell nichtdeterministischer endlicher Automaten für Erkenntnisse bringt. Es stellen sich folgende Fragen:

- Können nichtdeterministische endliche Automaten mehr Sprachen erkennen als deterministische endliche Automaten?

- Wie stark kann die Zustandszahl beim Einsatz nichtdeterministischer endlicher Automaten anstelle von deterministischen endlichen Automaten sinken?

- Haben nichtdeterministische endliche Automaten praktische Relevanz?

Nichtdeterministische endliche Automaten — das Modell und die Praxis

Die Modellbeschreibung ist naheliegend. Nichtdeterministische Automaten ermöglichen nichtdeterministische Zustandsänderungen. Aus der Übergangsfunktion wird eine Relation. Ein Wort wird akzeptiert, wenn es einen legalen Rechenweg gibt, auf dem es akzeptiert wird.

Nichtdeterministische Automaten können genausowenig gebaut werden wie nichtdeterministische Turingmaschinen. Allerdings stoßen wir bei der Behandlung praktischer Probleme direkt auf nichtdeterministische Automaten. Wenn wir untersuchen wollen, ob ein Zustand aus einer Menge verbotener Zustände erreichbar ist, können wir zur Vereinfachung alle Buchstaben des Eingabealphabets identifizieren. Wir erhalten einen Automaten auf einem einbuchstabigen Eingabealphabet, der automatisch nichtdeterministisch ist. Wenn vorher von einem Zustand aus beim Lesen verschiedener Buchstaben verschiedene Zustände erreicht werden, haben wir nun nichtdeterministisch die Auswahl zwischen diesen Nachfolgezuständen.

Wenn wir sehr große Rechnerkomponenten als endliche Automaten modellieren, ist es häufig notwendig, das Verhalten bestimmter Teilkomponenten zu vereinfachen. Das konkrete Verhalten der Teilkomponenten wird dabei durch alle möglichen Verhaltensweisen ersetzt. Dies führt zu einer vergröberten Sicht und damit zu nichtdeterministischen Modellen, aber auch zu kleineren und damit handhabbareren Automaten. Nur so wird manchmal eine Analyse überhaupt erst möglich.

Nichtdeterministische endliche Automaten — Berechnungskraft

Wir erinnern uns an Turingmaschinen. Nichtdeterministische Turingmaschinen können durch deterministische Turingmaschinen simuliert werden, indem alle möglichen Rechenwege ausprobiert werden. Die Rechenzeit kann daher exponentiell anwachsen. Ob dieser Zuwachs der Rechenzeit notwendig ist, ist ein offenes Problem.

Bei endlichen Automaten ist die Rechenzeit vorgegeben, da die Eingabe nur einmal von links nach rechts gelesen werden darf. Es ist also unmöglich, Rechenwege nacheinander auszuprobieren, ganz abgesehen davon, daß wir uns gar nicht merken können, welche Rechenwege bereits versucht worden sind.

Das Vorgehen bei Turingmaschinen kann aufgefaßt werden als Durchlaufen des Baumes möglicher Rechenwege. Dieser Baum kann jedoch auch als Graph angesehen werden, in dem Knoten, die die gleiche Konfiguration darstellen, verschmolzen werden können. Bei endlichen Automaten interessiert nach t Rechenschritten doch nur der erreichte Zustand. Dies legt die *Potenzmengenkonstruktion* nahe. Wenn Q die Zustandsmenge des nichtdeterministischen Automaten ist, wählen wir als Zustandsmenge Q' des simulierenden deterministischen Automaten die Potenzmenge von Q. Unser Ziel ist die gleichzeitige (parallele) Simulation aller möglichen Rechenwege. Dazu müssen wir nach t Schritten nur wissen, in welchen Zuständen der nichtdeterministische Automat sein kann, diese Menge von Zuständen des nichtdeterministischen Automaten A wird der vom deterministischen Automaten A' erreichte Zustand. Am Anfang kann A nur in q_0 sein, also startet A' in $\{q_0\}$. Wenn A die Zustände $q_1, \ldots, q_r$ erreicht haben kann und a liest, kann er hinterher in jedem Zustand sein, der in einer der Mengen $\delta(q_i, a)$, $1 \leq i \leq r$, liegt. Der Automat A' wechselt beim Lesen von a aus dem Zustand $\{q_1, \ldots, q_r\}$ in den Zustand, der die Vereinigung aller $\delta(q_i, a)$ darstellt. Schließlich ist $\{q_1, \ldots, q_r\}$ akzeptierend für A', wenn mindestens ein q_i für A akzeptierend ist. Der Automat A kann ja den Weg zu q_i raten. Da A' nun tatsächlich alle Rechenwege von A parallel simuliert, akzeptiert A' dieselbe Sprache wie A.

Die Größe nichtdeterministischer und deterministischer endlicher Automaten

Die Potenzmengenkonstruktion ersetzt einen nichtdeterministischen Automaten mit n Zuständen durch einen deterministischen Automaten mit 2^n Zuständen. Dieser Größenzuwachs ist sicherlich nicht in allen Fällen notwendig. Ist er aber in manchen Fällen, also im worst case, unvermeidlich? Diese Frage ist in einem gewissen Sinn das Analogon zum NP $\neq$ P-Problem für Turingmaschinen, nur ist sie viel einfacher zu beantworten.

Der Hauptgrund dafür ist der Struktursatz von Nerode, mit dem wir leicht große untere Schranken für die Größe endlicher Automaten beweisen können. Der minimale

Automat für die Sprache aller Wörter, deren n-letzter Buchstabe eine 1 ist, hat 2^n Zustände. Nichtdeterministische Automaten kommen jedoch mit $n + 1$ Zuständen aus.

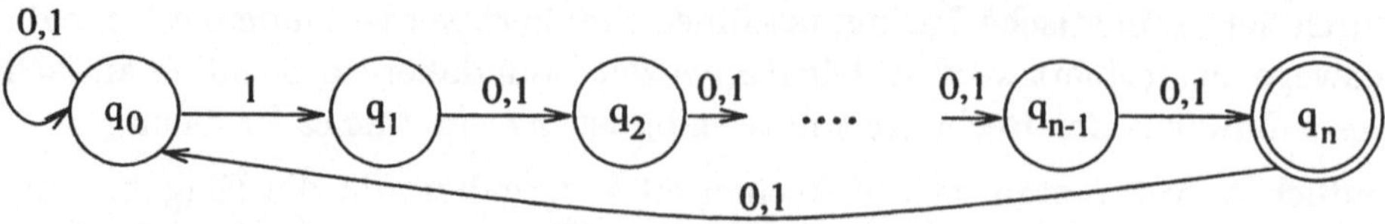

Der Automat kann nur akzeptieren, wenn der n-letzte Buchstabe eine 1 ist. Andererseits werden diese Wörter auch akzeptiert, wenn q_0 erst beim n-letzten Buchstaben, also einer 1, verlassen wird. Formal ist der Automat nicht „besonders nichtdeterministisch". Nur $\delta(q_0, 1)$ enthält nicht genau einen Zustand. Aber bereits dieses kleine Stück Nichtdeterminismus führt zu einer exponentiellen Verringerung der Zustandszahl.

Eine Verbesserung der Potenzmengenkonstruktion

Im worst case läßt sich, wie das eben behandelte Beispiel zeigt, die Potenzmengenkonstruktion nicht wesentlich verbessern. Was gilt aber, wenn der minimale deterministische Automat nicht exponentiell größer als der gegebene nichtdeterministische Automat ist? Was unterscheidet den Potenzmengenautomaten vom minimalen Automaten? Durch die Algorithmen zur Minimierung endlicher Automaten wissen wir, daß es zwei Gründe gibt, warum Automaten nicht minimal sind. Es kann vom Anfangszustand nicht erreichbare Zustände und erreichbare, aber äquivalente Zustände geben.

Es hängt natürlich vom Automaten ab, welcher der beiden Gründe zu einer größeren Reduktion des Potenzmengenautomaten führt. Heuristische Gründe sprechen dafür, daß meistens die Elimination nicht erreichbarer Zustände den größeren Effekt hat. Betrachten wir einen Potenzmengenautomaten mit 2^n Zuständen. Warum sollte es für eine bestimmte Auswahl von $n/2$ Zuständen des simulierten nichtdeterministischen Automaten eine Eingabe geben, für die genau diese Zustände erreichbar sind? Andererseits ist es für zwei erreichbare Zustände im Potenzmengenautomaten unwahrscheinlich, daß von ihnen aus genau dieselben Wörter akzeptiert werden können.

Glücklicherweise können wir die Erzeugung nicht erreichbarer Zustände vermeiden, während es bisher keine effiziente Methode gibt, die Erzeugung äquivalenter Zustände abzufangen. In der Potenzmengenkonstruktion werden zunächst alle 2^n Zustände erzeugt. Statt dessen starten wir die Konstruktion nun mit einem Breadth-First Ansatz vom Anfangszustand $\{q_0\}$ aus, der sicher erreichbar ist. Im weiteren Verlauf werden nur Nachfolgezustände der bereits konstruierten und damit erreichbaren Zustände erzeugt. Für die Breitensuche verwalten wir eine Queue zur Speicherung der Zustände, deren Nachfolger noch nicht erzeugt wurden. Darüber hinaus benötigen wir eine dynamische Datenstruktur, um die erzeugten Zustände abzuspeichern. Damit kontrollieren wir, daß kein Zustand zweimal erzeugt wird. Um die worst case Rechenzeit klein zu halten, kann ein AVL-Baum benutzt werden. Für die praktische Implementierung sind Hashfunktionen zu empfehlen.

Während die Potenzmengenkonstruktion bei 100 Zuständen des nichtdeterministischen Automaten scheitern muß, können wir nun selbst bei Tausenden von Zuständen erfolgreich sein. Praktische Erfahrungen untermauern den Effizienzgewinn dieser neuen Variante.

Zustandswechsel, ohne etwas zu lesen

Bei der Synthese großer Automaten in Kap. 4.5 wird es sich als hilfreich erweisen, eine weitere nichtdeterministische Option zu haben. Wir erlauben es dem Automaten, seinen Zustand zu ändern, ohne einen Buchstaben zu lesen. Nichts zu lesen, ist gleichbedeutend damit, das leere Wort ε zu lesen. Die neuen Zustandswechsel heißen daher auch *ε-Bewegungen*.

Es ist leicht einzusehen, daß wir ε-Bewegungen eliminieren können, ohne bei nichtdeterministischen Automaten die Zustandsmenge zu erhöhen. Beim Lesen eines Buchstabens a müssen nun alle Zustandswechsel erlaubt werden, die mit ε-Bewegungen, dem Lesen von a und weiteren ε-Bewegungen möglich sind. Diese Zustandsmenge kann mit einfachen Suchalgorithmen auf Graphen effizient bestimmt werden. Schließlich muß der Anfangszustand als akzeptierend erklärt werden, wenn von ihm mit ε-Bewegungen ein akzeptierender Zustand erreichbar ist.

Zwei-Wege-Automaten

Endliche Automaten zeichnen sich durch die Beschränkung des Speichers auf konstante Größe aus. Darüber hinaus darf die Eingabe nur einmal von links nach rechts gelesen werden. Die zweite Einschränkung lassen wir nun fallen und erlauben dem Automaten, die Leserichtung zu ändern. Eine Eingabe wird genau dann akzeptiert, wenn das Wort *nach rechts* in einem akzeptierenden Zustand verlassen wird. Erstaunlicherweise können derartige *Zwei-Wege-Automaten* nicht mehr Sprachen erkennen als endliche Automaten. Wir diskutieren zwei Beispiele.

Wir beginnen mit der Sprache aller Wörter, deren n-letzter Buchstabe eine 1 ist. Nichtdeterministische Automaten kommen mit $n+1$ Zuständen aus, während deterministische Automaten 2^n Zustände brauchen. Die Option, die Leserichtung ändern zu dürfen, kann ebenfalls die Größe des Automaten exponentiell verringern. Wir geben einen deterministischen Zwei-Wege-Automaten für die betrachtete Sprache an, der nur $O(n)$ Zustände hat. Die Idee ist einfach. Wir lesen das Wort, bis wir auf die erste 1 stoßen. Dann werden n weitere Buchstaben gelesen. Wenn das Wort weniger als $n-1$ weitere Buchstaben hat, wird das Wortende in einem nicht akzeptierenden Zustand erreicht, bei genau $n-1$ weiteren Buchstaben dagegen in einem akzeptierenden Zustand. Wenn es noch mindestens n weitere Buchstaben gibt, können wir noch nicht wissen, ob das Wort akzeptiert werden muß. Wir kehren dann zum Buchstaben hinter der 1 zurück, die wir gerade darauf überprüft haben, ob sie der n-letzte Buchstabe ist. Von dort starten wir wie zu Beginn der Eingabe. Es genügen $O(n)$ Zustände, da wir nur in beiden Leserichtungen bis n zählen müssen. Wir registrieren einen Trade-off zwischen Zeit und Platz (Zahl der Zustände). Deterministische Automaten haben 2^n Zustände und verarbeiten Wörter der Länge l in l Rechenschritten, während der von uns beschriebene Zwei-Wege-Automat nur $O(n)$ Zustände hat, aber auf dem Wort aus l Einsen ungefähr $2ln$ Rechenschritte macht.

Für den komplizierten Beweis, daß Zwei-Wege-Automaten auch nur reguläre Sprachen erkennen können, verweisen wir auf das Lehrbuch. Hier diskutieren wir nur die intuitiv „einfachste", nicht reguläre Sprache, nämlich die Sprache aller 0^n1^n. Damit wir nicht aus Versehen die Eingabe verlassen, erleichtern wir uns die Aufgabe und versehen alle Wörter mit dem Anfangszeichen A und dem Endzeichen E, d. h. wir betrachten die Sprache aller $A0^n1^nE$. Wir beschränken die Diskussion auf Wörter vom Typ $A0^n1^mE$. Beim Lesen der Nullen kann sich auch ein Zwei-Wege-Automat nur endlich viel Information merken. Wichtig ist die Zahl der Nullen, die jedoch nur in einem Speicher nicht konstanter Länge untergebracht werden kann. Ähnliche Argumente gelten beim Lesen der Einsen. Wenn der Automat den Zwischenraum zwischen den Nullen und Einsen in einer der beiden Richtungen zweimal im selben Zustand überquert, ist er in einen Zyklus geraten und kann die Eingabe nicht mehr akzeptieren. Der Automat kann also in jede Richtung nur $|Q|$-mal $|Q|$ verschiedene Informationen über den Zwischenraum transportieren. Dies reicht nicht aus, um zu entscheiden, ob das Wort akzeptiert werden muß.

Diese beispielhaften Überlegungen deuten an, wie ein Zwei-Wege-Automat durch einen endlichen Automaten simuliert werden kann. Für jeden Zwischenraum (und jeden gelesenen Buchstaben) gibt es nur endlich viele Möglichkeiten, Information zu transportieren. Ein nichtdeterministischer Automat kann direkt die vom Zwei-Wege-Automaten realisierte Option raten und dann durch einen deterministischen Automaten ersetzt werden.

4.5   Die Synthese großer endlicher Automaten

Problemstellung

Sprachen sind für uns Prototypen von Problemen. Problemlösungen, also auf höherer Ebene Algorithmen oder Programme, sind hier endliche Automaten. Wie von der Synthese großer Softwareprodukte bekannt, wollen wir Automaten für komplexe Probleme aus Automaten für einfache Probleme zusammensetzen. Für Operationen $\otimes$ auf Sprachen stellt sich also die Frage, ob mit L_1 und L_2 auch $L_1 \otimes L_2$ regulär ist. Im positiven Fall wollen wir einen Automaten A für $L_1 \otimes L_2$ effizient aus Automaten A_1 und A_2 für L_1 und L_2 konstruieren. Wie groß muß A im Verhältnis zu A_1 und A_2 sein? Wir beantworten die Frage für deterministische und nichtdeterministische Automaten. Wenn die Synthese nichtdeterministischer Automaten effizienter ist, sollte sie benutzt werden. Am Ende kann der nichtdeterministische Automat durch einen deterministischen Automaten ersetzt werden.

Komplementbildung

Aus einem deterministischen Automaten für L erhalten wir offensichtlich einen deterministischen Automaten für die Komplementsprache $\overline{L}$, wenn wir akzeptierende Zustände zu nicht akzeptierenden Zuständen erklären und umgekehrt. Dies ist in linearer Zeit ohne Größenzuwachs möglich. Der entstehende Automat ist minimal, wenn der gegebene Automat minimal ist. Sonst könnten wir durch eine zweite Komplementbildung auf dem minimalen Automaten für $\overline{L}$ einen kleineren Automaten für L erhalten.

Dieses einfache Verfahren ist für nichtdeterministische Automaten nicht anwendbar. Für ein Wort w aus der Sprache L kann es akzeptierende und nicht akzeptierende Rechenwege geben. Nach dem Austausch akzeptierender und nicht akzeptierender Zustände wird w fälschlicherweise weiterhin akzeptiert.

Negationen sind für nichtdeterministische Modelle problematisch. Dem Nichtdeterminismus entspricht aus logikorientierter Sicht ein Existenzquantor. Nach Negation und Anwendung der de Morgan Regeln wird daraus ein Allquantor, der im allgemeinen nicht durch einen Existenzquantor ersetzt werden kann. So sind die Komplemente NP-vollständiger Sprachen vermutlich nicht in NP enthalten.

Wir können nicht ausschließen, daß Komplementbildung bei nichtdeterministischen Automaten zu einem exponentiellem Größenzuwachs führt.

Vereinigung

Bereits bei der Behandlung rekursiver Sprachen haben wir zwei Techniken kennengelernt, um Maschinen für die Vereinigung zweier durch Maschinen beschriebener Sprachen zu entwerfen. Die eine Methode, die Maschinen nacheinander zu simulieren, kommt für endliche Automaten definitionsgemäß nicht in Frage. Die andere Methode sieht eine parallele (gleichzeitige) Simulation beider Maschinen vor. Dies ist für endliche Automaten durch Produktbildung leicht möglich. Als Zustandsmenge wird das Kreuzprodukt $Q_1 \times Q_2$ der Zustandsmengen der beiden Automaten genommen. In den beiden Komponenten der neuen Zustandsmenge werden die beiden Automaten unabhängig voneinander simuliert. Eine Eingabe wird am Ende des Rechenweges akzeptiert, wenn mindestens einer der Teilautomaten akzeptiert. Diese Konstruktion ist für deterministische und für nichtdeterministische Automaten möglich.

Die Zahl der Zustände des neuen Automaten ist gleich dem Produkt der Größen der gegebenen Automaten. In vielen Fällen ist es effizienter, wenn der Produktautomat (analog zum Potenzmengenautomaten) so konstruiert wird, daß nicht erreichbare Zustände gar nicht erzeugt werden. Im worst case kann der Größenzuwachs bei deterministischen Automaten nicht vermieden werden.

Anders ist die Situation bei nichtdeterministischen Automaten. Formal gehört ein Wort w zu $L_1 \cup L_2$, wenn ein $i \in \{1,2\}$ *existiert*, so daß $w \in L_i$ ist. Daß Vereinigungen über Existenzquantoren definiert sind, kann von nichtdeterministischen Automaten ausgenutzt werden. Wir benutzen disjunkte Kopien der Automaten für L_1 und L_2 und einen zusätzlichen Anfangszustand q_0. Für q_0 gibt es nur die ε-Bewegungen zu den Anfangszuständen der beiden gegebenen Automaten A_1 und A_2. Der neue Automat rät also nichtdeterministisch, ob w in L_1 oder L_2 liegt und verifiziert dies mit dem Automaten A_1 oder A_2. Diese Konstruktion ist wesentlich effizienter als die Produktkonstruktion.

Durchschnitt

Die Produktkonstruktion aus dem vorigen Abschnitt kann mit der einzigen Änderung, daß nun beide Automaten akzeptieren müssen, übernommen werden. Da der Durchschnitt über einen Allquantor definiert ist und nicht über einen Existenzquantor, gibt es für nichtdeterministische Automaten keinen Trick wie bei der Vereinigung.

Konkatenation oder Hintereinanderausführung

Die bisher behandelten Operationen Komplementbildung, Vereinigung und Durchschnitt bilden die grundlegenden Operationen auf Mengen und daher auch auf Sprachen. Die im folgenden untersuchten Operationen Konkatenation, Kleenescher Abschluß und Substitution haben ihren Ursprung in der Programmierung.

Programmteile werden hintereinander ausgeführt, wenn die Programmtexte „aneinander geklebt" werden. Die *Konkatenation* $L_1 L_2$ zweier Sprachen L_1 und L_2 enthält demgemäß alle Wörter vw mit $v \in L_1$ und $w \in L_2$. Anders ausgedrückt: Ein Wort $z = z_1 \cdots z_n$ gehört genau dann zu $L_1 L_2$, wenn ein i *existiert* (aha!), so daß $v = z_1 \cdots z_i \in L_1$ und $w = z_{i+1} \cdots z_n \in L_2$ ist. Für $i = 0$ ist $v = \varepsilon$, und für $i = n$ ist $w = \varepsilon$.

Nichtdeterministische Automaten können die richtige Trennstelle raten. Daher ist es naheliegend, einen nichtdeterministischen Automaten für $L_1 L_2$ zu entwerfen und diesen bei Bedarf in einen deterministischen Automaten umzuwandeln. Die folgende Konstruktion arbeitet korrekt unabhängig davon, ob L_1 und L_2 durch deterministische oder nichtdeterministische Automaten A_1 und A_2 gegeben sind. Wieder benutzen wir disjunkte Kopien von A_1 und A_2. Der Anfangszustand von A_1 wird Anfangszustand des neuen Automaten. Von jedem akzeptierenden Zustand in A_1 führt eine ε-Bewegung zum Anfangszustand von A_2. Immer wenn der Wortanfang zu L_1 gehört, kann der Automat nichtdeterministisch entscheiden, ob er in A_1 weitermacht oder prüft, ob das Restwort zu L_2 gehört. Damit folgt sofort, daß der neue Automat $L_1 L_2$ akzeptiert, wenn nur die akzeptierenden Zustände von A_2 akzeptierend bleiben.

Es kann sich also bei der Synthese lohnen, von deterministischen Automaten zu nichtdeterministischen Automaten zu wechseln. Nichtdeterministische Automaten kommen somit in Lösungen praktischer Probleme vor.

Kleenescher Abschluß

Mit L^2 bezeichnen wir die Konkatenation von $L = L^1$ mit sich selbst und mit L^i die Konkatenation von L^{i-1} und L. Damit enthält L^i genau die Wörter, die sich so in i Teile zerlegen lassen, daß alle Teile zu L gehören. Der *positive Kleenesche Abschluß* L^+ besteht aus der Vereinigung aller $L^i, i \geq 1$. Wenn wir testen wollen, ob ein Wort zu L^+ gehört, müssen wir ein passendes i und eine passende Zerlegung des Wortes „raten". Eine effiziente Konstruktion deterministischer Automaten scheint also ausgeschlossen zu sein, und wir gehen den Umweg über nichtdeterministische Automaten. Es genügt eine Kopie eines Automaten für L, in der wir in allen akzeptierenden Zuständen eine ε-Bewegung zum Anfangszustand erlauben. Immer wenn eine derartige ε-Bewegung ausgeführt wird, ist ein Teilwort aus L gelesen. Es werden also genau die Wörter aus L^+ akzeptiert.

Der eigentliche *Kleenesche Abschluß* L^* von L besteht aus der Vereinigung aller $L^i, i \geq 0$, wobei L^0 nur das leere Wort enthält. Da L^* die Vereinigung von L^+ und $\{\varepsilon\}$ ist, erhalten wir auch leicht einen nichtdeterministischen Automaten für L^*.

Welche Operationen sind für die Synthese ausreichend?

Bevor wir nun eine beliebig lange Liste von Operationen bearbeiten, stellen wir
uns die Frage, welche Operationen ausreichen, um aus „ganz einfachen" regulären
Sprachen alle regulären Sprachen zu erhalten. Dabei ist überhaupt nicht klar, ob
endlich viele Operationen ausreichen. Allerdings gibt uns die Einfachheit endlicher
Automaten die Hoffnung, daß nicht zu viele einfache Operationen zur Konstruktion regulärer Sprachen genügen. In Kap. 5 stellt sich heraus, daß diese Hoffnung
nicht trügt und wir mit den Operationen Vereinigung, Konkatenation und Kleenescher Abschluß auskommen. Erfreulicherweise sind dies die Operationen, für die die
Synthese nichtdeterministischer Automaten zu keinem wesentlichen Größenzuwachs
der Automaten führt. Dies steht im Gegensatz zu den Ergebnissen für deterministische Automaten. Schließlich müssen wir uns nicht mehr ganz so grämen, daß die
Synthese nichtdeterministischer Automaten für die Komplementbildung und den
Durchschnitt nicht so effizient möglich ist.

Substitution

In der Programmierung erlauben wir Programme, die auf Unterprogramme verweisen. Wenn das Rahmenprogramm korrekt ist und korrekte Programme als Unterprogramme eingesetzt werden, erhalten wir ein korrektes Programm. Diese Ersetzung
von Verweisen durch Unterprogramme soll mit dem Begriff *Substitution* formal erfaßt
werden.

Es sei L eine Sprache über dem Alphabet Σ, und für $a \in \Sigma$ sei $f(a)$ eine Sprache.
Die durch Substitution entstehende Sprache $f(L)$ soll aus allen Wörtern bestehen,
die sich auf folgende Weise konstruieren lassen. Wir starten mit einem Wort $w =
w_1 \cdots w_n \in L$ und ersetzen die Buchstaben w_i durch Wörter aus $f(w_i)$. Falls $w_i = w_j$
und $i \neq j$, können w_i und w_j durch verschiedene Wörter ersetzt werden.

Für unser Beispiel aus der Programmierung stellt sich die Situation wie folgt dar.
Für normale Buchstaben a enthält $f(a)$ nur das Wort a. Für Zeichen b, die Verweise
darstellen, enthält $f(b)$ die erlaubten Ersetzungen.

Es ist keineswegs einfach, aus Automaten für L und alle $f(a)$ einen Automaten
für $f(L)$ zu konstruieren. Wir erhalten einen derartigen Automaten auf wesentlich
einfachere Weise, nachdem wir in Kap. 5 gezeigt haben, daß alle regulären Sprachen
aus sehr einfachen Sprachen mit Hilfe der Operationen Vereinigung, Konkatenation
und Kleenescher Abschluß erzeugt werden können.

Homomorphismen und inverse Homomorphismen

Einen wichtigen Spezialfall von Substitutionen bilden *Homomorphismen*. Dabei stellen die Verweise nur Abkürzungen dar, d. h. jeder Buchstabe darf nur durch ein Wort

ersetzt werden. Formal enthalten alle Sprachen $f(a)$ genau ein Wort. Für einen Homomorphismus h besteht das Bild $h(w)$ von $w = w_1 \cdots w_n$ aus der Konkatenation der Wörter $h(w_1), \ldots, h(w_n)$. Da Homomorphismen Funktionen sind, können wir auch von Urbildern sprechen.

Die Sprache $h^{-1}(L)$ soll alle Wörter w enthalten, für die $h(w) \in L$ ist. Es ist erstaunlich einfach, aus einem endlichen Automaten für L einen endlichen Automaten für $h^{-1}(L)$ zu konstruieren. Der neue Automat hat die gleichen Zustände wie der Automat A für L. Der Übergang beim Lesen des Buchstaben a soll dem Übergang entsprechen, den A während der Verarbeitung von $h(a)$ macht. Der neue Automat akzeptiert genau dann w, wenn A das Wort $h(w)$ akzeptiert.

4.6   Effiziente Algorithmen, um Eigenschaften regulärer Sprachen zu überprüfen

Überblick

Beschreibungen regulärer Sprachen stammen aus Anwendungsgebieten. Dabei ist es nur natürlich, daß verschiedene Anwender das gleiche Problem verschieden beschreiben. Um zu überprüfen, ob wirklich dasselbe Problem gemeint ist, transformieren wir beide Beschreibungen (Sprachen) in endliche Automaten und benötigen dann einen Algorithmus, der entscheidet, ob zwei Automaten dieselbe Sprache akzeptieren. Dieser Gleichheitstest steht im Mittelpunkt von Kap. 4.6, ergänzend werden der Leerheitstest, der Vollständigkeitstest und der Endlichkeitstest untersucht.

Dabei erweist sich ein einfach aussehendes Problem für nichtdeterministische Automaten als NP-hart. Dieses Ergebnis erklärt dann auch, warum es schwierig ist, einen nichtdeterministischen Automaten für das Komplement von L aus einem nichtdeterministischen Automaten für L zu konstruieren.

Der Leerheitstest

Mit dem *Leerheitstest* soll für endliche Automaten entschieden werden, ob sie mindestens ein Wort akzeptieren. Dies ist auch für nichtdeterministische Automaten äquivalent zu der Frage, ob vom Anfangszustand mindestens ein akzeptierender Zustand erreichbar ist. Also genügt eine einfache Tiefensuche.

Der Vollständigkeitstest

Mit dem *Vollständigkeitstest* soll für endliche Automaten entschieden werden, ob sie alle Worte akzeptieren. Für deterministische Automaten genügt es zu überprüfen, ob vom Anfangszustand aus ein nicht akzeptierender Zustand erreichbar ist.

Dieser Ansatz führt für nichtdeterministische Automaten nicht zum Ziel. Obwohl nicht akzeptierende Zustände erreichbar sind, kann es für alle Wörter akzeptierende Rechenwege geben.

Sei nun N-VOLL die Sprache aller nichtdeterministischen Automaten, die alle Wörter akzeptieren. Mit Hilfe einer Turing-Reduktion von 3-SAT auf N-VOLL zeigen wir, daß N-VOLL NP-hart ist. Die Klauseln $c_1, \ldots, c_m$ über n Variablen sind genau dann nicht gemeinsam erfüllbar, wenn für jede Eingabe a mindestens eine Klausel c_i nicht erfüllt ist. Es sei $\overline{L_i}$ die Sprache aller Wörter, deren Länge entweder von n verschieden ist oder gleich n ist und dann eine Eingabe darstellt, für die $\overline{c_i}$ erfüllt ist. Es ist leicht, für $\overline{L_i}$ einen endlichen Automaten mit $O(n)$ Zuständen zu entwerfen. Also erhalten wir mit den Ergebnissen aus Kap. 4.5 einen nichtdeterministischen Automaten A mit $O(nm)$ Zuständen für die Vereinigung aller $\overline{L_i}$, $1 \leq i \leq m$. Die Klauseln $c_1, \ldots, c_m$ sind genau dann gemeinsam erfüllbar, wenn A nicht alle Wörter akzeptiert. Wir erhalten die richtige Antwort für unsere 3-SAT Eingabe, wenn wir die Antwort, ob A zu N-VOLL gehört, negieren.

Der Endlichkeitstest

Mit dem *Endlichkeitstest* soll für endliche Automaten entschieden werden, ob sie endlich oder unendlich viele Wörter akzeptieren. Wir können annehmen, daß alle Zustände vom Anfangszustand q_0 aus erreichbar sind. Die vom Automaten akzeptierte Sprache ist genau dann endlich, wenn es für jeden akzeptierenden Zustand q^* nur endlich viele Wege von q_0 zu q^* gibt. Dies wiederum ist äquivalent dazu, daß alle Wege von q_0 zu q^* kreisfrei sind. Kreise können nämlich beliebig oft durchlaufen werden und führen zu unendlich vielen akzeptierten Wörtern wie der Beweis des Pumping Lemmas zeigt. Es genügt also, im Graphen, der den Automaten darstellt, alle Kanten umzudrehen und mit Tiefensuche von den akzeptierenden Zuständen nach Kreisen zu suchen.

Der Gleichheitstest

Mit dem *Gleichheitstest* soll für endliche Automaten A_1 und A_2 entschieden werden, ob sie dieselbe Sprache akzeptieren.

Für minimale deterministische Automaten muß nach den Ergebnissen aus Kap. 4.2 nur untersucht werden, ob A_1 und A_2 isomorph sind, d. h. bis auf die Benennung der Zustände identisch sind. Dies ist sehr effizient möglich. Wir starten an den

Anfangszuständen der Automaten und geben ihnen denselben Namen. Für jeden Buchstaben geben wir den Nachfolgern denselben Namen. Entweder wir erhalten irgendwann einen Widerspruch, da in einem Automaten ein Zustand zwei Namen erhalten soll oder wir stellen fest, daß die Automaten isomorph sind. Wenn deterministische Automaten nicht minimal sind, können sie minimiert werden. Danach kann obiges Verfahren angewendet werden.

Ein weiterer Ansatz basiert auf der folgenden einfachen Eigenschaft von Mengen:

$$L_1 = L_2 \quad \Leftrightarrow \quad L_1 \cap \overline{L_2} = \emptyset \text{ und } \overline{L_1} \cap L_2 = \emptyset.$$

Aus den Automaten A_1 und A_2 für die Sprachen L_1 und L_2 können wir mit den Synthesealgorithmen deterministische Automaten für $L_1 \cap \overline{L_2}$ und $\overline{L_1} \cap L_2$ konstruieren und auf diese den Leerheitstest anwenden.

Für nichtdeterministische Automaten ist der Gleichheitstest NP-hart. Der Vollständigkeitstest für A ist nämlich der Spezialfall des Gleichheitstests, angewendet auf A und einen trivialen Automaten, der alle Wörter akzeptiert.

4.7 Zusammenfassung

Endliche Automaten sind Turingmaschinen, die nur einen Speicher konstanter Größe haben und die Eingabe nur einmal von links nach rechts lesen dürfen. Dennoch haben sie praktische Bedeutung. Einfache Automaten, von Cola-Automaten bis zu Ampelanlagen, lassen sich ebenso durch endliche Automaten modellieren wie Schaltwerke und VLSI-Chips. Selbst bei Untersuchungen bestimmter Eigenschaften ganzer Rechner greifen wir auf Modellierungen von Rechnerkomponenten durch endliche Automaten zurück. Dies gilt z. B. bei der Leistungsmessung oder der Verifikation, aber nicht für die Analyse des Rechnerverhaltens in Verbindung mit konkreter Software. Softwareprodukte erwarten (zumindest virtuell) beliebig große Speicher.

Was endliche Automaten „können", hängt stark von der Modellierung des Problems ab. Endliche Automaten können Zahlen zwar addieren, wenn die Summanden bitweise und abwechselnd nach wachsender Wertigkeit eingegeben werden, aber nicht, wenn die Summanden nacheinander eingegeben werden.

In der klassischen Automatentheorie sind Automaten durch die Wertetabellen der Zustandsüberführungs- und der Ausgabefunktion gegeben. Bei dieser Darstellung sind viele Probleme über endliche Automaten effizient lösbar. Allerdings können Schaltwerke ohne weiteres zu endlichen Automaten mit mehr als 2^{100} Zuständen führen. Dann kann mit endlichen Automaten nur gearbeitet werden, wenn sie auf kompaktere Weise beschrieben werden.

Endliche Automaten können einfache arithmetische Aufgaben wie die Addition oder den Vergleich zweier Binärzahlen lösen. Zudem lassen sich alle Booleschen Funktionen mit fester Eingabelänge durch endliche Automaten berechnen. Die Einschränkung des Speichers auf konstante Größe setzt der Rechenkraft endlicher Automaten jedoch enge Grenzen. Es kann nicht einmal entschieden werden, ob ein Wort von der Form 0^n1^n ist. Mit dem Pumping Lemma und dem Struktursatz von Nerode wurden zwei Methoden vorgestellt, mit denen sich nachweisen läßt, daß Sprachen nicht regulär sind, d. h. von keinem endlichen Automaten erkannt werden können. Der Struktursatz von Nerode enthält sogar eine Charakterisierung aller regulären Sprachen. Die Zahl der Äquivalenzklassen bezüglich der sogenannten Nerode-Relation für L ist gleich der Minimalzahl von Zuständen eines endlichen Automaten, der die Sprache L akzeptiert. Dieses Ergebnis führt zu einem effizienten Algorithmus, um einen endlichen Automaten in den bis auf die Benennung der Zustände (bis auf Isomorphie) eindeutigen endlichen Automaten mit minimaler Zustandszahl für dieselbe Sprache zu überführen.

Mit nichtdeterministischen endlichen Automaten kann die Zustandszahl für manche Sprachen exponentiell gesenkt werden. Aber nichtdeterministische endliche Automaten können nicht mehr Sprachen erkennen, und die Potenzmengenkonstruktion erzeugt aus einem nichtdeterministischen endlichen Automaten einen äquivalenten deterministischen endlichen Automaten mit „nur" exponentiell mehr Zuständen. Dieser Größenzuwachs läßt sich „oft" vermeiden, wenn nicht erreichbare Zustände gar nicht erzeugt werden.

Es ist auf den ersten Blick vielleicht erstaunlich, daß auch Zwei-Wege-Automaten, die ja Teile der Eingabe sehr oft lesen können, nur reguläre Sprachen erkennen können. Damit erweisen sich endliche Automaten als robustes Modell.

Nichtdeterministische endliche Automaten sind ähnlich wie nichtdeterministische Turingmaschinen keine in der Praxis einsetzbaren Rechner, aber ihre Fähigkeit, Sprachen kompakt zu beschreiben, ist sehr nützlich. In Kap. 5 zeigt sich, daß Vereinigung, Konkatenation und Kleenescher Abschluß die entscheidenden Syntheseoperationen auf regulären Sprachen sind. Sie lassen sich auf nichtdeterministischen endlichen Automaten so anwenden, daß der entstehende Automat höchstens einen Zustand mehr hat als die gegebenen Automaten zusammen. Diese Operationen führen bei deterministischen endlichen Automaten zu einem stärkeren Größenzuwachs. Daher ist es häufig sinnvoll, die Synthese großer Automaten mit nichtdeterministischen endlichen Automaten zu modellieren und erst am Ende zu deterministischen endlichen Automaten zurückzukehren. Bei der Bildung von Durchschnitten kann sich die Größe nichtdeterministischer und deterministischer Automaten multiplizieren.

Die Komplementbildung ist für deterministische endliche Automaten trivial, aber für nichtdeterministische endliche Automaten schwer, falls NP $\neq$ P ist. Dies führt dazu, daß der für Verifikationszwecke grundlegende Gleichheitstest für deterministische endliche Automaten effizient durchgeführt werden kann, aber für nichtdeterministische endliche Automaten ein NP-hartes Problem darstellt.

4.8 Übungsaufgaben mit Lösungsansätzen

1.) Beschreibe den minimalen (deterministischen endlichen) Automaten über dem Alphabet $\{0, 1\}$, der genau die Wörter akzeptiert, die höchstens ein Paar aufeinanderfolgender Nullen und höchstens ein Paar aufeinanderfolgender Einsen enthalten.

Da die Zustandsmenge endlicher Automaten als Speicher fungiert, überlegen wir uns, was wir uns über den gelesenen Teil der Eingabe merken müssen:

- Anzahl a_0 gelesener Paare aufeinanderfolgender Nullen, dabei kann a_0 die Werte 0, 1 und „mindestens 2", kurz 2+, annehmen.

- Anzahl $a_1 \in \{0, 1, 2+\}$ gelesener Paare aufeinanderfolgender Einsen.

- Den letzten gelesenen Buchstaben $b \in \{0, 1\}$.

Durch Kombination entstehen 18 Zustände. Zusätzlich benötigen wir einen Anfangszustand, da zu Beginn noch kein Buchstabe gelesen wurde. Aus der Interpretation der Zustände ist klar, wie die Zustandsüberführungsfunktion aussieht. Alle 19 Zustände sind erreichbar, und die Zustände mit $a_0 = 2+$ oder $a_1 = 2+$ sind nicht akzeptierend. Alle nicht akzeptierenden Zustände können verschmolzen werden. Es bleiben 10 Zustände übrig, die leicht als paarweise nicht äquivalent nachgewiesen werden können.

2.) Beschreibe den minimalen (deterministischen endlichen) Automaten über dem Alphabet $\{0, 1\}$, der genau die Wörter akzeptiert, die 101 nicht als Teilwort enthalten.

Es ist offensichtlich ausreichend, sich zu merken, ob 101 bereits gefunden wurde (ein nicht akzeptierender Zustand) und, falls 101 noch nicht gefunden wurde, wie die letzten beiden Buchstaben aussehen. Dies ergibt 5 Zustände. Benötigen wir Extrazustände für die Situationen, in denen noch keine zwei Buchstaben gelesen worden sind? Nein, denn wir können, ohne das Ergebnis zu verfälschen, annehmen, daß bereits vor dem Wort 00 gelesen wurde. Der so gebildete Automat mit 5 Zuständen ist nicht minimal. Es ist nämlich Nerode-äquivalent, ob die letzten beiden Buchstaben 01 oder 11 sind, nur die letzte 1 kann für das Wort 101 nützlich sein. Nach Verschmelzung dieser beiden Zustände erhalten wir den minimalen Automaten.

3.) Wie groß ist die Minimalzahl der Zustände eines deterministischen endlichen Automaten, der alle durch a) 5, b) 6, c) 7 teilbaren Zahlen in Dezimaldarstellung (gegeben durch die Ziffern in fallender Wertigkeit) akzeptiert?

Wir wollen die Schulmethode der Schriftlichen Division nachahmen. Dazu müssen wir nur den jeweiligen „Rest" abspeichern, zu Beginn 0. Bei Division durch q genügen also q Zustände, nur der Zustand für den Rest 0 ist akzeptierend. Für $q = 7$ sind alle 7 Zustände auch notwendig, da die nicht akzeptierenden Reste 1, 2, 3, 4, 5 und 6 paarweise nicht äquivalent sind. So führt z. B. bei der nächsten Ziffer 4 nur der Rest 1 in den akzeptierenden Zustand. Für $q = 5$ genügen 2 Zustände, da jeweils die letzte Ziffer über die Teilbarkeit durch 5 entscheidet. Für $q = 6$ kommen wir mit 4 Zuständen aus, da die Reste 1 und 4 sowie 2 und 5 äquivalent sind. Als Rest stellen z. B. 1 und 4 die Zahlen 10 und 40 dar, sie sind äquivalent, da die Differenz durch 6 teilbar ist. Schließlich sind 4 Zustände nötig, nur der Rest 0 ist akzeptierend, und die Reste 1, 2 und 3 sind paarweise nicht äquivalent.

4.) Das „mittlere" Bit der Multiplikation, das Bit mit Wertigkeit $n - 1$ bei Faktoren der Länge n, kann nicht von endlichen Automaten berechnet werden, wenn die Zahlen bitweise nach steigender Wertigkeit eingegeben werden.

Mit dem Satz von Nerode genügt es, für jedes n jeweils $2^{n/2}$ nicht Nerode-äquivalente Wörter anzugeben. Die hinteren $n/2$ Bits des ersten Faktors seien alle 0, während wir für die Belegung der hinteren $n/2$ Bits des zweiten Faktors alle $2^{n/2}$ Möglichkeiten zulassen. Derartige Wörter sind nicht Nerode-äquivalent. Wir ergänzen beide Faktoren um je $n/2$ führende Bits, im zweiten Faktor seien dies Nullen, während der erste Faktor genau eine 1 enthält. Diese 1 kann so positioniert werden, das jedes vorgegebene hintere Bit des zweiten Faktors an die Position $n - 1$ im Produkt rückt.

Hinweis: Reguläre Sprachen über dem Alphabet $\{0\}$ haben eine besonders einfache Struktur, die wir in den Aufgaben 5 – 8 erarbeiten.

5.) Wie sehen die Äquivalenzklassen bezüglich der Nerode-Relation für die Sprache aller Wörter 0^k, für die k eine Quadratzahl n^2 ist, aus?

Wir untersuchen zwei Zahlen i und $j < i$. Für alle n ist $i + n^2 - i = n^2$ eine Quadratzahl. Wenn 0^i und 0^j Nerode-äquivalent sind, muß auch $j + n^2 - i$ eine Quadratzahl sein. Wir erhalten also unendlich viele Paare von Quadratzahlen, deren Differenz $i - j$ eine Konstante ist. Dies ist nicht möglich, da bereits die Differenz benachbarter Quadratzahlen, da $(m + 1)^2 - m^2 = 2m + 1$, für genügend großes m

größer als $j - i$ ist. Also bildet jedes Wort seine eigene Äquivalenzklasse, insbesondere ist die betrachtete Sprache nicht regulär.

6.) Die Sprache L aller Wörter 0^p, für die p eine Primzahl ist, ist nicht regulär, aber die Sprache L^* ist regulär.

Hier bietet sich eine Anwendung des Pumping Lemmas an. Unser Gegner eröffnet mit N. Darauf antworten wir mit der nächstgrößeren Primzahl $p > N$, genauer mit dem Wort 0^p. Daß p existiert, hat schon Euklid gezeigt, indem er die Existenz unendlich vieler Primzahlen bewiesen hat. Unser Gegner kann das Wort 0^p zerlegen. Bei einbuchstabigen Alphabeten ist jedoch nur die Länge l des Mittelteils v wichtig. Nach Voraussetzung ist $l \leq N$. Wir verlieren, wenn alle Zahlen $p + (i-1)l$, $i \geq 0$, Primzahlen sind. Für $i = p+1$ erhalten wir die Zahl $p + pl = p(l+1)$, die sicherlich keine Primzahl ist. Mit der Antwort $i = p+1$ gewinnen wir das Pumping Spiel.

Warum sollte L^* regulär sein? Die Fragestellung mag abschreckend wirken, aber wir überlegen uns, welche Wörter 0^k zu L^* gehören. Es muß k die Summe von Primzahlen sein, zusätzlich gehört das leere Wort zu L^*. Jede Zahl $k \geq 2$ ist aber die Summe von Zweien oder die Summe von Zweien und einer Drei. Da 2 und 3 Primzahlen sind, enthält L^* außer 0^1 alle Wörter aus $\{0\}^*$ und ist somit regulär.

7.) Charakterisiere alle regulären Sprachen über dem Alphabet $\{0\}$.

Wie eine derartige Charakterisierung aussehen könnte, ist zu Beginn unserer Betrachtungen unklar. Wie sehen die Graphen von deterministischen endlichen Automaten (bei denen alle Zustände erreichbar sind) über $\{0\}$ aus? Sie bilden ein „Lasso", d. h. beginnend vom Anfangszustand werden neue Zustände erreicht, bis irgendwann von einem Zustand ein alter Zustand erreicht wird. Dies folgt daraus, daß alle Knoten erreichbar sind und genau einen Nachfolger haben.

Wir numerieren die Zustände in der beschriebenen Weise mit $0, \ldots, n-1$. Sei k der Zustand, der von $n-1$ erreicht wird, also der Zustand, wo die Schlaufe des Lassos sitzt. Der Zustand $i < k$ wird genau von dem Wort 0^i erreicht, der Zustand $j \geq k$ von allen Wörtern 0^l mit $l = j + m(n-k)$ mit $m \geq 0$, wobei $n-k$ die Länge des Kreises ist.

Die regulären Sprachen L über $\{0\}$ haben also folgendes Aussehen. Es gibt eine Konstante k, so daß L von den Wörtern 0^i mit $i < k$ eine beliebige Teilmenge enthält. Es gibt eine weitere Konstante r (die Kreislänge), so daß für jedes $j \in \{0, \ldots, r-1\}$ die Sprache L entweder alle Wörter 0^l mit $l = k + j + mr$ mit $m \geq 0$ enthält oder keines dieser Wörter. Da es andererseits einfach ist, für derartige Sprachen ein passendes Lasso als Automaten zu „bauen", haben wir die regulären Sprachen über $\{0\}$ charakterisiert.

8.) Für jede Sprache L über $\{0\}$ ist L^* regulär.

Wie sollen wir an diese merkwürdig klingende Behauptung herangehen? Aus Aufgabe 7 wissen wir, wie reguläre Sprachen über $\{0\}$ aussehen. Außerdem haben wir in Aufgabe 6 bereits einen Spezialfall behandelt. Jedes Wort in L^* ist die Konkatenation endlich vieler Wörter aus L. Wenn die Längen aller Wörter in L ein Vielfaches von g sind, muß dies auch für die Wörter in L^* gelten. Wenn andererseits der größte gemeinsame Teiler (ggT) aller Wortlängen in L gerade g ist, sollten wir (nach den Erfahrungen aus Aufgabe 6) alle Wörter 0^{mg} für genügend großes m aus Wörtern in L konkatenieren können.

Aus diesen vagen Ideen müssen wir nun einen Beweis machen. Zunächst ist zu zeigen, daß der ggT der Wortlängen in L auch dann wohldefiniert ist, wenn L unendlich viele Wörter enthält. Wir starten mit einem Wort 0^i, $i \geq 1$, in L. Falls alle Wortlängen in L Vielfache von i sind, haben wir mit $g := i$ den ggT gefunden. Ansonsten gibt es ein Wort 0^j in L mit $g := ggT(i,j) < i$. Dieses Verfahren können wir fortführen, bis alle Wortlängen in L Vielfache von g sind. Dies geschieht nach endlich vielen Schritten, da sich g in jedem Schritt mindestens halbiert. In welcher Reihenfolge wir Wörter aus L wählen, ist unerheblich.

Es gibt also endlich viele Wörter $w_1, \ldots, w_r \in L$, so daß der ggT der zugehörigen Wortlängen $l_1, \ldots, l_r$ mit g, dem ggT aller Wortlängen in L, übereinstimmt. Die Sprache $L' = \{w_1, \ldots, w_r\}$ ist als endliche Sprache regulär, und damit ist auch $(L')^*$ regulär. Wenn wir zeigen können, daß $(L')^*$ für ein genügend großes l^* alle Wörter 0^{lg} mit $l \geq l^*$ enthält, sind wir fertig. Auch L^* kann nur Wörter enthalten, deren Länge ein Vielfaches von g ist. Damit ist L^* die Vereinigung der regulären Sprachen $(L')^*$ und L'', wobei L'' einige Wörter 0^{lg} mit $l < l^*$ enthält.

Wir zeigen die fehlende Behauptung nur für $g = 1$ und zwei Wortlängen i und j mit $ggT(i,j) = 1$. Im allgemeinen können wir 0^g als „neue Null" betrachten und zunächst die Wortlängen l_1 und l_2, dann die Wortlängen $ggT(l_1, l_2)$ und l_3, usw. betrachten.

An Ende des Beweises brauchen wir ein ganz wenig Elementare Zahlentheorie. Da i und j teilerfremd sind, erhalten wir mit $0i, 1i, 2i, \ldots, (j-1)i \bmod j$ alle Zahlen $0, \ldots, j-1$. Wenn $l \geq ij$ ist, erhalten wir 0^l, indem wir zunächst k Wörter 0^i konkatenieren, wobei $ki \equiv l \bmod j$ ist. Dann ist $l - ki$ durch j teilbar, und wir hängen $(l - ki)/j$ Wörter 0^j an die k Wörter 0^i an.

9.)   Was ändert sich, wenn wir deterministische endliche Automaten mit Ausgabe und nicht nur deterministische Automaten zur Spracherkennung minimieren wollen?

Mit der Lösung dieser Aufgabe soll noch einmal unterstrichen werden, daß wir uns nicht wesentlich eingeschränkt haben, als wir uns auf Entscheidungsprobleme beschränkt haben.

Natürlich können weiterhin nicht erreichbare Zustände gestrichen werden. Wann können Zustände p und q verschmolzen werden? Sicherlich dann, wenn für jedes Wort bei Start in p dieselbe Ausgabe wie bei Start in q erzeugt wird. Die Erkennung der Paare der in diesem Sinn inäquivalenten Zustände ist wieder über kürzeste Zeugen möglich. Der Algorithmus von der Spracherkennung läßt sich direkt übertragen.

Erhalten wir auf diese Weise einen minimalen Automaten? Für den Beweis brauchen wir eine verallgemeinerte Variante des Struktursatzes von Nerode. Zwei Wörter v und w heißen nun Nerode-äquivalent, wenn für jedes Wort z der Länge $l \geq 0$ beim Lesen von vz und wz während der letzten l Zeittakte dieselbe Ausgabe erzeugt wird. Es läßt sich wieder zeigen, daß der Index der neuen Nerode-Relation gleich der minimalen Zahl der Zustände in einem deterministischen Automaten für das betrachtete Problem ist.

10.)   Für die Anwendung des Pumping Lemmas kann die Option des Abpumpens entscheidend sein.

Wir betrachten die Sprache aller $0^i 1^j$ mit $i > j$. Wenn wir nicht abpumpen dürfen, haben wir im Pumping Spiel keine Gewinnchance, da der Gegner uns zwingen kann, im Block der Nullen zu pumpen. Ansonsten können wir mit dem Wort $0^N 1^{N-1}$ auf seine Eröffnung N antworten. Wir müssen dann im Bereich der Nullen pumpen. In jedem Fall führt Abpumpen dazu, daß das entstehende Wort nicht mehr Nullen als Einsen hat.

11.)   Die Sprache aller Wörter z, für die $z = 1^k$ mit $k \geq 0$ oder $z = 0^j 1^p$ für ein $j \geq 1$ und eine Primzahl p ist, ist nicht regulär. Kann zum Beweis ein Pumping Argument verwendet werden?

Zunächst zeigen wir, daß wir mit dem (normalen) Pumping Lemma keine Beweischance haben. Der Gegner kann mit $N = 1$ eröffnen. Wenn wir mit einem Wort $z = 1^k$ antworten, haben wir in jedem Fall verloren. Also versuchen wir es mit einem Wort $0^j 1^p$ mit $j \geq 1$. Nun kann der Gegner $u = \varepsilon$, $v = 0$ und $w = 0^{j-1} 1^p$ wählen. Da wir nur im Bereich der Nullen „herumpumpen" können, haben wir keine Gewinnchance.

Wir haben bereits im Text erwähnt, daß auch ein verallgemeinertes Pumping Lemma gilt, in dem wir mit dem Wort z auch ein Teilwort der Länge N wählen können, so daß der Gegner das zu pumpende Wort v in diesem Teilwort wählen muß. Nun können wir die Lösung aus Aufgabe 6 übernehmen und mit dem Wort 01^p für eine Primzahl $p > N$ auf die Eröffnung N antworten. Darüber hinaus zwingen wir den Gegner, das zu pumpende Teilwort im Block der Einsen zu wählen.

Hinweis: In den nächsten Aufgaben werden Sprachen auf komplexe Weise aus gegebenen regulären Sprachen konstruiert. Wir wollen entscheiden, ob die entstehenden Sprachen auch regulär sind. Dazu benötigen wir einen guten Überblick über die Ergebnisse von Kapitel 4.

12.) Für Sprachen L enthalte L_1 alle Wörter $a_1 \ldots a_n$, für die es Buchstaben $b_1, \ldots, b_n$ gibt, so daß $a_1 b_1 a_2 b_2 \ldots a_n b_n$ in L enthalten ist. Ist L_1 stets regulär, wenn L regulär ist?

Da die Sprache L_1 über einen Existenzoperator definiert ist, sollten wir versuchen, einen nichtdeterministischen Automaten A_1 für L_1 zu entwerfen. Wir benutzen die gleichen Zustände wie in einem deterministischen Automaten A für L. Wenn wir in A_1 im Zustand q den Buchstaben a lesen, sollen genau die Zustände erreichbar sein, die wir in A vom Zustand q beim Lesen von a und einem weiteren beliebigen Buchstaben b erreichen können. Offensichtlich erkennt der Automat A_1 die Sprache L_1.

13.) Für Sprachen L enthalte L_2 alle Wörter, die zu L gehören, für die aber kein echtes Präfix (echtes Anfangsstück) zu L gehört. Ist L_2 stets regulär, wenn L regulär ist?

Auf den ersten Blick stört uns der Allquantor in der Aussage „alle Präfixe gehören nicht zu L". Aber hier ist es sogar naheliegend, gleich einen deterministischen Automaten für L_2 zu entwerfen. Was macht ein Automat A für L falsch, wenn er L_2 erkennen soll? Es akzeptiert auch Wörter, für die echte Präfixe in L liegen. Also ändern wir die Übergänge aus akzeptierenden Zuständen so ab, daß alle Übergänge in einen neuen nicht akzeptierenden Zustand führen, der nie verlassen wird.

14.) Für Sprachen L enthalte $L/2$ alle Wörter w, für die es ein gleich langes Wort x gibt, so daß wx zu L gehört. Ist $L/2$ stets regulär, wenn L regulär ist?

Es ist naheliegend, einen nichtdeterministischen Automaten zu entwerfen, der x rät. Zu Beginn wissen wir nicht, wie lang x sein soll. Da x am Ende verarbeitet werden soll (im Gegensatz zu den Buchstaben $b_1, \ldots, b_n$ in Aufgabe 12), haben wir auch Probleme mit der Speicherung von x.

Glücklicherweise reicht es aus zu wissen, welche Zustände beim Lesen des Wortes x erreicht werden können. Allerdings wissen wir nicht, in welchem Zustand wir nach dem Lesen von w sind. Nach diesen Vorüberlegungen gelingt es uns, einen deterministischen Automaten für die Sprache $L/2$ zu entwerfen. Seine Zustandsmenge ist $Q' = Q \times \tilde{Q}$. Hierbei ist Q die Zustandsmenge eines deterministischen Automaten A für L und $\tilde{Q}$ die Menge aller Abbildungen $\alpha : Q \to Pot(Q)$, wobei $Pot(Q)$ die Potenzmenge von Q ist. Nach dem Lesen eines Wortes w wollen wir im Zustand (q, α) sein, wenn A nach dem Lesen von w in q ist, und $\alpha(q')$ soll alle Zustände enthalten, die A bei Start in q' beim Lesen eines Wortes der Länge von w erreichen kann. Wir starten in (q_0, α_0) mit $\alpha_0(q') = \{q'\}$, da beim Lesen des leeren Wortes kein Zustandswechsel möglich ist. Ein Zustand (q, α) ist akzeptierend, wenn $\alpha(q)$ einen akzeptierenden Zustand enthält. Welcher Zustandswechsel findet beim Lesen von a in (q, α) statt? Wir erreichen (q', α'). Dabei ist $q' = \delta(q, a)$, und $\alpha'(q^*)$ enthält alle

Zustände, die nach dem Lesen eines Buchstaben aus einem der Zustände in $\alpha(q^*)$ erreichbar sind.

Damit haben wir unser Ziel erreicht. Der konstruierte Automat hat $|Q|\,2^{|Q|^2}$ Zustände, ist aber im allgemeinen nicht minimal.

15.) Kann es passieren, daß der minimale Automat für $L_1 \cup L_2$ genau $q_1 q_2$ Zustände hat, wenn der minimale Automat für L_1 bzw. L_2 genau q_1 bzw. q_2 Zustände hat?

Die Zustandszahl $q_1 q_2$ wird nur erreicht, wenn im Produktautomaten alle Zustände erreichbar und paarweise nicht äquivalent sind. Dies scheint möglich zu sein. Wir geben ein möglichst einfaches Beispiel an. Sei L_1 (bzw. L_2) die Sprache aller Wörter über $\{1,2\}$, bei denen die Zahl der Einsen (bzw. Zweien) ein Vielfaches von q_1 (bzw. q_2) ist. Für L_1 müssen wir die Zahl der Einsen modulo q_1 und für L_2 die Zahl der Zweien modulo q_2 zählen. Für die Sprache $L_1 \cup L_2$ müssen wir die Einsen und Zweien getrennt zählen. Sei v ein Wort mit $i_1 < q_1$ Einsen und $i_2 < q_2$ Zweien und w ein Wort mit $j_1 < q_1$ und $j_2 < q_2$ Zweien. Falls $(i_1, i_2) \neq (j_1, j_2)$, sind v und w nicht Nerode-äquivalent. Falls $i_1 \neq j_1$, wählen wir als Ergänzung ein Wort z mit $q_1 - i_1$ Einsen und so vielen Zweien, daß wz nicht zu $L_1 \cup L_2$ gehört. Falls $i_2 \neq j_2$, gehen wir analog vor.

Hinweis: Im folgenden diskutieren wir Besonderheiten deterministischer endlicher Automaten für Boolesche Funktionen $f : \{0,1\}^n \to \{0,1\}$; die zugehörigen Sprachen enthalten also nur Wörter der Länge n.

16.) Wie viele Kreise enthält der Graph, der einen minimalen Automaten für eine Boolesche Funktion beschreibt, und wie sehen sie aus?

Alle Wörter a der Länge n mit $f(a) = 0$ und alle Wörter mit mehr als n Buchstaben sind Nerode-äquivalent, da sie und ihre Verlängerungen nicht akzeptiert werden sollen. Für den zugehörigen Zustand q^* gilt, daß beide ausgehenden Kanten wieder zu ihm zurückführen, dies sind, je nach Interpretation, ein oder zwei Kreise der Länge 1. Wir wollen zeigen, daß es keine weiteren Kreise gibt. Die Wörter a mit weniger als n Buchstaben, für die keine Verlängerung in $f^{-1}(1)$ liegt, führen ebenfalls zu q^*. Für alle noch nicht betrachteten Wörter v und w zeigen wir, daß sie nur Nerode-äquivalent sein können, wenn sie die gleiche Länge haben. Daraus folgt die Behauptung, denn Zustände in Kreisen werden stets von Wörtern verschiedener Länge erreicht. Für die noch nicht betrachteten Wörter gilt, daß sie eine Verlängerung haben, die in $f^{-1}(1)$ liegt. Wenn v und w verschiedene Länge haben und vz in $f^{-1}(1)$ liegt, kann nicht auch wz in $f^{-1}(1)$ liegen, da wz nicht die Länge n hat.

Fazit: Wir haben also eine weitergehende Charakterisierung minimaler Automaten für Boolesche Funktionen erarbeitet. Es gibt einen nicht akzeptierenden Zustand q^*, in dem man verbleibt, wenn man ihn erreicht hat. Da alle Eingaben aus $f^{-1}(0)$ diesen Zustand erreichen, nennen wir ihn *0-Senke*. Es gibt nur einen akzeptierenden

Zustand, die *1-Senke*, der für alle Eingaben aus $f^{-1}(1)$ erreicht wird.

17.) Die beiden folgenden Ersetzungsregeln gelten allgemein für deterministische endliche Automaten.

– Eliminationsregel: Falls q ein absorbierender Zustand ist, d. h. alle von q ausgehenden Kanten wieder q erreichen, alle q' verlassenden Kanten zu q führen und q und q' beide akzeptierend oder beide nicht akzeptierend sind, sind q und q' äquivalent. Alle auf q' zeigenden Kanten können auf q „umgeleitet" werden, und q' kann eliminiert werden.

– Verschmelzungsregel: Falls q und q' für jeden Buchstaben denselben Nachfolger haben und beide akzeptierend oder beide nicht akzeptierend sind, sind q und q' äquivalent. Die beiden Zustände können verschmolzen werden, indem alle auf q' zeigenden Kanten auf q „umgeleitet" werden und q' eliminiert wird.

Die Korrektheit der Ersetzungsregeln ist leicht zu zeigen. Bei der Anwendung der Eliminationsregel sind q und q' äquivalent, da bei Start in diesen Zuständen alle Wörter akzeptiert oder alle Wörter nicht akzeptiert werden. Das leere Wort wird von q und q' bei Anwendung der Verschmelzungsregel nach Voraussetzung gleich behandelt. Dies gilt auch für alle anderen Wörter, da nach dem Lesen des ersten Buchstabens derselbe Zustand von q und von q' aus erreicht wird.

Fazit: Der Wert der Ersetzungsregeln liegt in ihrer Lokalität. Für zwei Zustände kann in konstanter Zeit (bei konstanter Alphabetgröße) entschieden werden, ob eine Ersetzungsregel anwendbar ist. Im allgemeinen reichen die Ersetzungsregeln nicht zur Minimierung endlicher Automaten aus.

18.) Sei f eine Boolesche Funktion, die nicht die konstante Null-Funktion ist. Ein deterministischer endlicher Automat für f mit genau einem akzeptierenden Zustand und genau einem absorbierenden Zustand ist genau dann minimal, wenn keine der Ersetzungsregeln anwendbar ist und alle Zustände erreichbar sind.

Der eine Teil der Behauptung ist nach Definition der Ersetzungsregeln trivial. Wenn eine Ersetzungsregel anwendbar ist, kann der Automat noch verkleinert werden und ist daher nicht minimal.

Für den anderen Teil der Behauptung greifen wir auf vorhandenes Wissen zurück. Der minimale Automat für f ist (bis auf Isomorphie) eindeutig. Aus der Lösung zu Aufgabe 16 folgt für alle erreichbaren Zustände mit Ausnahme des absorbierenden Zustandes, daß sie nur von Wörtern der gleichen Länge erreicht werden. Ist diese Länge k, gehört der Zustand zur Ebene k. Auf Ebene n liegt nur der akzeptierende Zustand. Wenn ein Automat für f nicht minimal ist, betrachten wir das maximale k, so daß A auf Ebene k mehr Zustände als der minimale Automat A_{min} hat. Entweder ein Zustand von A auf dieser Ebene ist nicht erreichbar oder ein Zustand q ist äquivalent zum absorbierenden Zustand oder zwei Zustände sind äquivalent zueinander. Im ersten Fall haben wir die Behauptung erfüllt. Im zweiten Fall ist die Eliminationsregel auf q und den absorbierenden Zustand anwendbar. Da A auf den Ebenen $k' > k$ nach Definition von k keinen zum absorbierenden Zustand äquivalenten Zustand hat, müssen die Kanten von q aus auf den absorbierenden Zustand zeigen. Im dritten Fall sind für jeden Buchstaben $a \in \{0, 1\}$ die Nachfolger äquivalent und damit nach Wahl von k gleich. Zustände auf Ebene k sind nicht akzeptierend. Also kann die Verschmelzungsregel angewendet werden.

19.) Deterministische endliche Automaten A mit Zustandsmenge Q für eine Boolesche Funktion f können in Zeit $O(|Q| \log |Q|)$ minimiert werden.

Zunächst werden alle nicht erreichbaren Zustände eliminiert und alle akzeptierenden Zustände verschmolzen, dann werden alle Zustände verschmolzen, von denen aus der akzeptierende Zustand nicht erreichbar ist. Nach dieser Vorbereitung kann der Automat ebenenweise bottom-up minimiert werden. Wir betrachten die Ebene k und nehmen an, daß der Automat unterhalb dieser Ebene mit dem minimalen Automaten übereinstimmt. Die Eliminationsregel ist nicht mehr anwendbar, da wir schon zu Beginn derartige Zustände mit dem absorbierenden Zustand verschmolzen haben. Um zu überprüfen, ob die Verschmelzungsregel anwendbar ist, geben wir den Zuständen auf Ebene k als Markierung das Paar aus der Nummer des 0-Nachfolgers und der Nummer des 1-Nachfolgers. Die Markierungen äquivalenter Zustände stimmen überein. Daher werden die Markierungen lexikographisch sortiert. Hinterher stehen die zu verschmelzenden Zustände nebeneinander. Wenn alle Ebenen auf diese Weise behandelt werden, ist der entstandene Automat nach Aufgabe 18 minimal. Die Zeitschranke folgt, da die Rechenzeit durch das Sortieren der Markierungen auf den Ebenen dominiert wird.

Wir erwähnen nur, daß mit Hilfe einer Zwei-Phasen Bucketsort Technik sogar die optimale Rechenzeit $O(|Q|)$ erreicht werden kann.

Hinweis: Bei der Synthese Boolescher Funktionen sind die Negation, Disjunktion, Konjunktion und die EXOR-Bildung grundlegend. Die Negation ist einfach, daher behandeln wir hier die binäre Synthese. Die Disjunktion entspricht bezogen auf die Wörter der Länge n der Vereinigung. Bei der entsprechenden Synthese von Sprachen konnte die Erzeugung nicht erreichbarer Zustände vermieden werden, aber die Erkennung äquivalenter Zustände konnte nicht in die Synthese integriert werden.

20.) Unter der binären Synthese Boolescher Funktionen $g, h : \{0, 1\}^n \to \{0, 1\}$ mit einem Booleschen Operator $\otimes$ verstehen wir die Berechnung eines minimalen Automaten für $f = g \otimes h$ aus minimalen Automaten für g und h. Bei der binären Synthese Boolescher Funktionen kann die Minimierung in die Synthese integriert werden. Genauer: Es gibt einen Synthesealgorithmus, bei dem nie mehr als n Zustände existieren, die später durch Anwendung einer Ersetzungsregel wegfallen.

Wir erinnern uns an den Synthesealgorithmus für die Vereinigung von Sprachen, bei dem die Erzeugung nicht erreichbarer Zustände vermieden wird. Die Zustände werden dabei in einer Breadth-First Reihenfolge erzeugt. Bei endlichen Automaten für Boolesche Funktionen werden die Knoten ebenenweise erzeugt. Um die Ersetzungsregel anwenden zu können, müssen die Nachfolger bekannt sein. Daher wechseln wir zu einer Depth-First Reihenfolge, was für den Synthesealgorithmus unerheblich ist. Für jeden Zustand wird erst der 0-Nachfolger und dann der 1-Nachfolger behandelt. Die Berechnung eines Zustandes gilt als abgeschlossen, wenn es sich um eine Senke handelt oder die Berechnung der beiden Nachfolger abgeschlossen ist. Zu jedem Zeitpunkt existieren also höchstens n Zustände, deren Berechnung nicht abgeschlossen ist.

Zunächst beschreiben wir die Behandlung der Senken. Die Kombination der c_1-Senke für g und der c_2-Senke für h ergibt die $c_1 \otimes c_2$-Senke für f. Ist die Berechnung eines anderen Zustandes abgeschlossen, kann sofort überprüft werden, ob die Eliminationsregel anwendbar ist. Um effizient überprüfen zu können, ob der neue Zustand mit einem Zustand verschmolzen werden kann, dessen Berechnung früher abgeschlossen wurde, verwalten wir eine dynamische Datenstruktur (AVL-Baum, Hashtabelle), die die berechneten Zustände gegeben als Paar aus Nummer des 0-Nachfolgers und Nummer des 1-Nachfolgers enthält. Da die Automaten „unterhalb" eines berechneten Zustandes nicht mehr verändert werden, ist der am Ende entstandene Automat nach Aufgabe 18 minimal.

Fazit: Da in der Praxis die Behandlung endlicher Automaten vor allem an Platzschranken stößt, ist der eben beschriebene Synthesealgorithmus von immenser praktischer Bedeutung. Die für Verifikationszwecke gebräuchlichste Datenstruktur für Boolesche Funktionen sind OBDDs (ordered binary decision diagrams). Sie entsprechen den hier diskutierten minimalen Automaten mit folgenden Unterschieden. Bei OBDDs wird vorausgesetzt, daß die Eingabe die Länge n hat. Wenn es dann möglich ist, können beim Lesen der Eingabe Teilwörter übersprungen werden. Schließlich ist die Reihenfolge der Variablen einer Booleschen Funktion nicht zwingend vorgegeben. Es darf eine geeignete Ordnung ausgewählt werden, was, wie wir bei der Addition gesehen haben, eine exponentielle Platzersparnis bewirken kann.

4.9 Testfragen und stichwortartige Antworten

Testfragen

1. Motiviere die Untersuchung endlicher Automaten.

2. Kann es beim Entwurf von praktisch relevanten endlichen Automaten vorkommen, daß nicht erreichbare Zustände definiert werden?

3. Was spiegelt die minimale Zustandszahl eines deterministischen endlichen Automaten für ein Problem wider?

4. Beschreibe kompakte Darstellungsformen für endliche Automaten. Warum werden diese nicht immer eingesetzt?

5. Beschreibe den Minimierungsalgorithmus für deterministische endliche Automaten und führe eine Laufzeitanalyse durch.

6. Kann es verschiedene minimale Automaten für ein Problem geben?

7. Wie geht der Struktursatz von Nerode in den Korrektheitsbeweis für den Minimierungsalgorithmus ein?

8. Mit welchen Methoden kann die Nichtregularität von Sprachen bewiesen werden? Wende die Methoden auf ein Beispiel an.

9. Vergleiche den Effekt von Nichtdeterminismus bei Turingmaschinen und bei endlichen Automaten.

10. Wie kann ein nichtdeterministischer endlicher Automat durch einen deterministischen endlichen Automaten simuliert werden? Wie läßt sich die Erzeugung nicht erreichbarer Zustände vermeiden?

11. Gegen welche Operationen ist die Klasse der regulären Sprachen abgeschlossen und wie effizient lassen sich deterministische endliche Automaten für die resultierenden Sprachen konstruieren?

12. Für welche Operationen ist es „einfacher", nichtdeterministische endliche Automaten einzusetzen?

13. Beschreibe die Unterschiede bei der Synthese nichtdeterministischer endlicher Automaten für die Operationen Vereinigung und Durchschnitt.

14. Was unterscheidet den Leerheitstest und den Vollständigkeitstest für nichtdeterministische endliche Automaten?

15. Wie effizient können für deterministische endliche Automaten Leerheitstest, Vollständigkeitstest und Gleichheitstest durchgeführt werden?

Stichwortartige Antworten

1. In vielen praxisrelevanten Problemen bilden endliche Automaten das passende Modell. Dies gilt für einfache Automaten aus dem Alltagsleben wie Cola-Automaten ebenso wie für komplexe Ampelanlagen. Alle Schaltwerke lassen sich durch endliche Automaten darstellen. Schließlich bilden endliche Automaten Modelle für VLSI-Chips und ganze Rechner ohne virtuellen Speicher.

2. Ja, denn oft werden einzelne Komponenten des Problems einzeln modelliert. Als Zustandsmenge wird dann das Kreuzprodukt der Zustandsmengen für die Komponenten gewählt. Dabei ist es sogar sehr wahrscheinlich, daß nicht alle Kombinationen realisierbar sind.

3. Bei endlichen Automaten sind Zustandsmenge und Speicher austauschbare Begriffe. Wenn k Zustände ausreichen, genügt ein Speicher, der k verschiedene Informationen aufnehmen kann.

4. Die klassische Beschreibungsform besteht aus Wertetabellen für die Zustandsüberführungsfunktion und die Ausgabefunktion. Diese Funktionen können auch durch Boolesche Funktionen ausgedrückt werden, die wiederum durch Schaltkreise oft kompakt beschrieben werden können. Bei dieser kompakten Darstellung werden einige Probleme schwieriger lösbar, so wird z. B. das Erreichbarkeitsproblem NP-hart. Welche Darstellungsform „besser" ist, hängt von der Anwendung ab.

5. Hier soll im wesentlichen auf Kap. 4.3 verwiesen werden. Wir beschränken uns daher auf Stichworte: Eliminierung nicht erreichbarer Zustände, Zusammenfassung äquivalenter Zustände, Erkennung äquivalenter Zustände durch Markierung inäquivalenter Zustandspaare, das Prinzip kürzester Zeugen, Implementierung mit Hilfe von Listen. Rechenzeit $O(|Q|^2|\Sigma|)$.

6. Nein, nach dem Struktursatz von Nerode sind die minimalen Automaten (bis auf Isomorphie) gleich. Jeder Zustand repräsentiert eine Äquivalenzklasse der Nerode-Relation.

7. Im Minimierungsalgorithmus werden naheliegende Verkleinerungen des Automaten vorgenommen. Erst der Struktursatz von Nerode zeigt, daß der entstandene Automat minimal ist.

8. Wir haben das Pumping Lemma mit einer Verallgemeinerung und den Struktursatz von Nerode kennengelernt. Das Pumping Lemma enthält nur eine notwendige Bedingung für reguläre Sprachen, die Anwendung des Pumping Lemmas ist durch die Formulierung eines Pumping Spiels oft einfach. Der Struktursatz enthält eine notwendige und hinreichende Bedingung für reguläre Sprachen und sogar eine Charakterisierung der Zustandszahl minimaler Automaten. Die Sprache aller Wörter $0^n 1^n$ bildet für die Anwendung beider Methoden ein gutes Beispiel.

9. In beiden Fällen wird die Klasse der „berechenbaren" Probleme und Sprachen nicht erhöht. Nichtdeterminismus ist in beiden Fällen nicht praktisch realisierbar. Bei Turingmaschinen führt Nichtdeterminismus vermutlich zu einem exponentiellen Zeitgewinn. Bei endlichen Automaten ist die Rechenzeit durch die Wortlänge festgelegt. Allerdings kann Nichtdeterminismus beweisbar die Zustandszahl exponentiell verringern.

10. Mit der Potenzmengenkonstruktion werden alle Rechenwege des nichtdeterministischen endlichen Automaten parallel simuliert. Wenn die Zustände vom Anfangszustand in Breadth-First oder Depth-First Reihenfolge erzeugt werden und eine Doppelerzeugung von Zuständen abgefangen wird, werden nur erreichbare Zustände und diese nur einmal erzeugt.

11. Die Klasse der regulären Sprachen ist gegen alle behandelten Operationen abgeschlossen. Dazu gehören Komplementbildung (kein Größenzuwachs bei deterministischen Automaten), Vereinigung (Größe $|Q_1| |Q_2|$, effiziente Konstruktion unter Vermeidung nicht erreichbarer Zustände), Durchschnitt (analog), Konkatenation (Konstruktion über nichtdeterministische Automaten), Kleenescher Abschluß (analog), Substitution (Beweis in Kap. 5), Homomorphismen (analog), inverse Homomorphismen (kein Größenzuwachs).

12. Vereinigung, Konkatenation und Kleenescher Abschluß. Diese Operationen sind implizit nichtdeterministisch definiert, da die Definitionen einen Existenzquantor enthalten. Bei nichtdeterministischen Automaten ist der entstehende Automat um höchstens einen Zustand größer als die gegebenen Automaten zusammen.

13. Ein Wort gehört zu $L_1 \cup L_2$, wenn ein $i \in \{1, 2\}$ *existiert*, so daß das Wort zu L_i gehört, eine nichtdeterministische Wahl. Dagegen gehört ein Wort zu $L_1 \cap L_2$, wenn es für *alle* $i \in \{1, 2\}$ zu L_i gehört. Diese Allaussage „zwingt" den nichtdeterministischen Automaten, die Automaten für L_1 und L_2 parallel laufen zu lassen. Besser gesagt: Es gibt keine gute Basis für eine nichtdeterministische Entscheidung.

14. Beim Leerheitstest genügt der Test, ob ein akzeptierender Zustand erreichbar ist. Dann gibt es stets ein Wort, das auf dem zugehörigen Weg akzeptiert wird. Beim Vollständigkeitstest genügt nicht der Test, ob ein nicht akzeptierender Zustand erreichbar ist. Für diejenigen Wörter, die den zugehörigen Weg benutzen, kann es dennoch akzeptierende Wege geben. Es ist daher nicht überraschend, daß der Vollständigkeitstest NP-hart ist.

15. Leerheitstest und Vollständigkeitstest sind in Linearzeit durchführbar, da die Suche nach einem akzeptierenden bzw. einem nicht akzeptierenden Zustand ausreicht. Für den Gleichheitstest reicht Zeit $O(|Q_1|\,|Q_2|\,|\Sigma|)$, da es ausreicht zu testen, ob $L_1 \cap \overline{L_2}$ und $\overline{L_1} \cap L_2$ beide leer sind.

5 Grammatiken als Grundlage von Programmiersprachen

5.1 Grammatiken

Programmiersprachen und natürliche Sprachen

Wie werden Menschen mit neuen Problemen und Situationen fertig? Darauf gibt es natürlich keine allgemeingültige Antwort, aber häufig versuchen wir, Problemlösungen durch Analogiebildung näher zu kommen. Diese Problemlösungsstrategie hat sich bewährt. Wir sollten uns dabei bewußt sein, daß wir aus analogen Situationen zwar lernen können, daß es aber zwischen dem Original und dem Analogon meistens auch gravierende Unterschiede gibt.

Es ist gerechtfertigt, beim Umgang mit Rechnern aus ähnlichen Situationen im Umgang mit Menschen zu lernen. Dieses Vorgehen drückt sich schon im Begriff Programmier„sprache" aus. Heute werden viele Aspekte der Kommunikation zwischen Menschen auf Rechner übertragen. Der Gefahr, Analogiebildungen unzulässig zu erweitern, sind Menschen wohl in kaum einem Bereich mehr erlegen als im Umgang mit Rechnern. Weizenbaum (1977) hat eindringlich auf die gravierenden und unmenschlichen Folgen aufmerksam gemacht.

Wozu sollen Programmiersprachen dienen? Zunächst ging es nur darum, dem Rechner eindeutig zu „befehlen", was er tun soll. Keine natürliche Sprache hat so festgelegte Regeln wie klassische Programmiersprachen. Natürliche, lebendige Sprachen haben andere Eigenschaften.

- Neue Wörter und Redewendungen entstehen, andere veralten. Bestimmte Wörter erhalten eine neue Bedeutung.

- Eine ausreichende Redundanz ermöglicht eine Kommunikation, auch wenn Silben verschluckt oder Wörter falsch verstanden werden.

- Menschliche Kommunikationspartner können nachfragen.

- Die Reaktion von Menschen auf Äußerungen ist nicht vorhersehbar.

– Das Verständnis von Sprache hängt vom Kontext ab.

Viele dieser Aspekte haben bei der Weiterentwicklung von Rechnern und im Umgang mit Rechnern Pate gestanden. Bei der Erstellung großer Systeme können wir nicht mehr erwarten, daß wir das Verhalten in allen Situationen durchschauen. Programme können andere Programme aktivieren, und sie können durch Informationen, die sie von anderer Seite erhalten, beeinflußt werden. Von einem Quicksort Programm erwarten wir, daß es in 10 Jahren auf gleiche Weise sortiert wie heute. Anders ist die Situation z. B. bei Programmen zur Vorhersage des Börsenverlaufs. Wie sie in 10 Jahren Prognosen erstellen, kann, ohne daß neu programmiert wird, von Ereignissen an der Börse in den nächsten 10 Jahren abhängen. Zunächst gibt es die Möglichkeit, probabilistische Entscheidungen zu treffen, aus Daten aus der Vergangenheit zu „lernen" (ebenfalls eine Analogiebildung) oder mit unscharfen (fuzzy) Informationen und Entscheidungen zu arbeiten. Wer heute ein derartiges Programm erstellt (meistens ist es nicht eine Person, sondern ein Team), kann aus den genannten Gründen nicht vorhersagen, was bei Ausführung des Programms im Laufe der Zeit geschieht.

Der Gefahren müssen wir uns bewußt sein, und wir müssen uns vor falschen Implikationen in acht nehmen. Rechner und Programme sind nicht intelligent, und sie haben auch keinen freien Willen. Moral und Ethik sind Begriffe, die auf den Umgang des Menschen mit Rechnern beschränkt bleiben müssen und nicht auf das Verhalten von Rechnern angewendet werden können. Insbesondere können wir nicht mit Rechnern kommunizieren wie mit Menschen.

Auch wenn die Methoden subtiler geworden sind, dienen moderne Programmiersprachen der Steuerung von Rechnern. Beim Aufbau von Programmiersprachen und im Umgang mit Programmiersprachen können Analogiebildungen zu natürlichen Sprachen hilfreich sein, solange wir uns der Grenzen derartiger Analogiebildungen bewußt bleiben.

Anforderungen an Grammatiken von Programmiersprachen

Mit Grammatiken soll beschrieben werden, welche Texte syntaktisch korrekt aufgebaut sind. Es soll weder die Bedeutung der Texte erkannt werden, noch zwischen sinnvollen und sinnlosen Texten unterschieden werden. Diese Unterscheidung ist notwendig, da die Bedeutung kontextabhängig ist. Uns erscheint der Text „Die Erde dreht sich um die Sonne." syntaktisch korrekt und semantisch sinnvoll. Es gab jedoch eine Zeit, zu der dieser Text syntaktisch korrekt, aber sinnlos war. Ähnliches gilt für Programmiersprachen. Ein Programm für ein uns unbekanntes Problem soll sich als syntaktisch korrekt nachweisen lassen, auch wenn wir das Programm für sinnlos halten. Was fordern wir von Grammatiken? Sie sollen eine endliche Beschreibung haben. Die Überprüfung, ob ein Text ein syntaktisch korrektes Programm ist, muß effizient möglich sein. Wenn wir die „Wörter", die syntaktisch korrekte Programme darstellen, mit der Programmiersprache identifizieren, soll das *Wortproblem* effizient lösbar sein. Für den Programmablauf ist es mehr als wünschenswert, den Programmtext gemäß des grammatikalischen Aufbaus zu zerlegen. Auch dieses sogenannte *Syntaxanalyseproblem* soll effizient lösbar sein. Auf der anderen Seite wünschen wir uns komfortable Programmiersprachen. Typische Konstrukte, wie while-Schleifen, sollen einfach beschreibbar sein. Wir wollen es bei diesen zentralen Anforderungen belassen, auch wenn es viele weitere Wünsche gibt.

Grammatiken als Termersetzungssysteme

Alle bedeutenden Grammatikkonzepte lassen sich als *Termersetzungssysteme* auffassen. Dabei wird die Menge der syntaktisch korrekten Programme, kurz die Programmiersprache oder noch kürzer die Sprache, top-down beschrieben. Ausgehend von einem *Startsymbol* S können Regeln angewendet werden, mit denen Texte verändert werden. Wir unterscheiden zwischen *Variablen* (Buchstaben aus einem endlichen Alphabet V) und *Terminalzeichen* (Buchstaben aus einem endlichen Alphabet T). Nur Variablen dürfen ersetzt werden, und nur Texte aus Terminalzeichen, die wir auch kurz Buchstaben nennen, gehören zur erzeugten Sprache L. Grammatikklassen unterscheiden sich dadurch, welche Typen von *Ableitungsregeln* (productions) erlaubt sind. Die in einer Grammatik erlaubten Ableitungsregeln werden in der endlichen Menge P zusammengefaßt. Jede Regel $l \to r$ besteht aus einer linken Seite $l \in V^+$ (eine endliche Folge von mindestens einer Variablen) und einer rechten Seite $r \in (V \cup T)^*$. Wann immer in einem Wort das Teilwort l (als geschlossener Block) enthalten ist, darf es durch r ersetzt werden. Verschiedene Regeln dürfen dieselbe linke oder dieselbe rechte Seite haben. In einem Wort können also eine Vielzahl von Regeln und eine Regel an vielen Stellen anwendbar sein. Die von einer Grammatik *erzeugte Sprache* L besteht aus allen Wörtern w aus Terminalzeichen, die sich aus dem Startsymbol ableiten lassen.

Wir benutzen die Notation $w \to z$, wenn sich z in einem Schritt, d. h. durch einmalige Anwendung einer Ableitungsregel, aus w ableiten läßt, $\overset{*}{\to}$ bezeichnet Ableitungen beliebiger endlicher Länge (auch der Länge 0) und $\overset{+}{\to}$ Ableitungen positiver Länge.

In natürlichen Sprachen könnten die Regeln H→HH und H→SPO bedeuten, daß ein Hauptsatz aus zwei Hauptsätzen, aber auch aus einer Folge Subjekt, Prädikat, Objekt bestehen kann.

Die verschiedenen Grammatikklassen unterscheiden sich nur in den Nebenbedingungen, die die Ableitungsregeln erfüllen müssen.

Die Grammatikklassen der Chomsky-Hierarchie

Erste formale Beschreibungen von Grammatiken gehen auf den Linguisten Chomsky zurück. Die sogenannte Chomsky-Hierarchie enthält vier Grammatikklassen, von denen nur eine als Grundlage für Programmiersprachen geeignet ist. Dennoch stellen wir alle vier Klassen vor und vollziehen damit die historische Entwicklung nach. Es ist lehrreich zu erkennen, warum zu große Freiheiten die Syntaxanalyse erschweren und zu große Einschränkungen die ausreichende Ausdruckskraft von Programmiersprachen verhindern. Darüber hinaus ergeben sich überraschende Verbindungen zu den Kapiteln 2, 3 und 4, was wiederum belegt, daß wichtige Konzepte weit über den geplanten Rahmen hinaus Auswirkungen haben.

Chomsky-0 Grammatiken sind allgemeine *Termersetzungssysteme* und unterliegen keinen Einschränkungen.

Chomsky-1 Grammatiken (*monotone* Grammatiken, *kontextsensitive* Grammatiken) haben die Einschränkung, daß die rechte Seite jeder Ableitungsregel nicht kürzer als die zugehörige linke Seite sein darf. Diese Definition macht es unmöglich, das leere Wort abzuleiten. Wenn immer dies nötig ist, wird die Regel $S \to \varepsilon$ erlaubt. Damit nicht durch die Hintertür die Verkürzung langer Wörter wieder möglich wird, darf dann S nicht in rechten Seiten von Ableitungsregeln vorkommen.

Chomsky-2 Grammatiken (*kontextfreie* Grammatiken) haben die Einschränkung, daß die linke Seite jeder Ableitungsregel nur aus einer Variablen besteht. Wie eine Variable A abgeleitet werden kann, darf also nicht vom Kontext, in dem A steht, abhängen. Bei kontextsensitiven Grammatiken erlaubt die Regel $XAY \to XBCY$, die Variable A durch BC zu ersetzen, falls A zwischen X und Y steht. Die Ableitung $ZA \to ZBC$ kann dagegen verboten sein.

Chomsky-3 Grammatiken (*reguläre* Grammatiken, *rechtslineare* Grammatiken) erlauben nur Regeln vom Typ $A \to \varepsilon$ und $A \to aB$, wobei wir die Konvention benutzen, Variablen mit großen und Terminalzeichen mit kleinen Buchstaben zu beschreiben.

Wir widmen den Grammatikklassen die Kap. 5.2–5.5.

Grammatiken und Nichtdeterminismus

Nichtdeterminismus hat sich bereits als grundlegendes Konzept erwiesen. Um es zu motivieren, haben wir uns in Kap. 3 viel Mühe geben müssen. Grammatiken erweisen sich auf natürliche Weise als nichtdeterministische Algorithmen zur Erzeugung aller Wörter einer Sprache (aller syntaktisch korrekten Programme einer Programmiersprache). Wir beginnen mit dem Startsymbol S. Wenn wir bereits das Wort w erzeugt haben, wählen wir nichtdeterministisch eine Stelle in w und eine Ableitungsregel $l \to r$. Falls an der ausgewählten Stelle in w das Teilwort l beginnt, wird es dort durch r ersetzt. Ansonsten wird abgebrochen und das Wort w akzeptiert, falls es nur aus Terminalzeichen besteht.

Grammatiken, das Wortproblem und Rechner

Wir haben soeben aus einer Grammatik *alle* Wörter der zugehörigen Sprache erzeugt. Dieses Vorgehen können wir uns als eventuell unendlich großen Baum vorstellen. Die Wurzel entspricht dem Startsymbol, und die inneren Knoten symbolisieren nichtdeterministische Entscheidungen. Die von der Grammatik erzeugte Sprache besteht aus allen Wörtern aus Terminalzeichen, die an einem Blatt des Baumes stehen. Beim Wortproblem soll für *ein* Wort entschieden werden, ob es zu der von der Grammatik beschriebenen Sprache gehört. Wir wollen also wissen, ob w ein Blatt des gerade beschriebenen Baumes ist. Wenn wir einen Weg von der Wurzel des Baumes zu einem w-Blatt angeben können, haben wir sogar das Syntaxanalyseproblem für w gelöst.

Rechner für das Wortproblem arbeiten also in entgegengesetzter Richtung als Grammatiken bei der Erzeugung von Wörtern.

5.2 Chomsky-0 Grammatiken und rekursiv aufzählbare Sprachen

Wozu dienen Charakterisierungen von Sprachklassen?

Wir werden folgende Aussage erarbeiten. Die Klasse der von Chomsky-0 Grammatiken erzeugbaren Sprachen und die Klasse der rekursiv aufzählbaren Sprachen sind gleich. Wozu dient eine solche Charakterisierung? Zunächst einmal liefert sie eine in Kap. 2 angekündigte Motivation für die Behandlung rekursiv aufzählbarer Sprachen nach. Darüber hinaus erweisen sich Chomsky-0 Grammatiken als ungeeignete Grundlage für den Aufbau von Programmiersprachen. Das Wortproblem für rekursiv aufzählbare Sprachen ist nicht rekursiv, da es (s. Kap. 2) rekursiv aufzählbare, aber nicht rekursive Sprachen gibt.

Simulation von Grammatiken durch Turingmaschinen

Diese Simulation haben wir für nichtdeterministische Turingmaschinen bereits in Kap. 5.1 im Unterabschnitt „Grammatiken und Nichtdeterminismus" beschrieben.

Nichtdeterministische Turingmaschinen lassen sich durch deterministische Turingmaschinen simulieren. Da es unendlich lange Rechenwege geben kann, ist es nicht möglich, die Rechenwege nacheinander auszuprobieren. Statt dessen simulieren wir für wachsendes l nacheinander alle Rechenwege der Länge l.

Simulation von Turingmaschinen durch Grammatiken

Zu jeder Turingmaschine betrachten wir einen unendlichen gerichteten Graphen, dessen Knoten den Konfigurationen entsprechen. Da Grammatiken Turingmaschinen „rückwärts" simulieren sollen, besagt eine Kante von K zu K', daß K eine direkte Nachfolgekonfiguration von K' ist. In diesem Fall unterscheiden sich K und K' nur in einem Block der Länge 3, der den Zustand enthält. Falls in K' vor oder hinter dem Zustand nichts steht, müssen wir uns dort das Leerzeichen B hinzudenken. Die Änderungen, die die Turingmaschine in Blöcken der Länge 3, die einen Zustand enthalten, erlaubt, können durch endlich viele Ableitungsregeln einer Grammatik beschrieben werden. Die Grammatik darf nur ein Startsymbol haben, während Turingmaschinen unendlich viele akzeptierende Konfigurationen haben können. Wir können aber Turingmaschinen so abändern, daß es nur noch eine erreichbare, akzeptierende Konfiguration gibt, die nur aus dem akzeptierenden Zustand besteht. Dazu muß die Turingmaschine, bevor sie akzeptiert, nur das Band „säubern", indem sie jeden Buchstaben durch das Leerzeichen B ersetzt. Die Grammatik kann nun die Turingmaschine rückwärts simulieren, d. h. genau alle Konfigurationen erzeugen, aus denen die akzeptierende Konfiguration erreicht wird. Jetzt bedarf es nur noch ein paar kleinerer Tricks, so daß nur aus Anfangskonfigurationen der Zustand gelöscht und das der Turingmaschine eingegebene Wort erzeugt werden kann. Insgesamt entsteht eine Grammatik, die effizient aus der Turingmaschinenbeschreibung konstruiert werden kann und die die Sprache erzeugt, die von der Turingmaschine akzeptiert wird.

Synthese rekursiv aufzählbarer Sprachen

Die Bedeutung von Syntheseoperationen haben wir schon in Kap. 4 diskutiert. Wie in Kap. 2 gezeigt, ist die Klasse der rekursiv aufzählbaren Sprachen gegen Vereinigung und Durchschnitt, aber nicht gegen Komplementbildung abgeschlossen. Für Programmiersprachen spielen aber Konkatenation, Kleenescher Abschluß und Substitution eine wichtige Rolle. Der Abschluß der Klasse rekursiv aufzählbarer Sprachen gegen diese Operationen ist leicht einzusehen. Für die Konkatenation und den Kleeneschen Abschluß genügt es, die Zerlegung des Wortes zu raten und dann die Teilwörter einzeln darauf zu überprüfen, ob sie in der zugehörigen Sprache liegen. Für die Substitution, also die Frage, ob $z \in f(L)$ ist (s. Kap. 4.5), raten wir ein Wort $w = w_1 \ldots w_n$ und eine Zerlegung $z = z^1 \ldots z^n$ von z in Teilwörter (die auch leer sein können) und überprüfen, ob $w \in L$ und $z^i \in f(w_i)$ für alle i ist.

5.3 Chomsky-1 Grammatiken und kontextsensitive Sprachen

Kontextsensitive Sprachen und Turingmaschinen

Da *kontextsensitive* Grammatiken spezielle Chomsky-0 Grammatiken sind, können wir die Simulation durch Turingmaschinen aus Kap. 5.2 übernehmen. Zur Charakterisierung der Klasse kontextsensitiver Sprachen suchen wir nach einer geeigneten Einschränkung von Turingmaschinen. Die Monotonie kontextsensitiver Grammatiken impliziert, daß in Ableitungen eines nichtleeren Wortes w keine längeren Zeichenfolgen als w vorkommen. Also können kontextsensitive Sprachen von nichtdeterministischen Turingmaschinen erkannt werden, die für Wörter der Länge $n \geq 1$ mit n Bandzellen auskommen.

Erstaunlicherweise gilt sogar die Umkehrung. Wir beschreiben hier allerdings nur die wesentlichen Ideen. Das Alphabet der Terminalzeichen stimmt mit dem Eingabealphabet der Turingmaschine überein. Außer der Startvariablen sind die anderen Variablen Paare, wobei wir uns eine Folge von Variablen wie eine Bandbeschriftung mit zwei Spuren vorstellen. Die Ableitungsregeln werden so gewählt, daß die Grammatik in der ersten Phase in der zweiten Spur ein beliebiges Wort w und in der ersten Spur die akzeptierende Konfiguration mit $|w|$ Leerzeichen erzeugt. In der zweiten Phase simuliert die Grammatik in der ersten Spur die Turingmaschine so in umgekehrter Zeitrichtung, wie wir dies in Kap. 5.2 beschrieben haben. Allerdings darf der Bandbereich nicht nach links oder rechts erweitert werden. Ein Buchstabe in der ersten Spur darf nur gelöscht werden, wenn er mit dem Buchstaben in der zweiten Spur übereinstimmt, und der Zustand darf nur gelöscht werden, wenn er der Anfangszustand ist, der vor dem ersten Buchstaben steht. Das in der zweiten Spur stehende Wort wird also genau dann erzeugt, wenn die Turingmaschine dieses Wort auf Platz $|w|$ akzeptiert.

Die Klasse der kontextsensitiven Sprachen stimmt mit der Klasse der von nichtdeterministischen Turingmaschinen auf linearem Platz $|w|$ akzeptierten Wörter w überein.

Kontextsensitive Sprachen sind rekursiv

In Aufgabe 9 zu Kap. 2 haben wir gezeigt, wie für deterministische Turingmaschinen aus einer Platzschranke s effizient eine Zeitschranke $t(s)$ berechnet werden kann. Da die kürzesten akzeptierenden Rechenwege bei nichtdeterministischen Turingmaschinen keine Konfiguration zweimal erreichen, können wir dieselbe Zeitschranke auch für nichtdeterministische Turingmaschinen benutzen. Bei kontextsensitiven Sprachen gilt die Platzschranke $|w|$. Um zu entscheiden, ob w zur Sprache gehört, genügt es, alle Rechenwege der Länge $t(|w|)$ auszuprobieren. Da es rekursiv aufzählbare, aber nicht rekursive Sprachen gibt, gibt es auch rekursiv aufzählbare, aber nicht kontextsensitive Sprachen.

Das Wortproblem für kontextsensitive Sprachen ist NP-hart

Die Klasse der kontextsensitiven Sprachen ist als Grundlage für Programmiersprachen noch zu allgemein, da das Wortproblem zwar rekursiv, aber NP-hart ist. Um dies nachzuweisen, genügt es, für eine NP-vollständige Sprache zu zeigen, daß sie nichtdeterministisch auf linearem Band erkannt werden kann. Dies ist für das Erfüllbarkeitsproblem SAT sogar für deterministische Turingmaschinen der Fall. In einer zweiten Spur notieren wir uns, welche Eingabe wir gerade darauf überprüfen, ob sie erfüllend ist. Die Eingaben werden in lexikographischer Reihenfolge bearbeitet.

Das Wortproblem ist also bereits für die kontextsensitive Grammatik, die SAT erzeugt, NP-vollständig. Das allgemeine Problem ist damit NP-hart.

Das LBA-Problem

Wir haben die Klasse kontextsensitiver Sprachen als Klasse der von nichtdeterministischen, linear platzbeschränkten Turingmaschinen akzeptierten Sprachen charakterisiert. Was passiert, wenn wir nur noch deterministische Turingmaschinen zulassen? Können wir dann weniger Sprachen erkennen? Dieses offene Problem ist seit langem als *LBA-Problem* bekannt (LBA = linear bounded automaton).

Durch deterministische Turingmaschinen charakterisierte Komplexitätsklassen sind im allgemeinen gegen Komplementbildung abgeschlossen, da am Ende der Rechnung einfach das Ergebnis negiert werden muß. (Eine Ausnahme bilden rekursiv aufzählbare Sprachen, da es für sie kein Ende der Rechnung geben muß.) Für nichtdeterministische Turingmaschinen funktioniert dieser Trick nicht, und man ist der Überzeugung, daß NP nicht gegen Komplementbildung abgeschlossen ist. Daher ist der Satz von Immerman und Szelepcsényi, daß die Klasse der kontextsensitiven Sprachen gegen Komplementbildung abgeschlossen ist, ein überraschendes Resultat. Für den Beweis verweisen wir auf das Lehrbuch.

Über die Bedeutung kontextsensitiver Sprachen

Kontextsensitive Sprachen sind keine geeignete Grundlage von Programmiersprachen, da das Wortproblem NP-hart ist. Ihre Bedeutung basiert auf der historischen Entwicklung, und das LBA-Problem bleibt eine Herausforderung.

5.4 Chomsky-2 Grammatiken und kontextfreie Sprachen

Chomsky-2 Grammatiken und Einschränkungen dieser Grammatikklasse werden sich als geeignete Basis von Programmiersprachen erweisen. Wie widmen der Beschäftigung mit dieser Grammatikklasse und dem zugehörigem Automatenmodell ein eigenes Kapitel, siehe Kap. 6.

5.5 Chomsky-3 Grammatiken, reguläre Sprachen und Ausdrücke

Endliche Automaten und reguläre Grammatiken

Chomsky-3 Grammatiken heißen auch *rechtslineare* Grammatiken , da in allen Ableitungen jedes Wort höchstens eine Variable und die am rechten Ende enthält. Die weitere Bezeichnung als *reguläre* Grammatik weist schon darauf hin, daß Chomsky-3 Grammatiken genau die regulären Sprachen, also die von endlichen Automaten akzeptierten Sprachen, erzeugen können.

Der Beweis dieser Aussage ist recht einfach. Wir müssen für die Simulation den Automaten nicht rückwärts laufen lassen, da ein endlicher Automat nach Änderung der Kantenrichtungen ein (nichtdeterministischer) endlicher Automat bleibt, siehe auch Aufgabe 6. In unserem Beweis werden daher Automaten und Grammatiken die Wörter von links nach rechts bearbeiten.

Sei zunächst eine rechtslineare Grammatik gegeben. Im simulierenden nichtdeterministischen Automaten benutzen wir für jede Variable der Grammatik einen Zustand.

Der Anfangszustand entspricht dem Startsymbol. Genau die Zustände A, die Variablen, für die $A \to \varepsilon$ eine Ableitungsregel ist, entsprechen, werden akzeptierend. Schließlich erlauben wir beim Lesen von a genau dann einen Übergang von A nach B, wenn $A \to aB$ eine Ableitungsregel der gegebenen Grammatik ist. Offensichtlich kann der Automat genau dann das Wort w akzeptieren, wenn die Grammatik das Wort w erzeugen kann.

Analog können wir vorgehen, wenn ein Automat gegeben ist. Aus den Zuständen werden Variablen und aus dem Anfangszustand das Startsymbol. Für die akzeptierenden Zustände q erlauben wir die Ableitungsregel $q \to \varepsilon$. Schließlich wird die Ableitungsregel $q \to aq'$ erlaubt, wenn der Automat von q aus beim Lesen von a in q' landen kann.

Diese einfachen Überlegungen zeigen, daß nichtdeterministische endliche Automaten und rechtslineare Grammatiken nur die zwei Seiten derselben Münze sind. Der simulierende Automat hat die gleiche Größe und Struktur wie die gegebene Grammatik und umgekehrt.

Reguläre Ausdrücke

In Kap. 4.5 haben wir uns gefragt, welche Syntheseoperationen zum Aufbau aller regulären Sprachen aus einfachen Basissprachen genügen. Wir werden nun mit Hilfe von *regulären Ausdrücken* die Antwort erarbeiten. Als Basissprachen werden die leere Sprache $\emptyset$, die Sprache ε, die nur das leere Wort enthält, und die Sprachen a, die für ein Terminalzeichen a nur das Wort a enthalten, zugelassen. Genau die Ausdrücke oder Formeln, die sich aus den Basissprachen mit Hilfe von endlichen vielen Vereinigungen $(+)$, Konkatenationen $(\cdot)$ und Kleeneschen Abschlüssen $(*)$ bilden lassen, heißen reguläre Ausdrücke.

Reguläre Ausdrücke und reguläre Sprachen

Es soll gezeigt werden, daß genau die regulären Sprachen durch reguläre Ausdrücke beschrieben werden können.

Alle regulären Ausdrücke stellen reguläre Sprachen dar. Dies gilt sicherlich für die Basissprachen, und den Abschluß der Klasse der regulären Sprachen gegen die drei zugelassenen Syntheseoperationen haben wir in Kap. 4.5 bewiesen.

Die Umkehrung ist nicht so einfach zu zeigen. Ein endlicher Automat akzeptiert genau die Wörter, für die er beim Lesen vom Anfangszustand aus in einen akzeptierenden Zustand gelangt, wobei alle Zustände als Zwischenzustände zugelassen sind. Der überflüssig erscheinende Nachsatz liefert uns den Schlüssel zu einem Beweis mit der Methode der Dynamischen Programmierung. Wir numerieren die Zustände mit $1, \ldots, n$ und lassen die Menge der Zwischenzustände von der leeren Menge über die Mengen $\{1,\ldots,k\}$ bis zur Gesamtmenge $\{1,\ldots,n\}$ ansteigen. Mit L_{ij}^k bezeichnen wir die Sprache aller Wörter, für die wir beim Start im Zustand i am Ende im Zustand j landen und zwischendurch nur Zustände aus $\{1,\ldots,k\}$ benutzt haben. Wenn wir zeigen können, daß L_{ij}^k durch einen regulären Ausdruck R_{ij}^k darstellbar ist, haben wir gewonnen. Die Menge L der von Automaten akzeptierten Wörter ist die endliche Vereinigung aller L_{1j}^n für die akzeptierenden Zustände j. Also stellt die +-Summe aller zugehörigen R_{1j}^n diese Sprache als regulären Ausdruck dar. Andererseits erhalten wir für $k = 0$ sehr einfache Sprachen. Wenn kein Zwischenzustand erlaubt ist, können nur Wörter, deren Länge höchstens 1 ist, akzeptiert werden. Derartige Sprachen sind endliche Vereinigungen von Basissprachen.

Wir wollen nun die Sprachen L_{ij}^k mit Hilfe der Sprachen L_{ij}^{k-1} charakterisieren und dabei mit den erlaubten Syntheseoperationen auskommen. Sei $w \in L_{ij}^k$ und m die Häufigkeit, mit der Zustand k als Zwischenzustand bei der Verarbeitung von w vorkommt. Falls $m = 0$, ist w sogar in L_{ij}^{k-1} enthalten. Ansonsten zerlegen wir das Wort w an den Stellen, an denen wir den Zustand k als Zwischenzustand erreichen, also in $m + 1$ Teile. Das erste Teilwort liegt in L_{ik}^{k-1} und das letzte in L_{kj}^{k-1}. Alle anderen Teilwörter sind in L_{kk}^{k-1} enthalten. Umgekehrt liegen alle Wörter mit einer derartigen Zerlegung auch in L_{ij}^k. Damit erhalten wir mit

$$R_{ij}^k = R_{ij}^{k-1} + R_{ik}^{k-1}(R_{kk}^{k-1})^* R_{kj}^{k-1}$$

einen regulären Ausdruck für L_{ij}^k. Dieser Ausdruck sieht nur auf den ersten Blick abschreckend aus. Wenn wir ihn, wie oben geschehen, sprachlich beschreiben, ist seine Korrektheit fast schon offensichtlich.

Synthese endlicher Automaten — ein Nachtrag

In Kap. 4.5 haben wir den Beweis, daß die Klasse regulärer Sprachen gegen *Substitution* abgeschlossen ist, vertagt. Die neue Charakterisierung dieser Klasse durch reguläre Ausdrücke erweist sich als äußerst hilfreich. Wenn wir in einem regulären Ausdruck für die Sprache L jedes Vorkommen des Buchstabens a durch einen regulären Ausdruck für $f(a)$ ersetzen, erhalten wir einen regulären Ausdruck für $f(L)$. Also ist auch $f(L)$ regulär. Dieser nun sehr einfache Beweis zeigt eindrucksvoll den Nutzen verschiedener Charakterisierungen von Sprachklassen.

Die Beschreibungskomplexität regulärer Sprachen

Die Klasse regulärer Sprachen haben wir durch vier verschiedene Beschreibungsformen charakterisiert:

- deterministische endliche Automaten (DEA).

– nichtdeterministische endliche Automaten (NEA).

– reguläre Grammatiken (RG).

– reguläre Ausdrücke (RA).

Bestimmte Vorteile der verschiedenen Darstellungsformen haben wir schon diskutiert. Hier wollen wir die Charakterisierungen unter dem Aspekt der *Beschreibungskomplexität* diskutieren. Darunter verstehen wie die Länge einer kürzesten Beschreibung innerhalb der vorgegebenen Klasse von Beschreibungen. Die folgende Tabelle gibt den maximalen Größenzuwachs an. Linear bedeutet, daß eine Beschreibung von L der Länge l im ersten Modell auch stets eine Beschreibung der Länge $O(l)$ im zweiten Modell impliziert. Exponentiell bedeutet, daß es Beispiele mit exponentiellem Größenzuwachs gibt.

$\rightarrow$	DEA	NEA	RG	RA
DEA	—	linear	linear	exp.
NEA	exp.	—	linear	exp.
RG	exp.	linear	—	exp.
RA	exp.	linear	linear	—

NEA→RG und RG→NEA: Diese Beziehungen haben wir im Unterabschnitt „Endliche Automaten und reguläre Grammatiken" hergeleitet.

DEA→NEA/RG: Jeder deterministische Automat kann auch als nichtdeterministischer Automat aufgefaßt werden.

RA→NEA/RG: Wir können reguläre Ausdrücke als Formeln ansehen. In Kap. 4.5 haben wir gezeigt, daß die drei für reguläre Ausdrücke erlaubten Operationen, nämlich Vereinigung, Konkatenation und Kleenescher Abschluß, für nichtdeterministische Automaten höchstens einen zusätzlichen Zustand erfordern. Da die Basissprachen durch endliche Automaten mit höchstens drei Zuständen beschreibbar sind, folgen die zugehörigen Einträge in der Tabelle.

DEA/NEA/RG→RA: Es ist leider kein einfaches Beispiel bekannt, das mit einem kleinen deterministischem Automaten auskommt, aber einen exponentiell langen regulären Ausdruck braucht. Wir verweisen daher auf das Lehrbuch.

NEA/RG/RA→DEA: Hier greifen wir wieder auf die Sprache aller Wörter zurück, deren n-letzter Buchstabe eine 1 ist. Wir wissen bereits, daß ein deterministischer Automat 2^n Zustände braucht und ein nichtdeterministischer Automat mit $n+1$ Zuständen auskommt. Der reguläre Ausdruck $(0+1)^*1(0+1)\ldots(0+1)$ mit einer Konkatenation von $n-1$ Termen $(0+1)$ beschreibt die Sprache mit $O(n)$ Symbolen.

Reguläre Grammatiken und Programmiersprachen

Die Arbeitsweise deterministischer endlicher Automaten ist so angelegt, daß das Wortproblem in linearer Zeit gelöst wird. Gleiches gilt für das Syntaxanalyseproblem, wenn wir die benutzte Zustandsfolge abspeichern. Aus ihr läßt sich leicht eine Ableitung des Wortes in der zugehörigen Grammatik erzeugen. Aber die Klasse regulärer Sprachen ist nicht ausdrucksstark genug. Programmiersprachen sollten die Beschreibung arithmetischer Ausdrücke erlauben. Um die syntaktische Korrektheit derartiger Ausdrücke zu überprüfen, muß insbesondere überprüft werden, ob die Klammerstruktur syntaktisch korrekt ist. Wenn wir eine „Klammer auf" mit 0 bezeichnen, folgt sofort, daß die unendlich vielen Wörter 0^i nicht Nerode-äquivalent sind. Somit ist die Sprache aller arithmetischen Ausdrücke nicht regulär. Nur in Teilaspekten der Syntaxanalyse wie der *lexikalischen Analyse* spielen reguläre Sprachen eine Rolle.

5.6 Zusammenfassung

Programmiersprachen sollen durch Grammatiken und damit durch eventuell eingeschränkte Termersetzungssysteme beschrieben werden. Eine Klasse von Grammatiken ist nur dann als Grundlage von Programmiersprachen geeignet, wenn für sie das Wortproblem und das Syntaxanalyseproblem effizient lösbar sind und die Grammatiken ausdrucksstark genug sind. Die Chomsky-Hierarchie enthält die vier klassischen Grammatiktypen. Mit Chomsky-0 Grammatiken oder allgemeinen Termersetzungssystemen lassen sich genau die rekursiv aufzählbaren Sprachen erzeugen, womit das Wortproblem nicht einmal rekursiv ist. Mit Chomsky-1 Grammatiken oder kontextsensitiven Grammatiken lassen sich genau die Sprachen erzeugen, die von nichtdeterministischen, linear platzbeschränkten Turingmaschinen erkannt werden. Ob wir mit entsprechenden deterministischen Turingmaschinen die gleiche Klasse erhalten, ist das ungelöste LBA-Problem. Das Wortproblem für kontextsensitive Sprachen ist rekursiv, aber NP-hart. Mit Chomsky-3 oder regulären Grammatiken läßt sich genau die Klasse der regulären Sprachen erzeugen, die auch mit der Klasse der durch reguläre Ausdrücke beschreibbaren Sprachen übereinstimmt. Bezüglich der Beschreibungskomplexität sind nichtdeterministische endliche Automaten und reguläre Grammatiken gleich effizient, während deterministische endliche Automaten und reguläre Ausdrücke exponentiell längere Beschreibungen benötigen können. Reguläre Grammatiken sind nicht einmal ausdrucksstark genug, um die Menge der korrekt geklammerten arithmetischen Ausdrücke zu beschreiben. Als Grundlage für Programmiersprachen bleibt aus der Chomsky-Hierarchie nur die Klasse der Chomsky-2 oder kontextfreien Grammatiken übrig, die wir im nächsten Kapitel behandeln werden.

5.7   Übungsaufgaben mit Lösungsansätzen

1.)   Ist die Klasse der rekursiven Sprachen gegen Konkatenation und Kleeneschen Abschluß abgeschlossen?

Im Gegensatz zur Klasse der rekursiv aufzählbaren Sprachen muß die Turingmaschine hier in jedem Fall die richtige Entscheidung treffen und dann anhalten. Dies ist nicht problematisch, da für jedes Eingabewort nur endlich viele Möglichkeiten ausprobiert werden müssen. Ein Wort w der Länge n kann auf genau $n + 1$ Weisen als $w = w'w''$ geschrieben werden. Falls L_1 und L_2 rekursiv sind, kann für alle Möglichkeiten nacheinander getestet werden, ob $w' \in L_1$ und $w'' \in L_2$ ist. Genau dann, wenn ein Doppeltest positiv ausgeht, ist $w \in L_1L_2$. Beim Kleeneschen Abschluß müssen Zerlegungen, die leere Teilwörter enthalten, nicht betrachtet werden. Es gibt $n - 1$ Zwischenräume in Wörtern der Länge n, in die ein Trennzeichen geschrieben werden kann. Also genügt es, für 2^{n-1} Zerlegungen zu überprüfen, ob alle Teilwörter zur gegebenen rekursiven Sprache L gehören.

2.)   Rekursiv aufzählbare Sprachen können durch Chomsky-0 Grammatiken und durch Turingmaschinen beschrieben werden. Gibt es große Unterschiede in der Länge der Beschreibungen?

Wir haben im Text nur grob beschrieben, wie eine Grammatik konstruiert wird, die eine gegebene Turingmaschine simuliert. Bei einer expliziten Beschreibung kann erreicht werden, daß für jedes Tupel der Übergangsrelation einer Turingmaschine nur $|\Gamma|$ Ableitungsregeln benutzt werden, wobei Γ das Bandalphabet der Turingmaschine ist. Neben dem Buchstaben, auf den der Lesekopf zeigt, genügt es, den links daneben liegenden Buchstaben zu betrachten. Hinzu kommt eine konstante Anzahl von Ableitungsregeln für die Erzeugung und Löschung der Leerzeichen sowie die Löschung des Anfangszustandes.

Die Beschreibung einer Turingmaschine, die die von einer Grammatik erzeugte Sprache erkennt, war recht einfach. Es genügen konstant viele Befehle, um nichtdeterministisch eine Stelle auszuwählen und am Ende das erzeugte Wort mit der Eingabe zu vergleichen. Für jede Ableitungsregel der Grammatik der Länge l reicht ein Unterprogramm der Größe $O(l)$, um zu überprüfen, ob das erzeugte Wort an der ausgewählten Stelle die linke Seite der Regel enthält, und diese gegebenenfalls durch die rechte Seite zu ersetzen.

Insgesamt haben die Beschreibungen durch Grammatiken und Turingmaschinen eine vergleichbare Größe.

3.) Wie kann die Länge der Ableitungsregeln von Chomsky-0 und Chomsky-1 Grammatiken beschränkt werden?

Wieder untersuchen wir die Simulation von Turingmaschinen durch Grammatiken. In Konfigurationen von Turingmaschinen verschmelzen wir den Zustand mit dem nachfolgenden Buchstaben zu einer Variablen der Grammatik. Alle lokalen Veränderungen in Turingmaschinen betreffen nur zwei benachbarte Bandzellen. Somit kann erreicht werden, daß jede Seite jeder Ableitungsregel nur zwei Symbole enthält. Dies ist optimal. Um Wörter mit mindestens zwei Buchstaben erzeugen zu können, benötigen wir Ableitungsregeln, deren rechte Seiten mindestens zwei Symbole haben. Grammatiken, bei denen die linken Seiten nur eine Variable enthalten, sind kontextfrei. Deren Ausdruckskraft wird sich in Kap. 6 als schwächer erweisen.

4.) Bilden die Entscheidungsvarianten von CLIQUE, KP, TSP und BPP kontextsensitive Sprachen?

Hier zeigt sich der Wert der Charakterisierung der Klasse kontextsensitiver Sprachen durch Turingmaschinen. Es wäre mühselig, direkt kontextsensitive Grammatiken entwerfen zu müssen. Dagegen ist es einfach, nichtdeterministische Turingmaschinen mit linearem Platzbedarf für die betrachteten Probleme zu entwerfen. Wir benutzen jeweils Extraspuren unterhalb der Eingabe. Für CLIQUE und KP genügt es, nichtdeterministisch Knoten bzw. Objekte zu markieren und dann zu überprüfen, ob sie eine genügend große Clique bzw. eine genügend gute, legale Rucksackbepackung bilden. Beim TSP für n Orte benötigt die Distanzmatrix in der Eingabe Platz $\Omega(n^2)$. Also ist genügend Platz vorhanden, in der zweiten Spur nichtdeterministisch eine Permutation zu erzeugen und die Kosten der zugehörigen Tour zu berechnen. Beim BPP könnte der Platz in der zweiten Spur nicht ausreichen, um für jedes Objekt eine Kistennummer $j \in \{1, \ldots, n\}$ zu raten. Daher werden in der ersten Runde nichtdeterministisch Objekte ausgewählt, und es wird überprüft, ob diese Objekte in eine Kiste passen. Im positiven Fall wird analog vorgegangen, um zu überprüfen, ob die restlichen Objekte in $n - 1$ Kisten passen.

5.) Beweise oder widerlege die folgenden Gleichungen für die regulären Ausdrücke L_1, L_2 und L_3:

a) $(L_1 L_2) L_3 = L_1 (L_2 L_3)$.

b) $(L_1^*)^* = L_1^*$.

c) $(L_1 + L_2)^* = L_1^* + L_2^*$.

d) $(L_1^* L_2^*)^* = (L_1 + L_2)^*$.

Gleichung a) ist korrekt, da das Aneinanderkleben von Wörtern assoziativ ist. Auch Gleichung b) gilt. Da $L_1 \subseteq L_1^*$ ist, ist $L_1^* \subseteq (L_1^*)^*$. Wenn wir Wörter aus L_1^* konkatenieren, erhalten wir stets Konkatenationen von Wörtern aus L_1. Also gilt auch die Umkehrung. Dagegen ist Gleichung c) falsch. Dort gilt nur $\supseteq$. Setze $L_1 = 0$ und $L_2 = 1$. Dann enthält $(L_1 + L_2)^*$ alle 0-1-Wörter, während $L_1^* + L_2^*$ nur Wörter enthält, die von der Form 0^i oder 1^i sind. Schließlich gilt Gleichung d), da beide Seiten beliebige Konkatenationen von Wörtern aus L_1 und L_2 beschreiben.

6.)   Die *Spiegelsprache* L^R zu einer Sprache L enthält genau die gespiegelten Wörter, d. h.: $a_1 \ldots a_n \in L^R \Leftrightarrow a_n \ldots a_1 \in L$. Ist die Klasse der rekursiv aufzählbaren, kontextsensitiven oder regulären Sprachen gegen Spiegelbildung abgeschlossen?

Für die Klasse der rekursiv aufzählbaren und die Klasse der kontextsensitiven Sprachen ist die Frage offensichtlich zu bejahen. Turingmaschinen können das Eingabewort spiegeln und dann überprüfen, ob das gespiegelte Wort in L liegt. Bei regulären Sprachen betrachten wir als Beschreibungsform nichtdeterministische endliche Automaten. Wir erzeugen einen neuen Zustand als Startzustand, von dem aus ε-Bewegungen zu den akzeptierenden Zuständen führen. Alle alten Kanten des Automaten werden „umgepolt", d. h. die Kantenrichtung wird verändert. Schließlich soll nur noch der frühere Startzustand akzeptierend sein. Wenn wir vorher für $a_1 \ldots a_n$ vom Startzustand in einen akzeptierenden Zustand gelangen konnten, dann gelangen wir jetzt für $a_n \ldots a_1$ vom neuen Startzustand in den früheren Startzustand. Die Umkehrung kann analog gezeigt werden.

7.)   Eine Grammatik heißt linkslinear , wenn alle Ableitungsregeln vom Typ $A \to \varepsilon$ oder $A \to Ba$ sind. Welche Sprachklasse kann von linkslinearen Grammatiken erzeugt werden?

Nach Lösung von Aufgabe 6 folgt, daß dies wieder die Klasse der regulären Sprachen ist. Wenn wir in einer rechtslinearen Grammatik alle Regeln vom Typ $A \to aB$ durch $A \to Ba$ ersetzen, erhalten wir offensichtlich eine linkslineare Grammatik für die Spiegelsprache und umgekehrt. Nach Aufgabe 6 ist die Klasse der regulären Sprachen gegen Spiegelbildung abgeschlossen.

8.)   Zeige den Abschluß der Klasse der regulären Sprachen gegen Vereinigung, Konkatenation und Kleeneschen Abschluß direkt mit Hilfe von regulären Grammatiken.

Diese Aufgabe dient nur dazu, den Umgang mit Grammatiken einzuüben.

Es seien G_1 und G_2 reguläre Grammatiken für L_1 und L_2, die auf disjunkten Variablenmengen definiert sind. Wir wollen reguläre Grammatiken für $L_1 + L_2$, $L_1 \cdot L_2$

und L_1^* entwerfen.

$L_1 + L_2$: Sei S eine neue Startvariable und $S \to r$ eine Ableitungsregel genau dann, wenn $S_1 \to r$ oder $S_2 \to r$ eine Ableitungsregel ist. Mit dem ersten Ableitungsschritt wird entschieden, ob ein Wort aus L_1 oder aus L_2 erzeugt werden soll.

$L_1 \cdot L_2$: Als Startsymbol wird S_1 gewählt. Für alle Variablen A_1 der Grammatik für L_1, für die $A_1 \to \varepsilon$ eine zugelassene Regel ist, wird diese Regel ersetzt durch die Regeln $A_1 \to r$, für die $S_2 \to r$ eine Regel der Grammatik für L_2 ist.

L_1^*: Wir beschreiben nur eine Grammatik für L_1^+, da $L_1^* = L_1^+ \cup \{\varepsilon\}$ ist. Für alle Variablen A_1, für die $A_1 \to \varepsilon$ eine zugelassene Regel ist, werden die Regeln $A_1 \to r$ hinzugefügt, für die $S_1 \to r$ eine zugelassene Regel ist.

5.8 Testfragen und stichwortartige Antworten

Testfragen

1. Welche Anforderungen werden an Grammatiken für Programmiersprachen gestellt?

2. Warum erfüllen Chomsky-0, -1, und -3 Grammatiken nicht die Anforderungen an Grammatiken für Programmiersprachen?

3. Warum ist Nichtdeterminismus für Grammatiken ein natürliches Konzept?

4. Beschreibe die erlaubte Form von Ableitungsregeln der Grammatiktypen der Chomsky-Hierarchie.

5. Welche Beziehungen bestehen zwischen Grammatiken und Rechnern?

6. Gib verschiedene Charakterisierungen der Klasse regulärer Sprachen an. Warum beschreiben sie alle die Klasse der regulären Sprachen?

7. Wie unterscheiden sich die verschiedenen Charakterisierungen der Klasse der regulären Sprachen in ihrer Beschreibungskomplexität?

Stichwortartige Antworten

1. Grammatiken müssen ausdrucksstark genug sein, um typische Programmkonstrukte komfortabel zu ermöglichen. Das Wortproblem, d. h. der Test auf syn-

taktische Korrektheit, und das Syntaxanalyseproblem, d. h. die rückwärtige Zerlegung gemäß der grammatikalischen Struktur, müssen effizient durchführbar sein.

2. Chomsky-3 Grammatiken sind nicht ausdrucksstark genug. Nicht einmal die Klasse der korrekt geklammerten arithmetischen Ausdrücke läßt sich beschreiben. Für Chomsky-0 Grammatiken ist das Wortproblem nicht rekursiv, für Chomsky-1 Grammatiken ist es zwar rekursiv, aber NP-hart.

3. Grammatiken sind typischerweise geeignet eingeschränkte Termersetzungssysteme. Um aus einem Startsymbol alle syntaktisch korrekten Programme ableiten zu können, muß es Wahlmöglichkeiten geben. Diese lassen sich als nichtdeterministische Entscheidungen auffassen.

4. Chomsky-0: Keine Einschränkung nötig, aber die Längen der linken und rechten Seiten von Ableitungsregeln können auf 2 beschränkt werden, ohne die Ausdruckskraft einzuschränken. Chomsky-1: Die rechte Seite muß mindestens so lang wie die linke sein (mit der Ausnahme der Erzeugung des leeren Wortes). Auch hier ist die Beschränkung auf zwei Symbole auf jeder Seite der Ableitungsregeln möglich. Chomsky-2: Die linken Seiten von Ableitungsregeln dürfen nur einzelne Variablen sein. Chomsky-3: $A \rightarrow \varepsilon$ und $A \rightarrow aB$ (rechtslinear).

5. Rechner aller Art lassen sich durch einen (unendlichen) Konfigurationengraphen beschreiben. Kanten zeigen von Konfigurationen auf direkte Nachfolgekonfigurationen. Ein Rechner akzeptiert eine Eingabe w, wenn er von der zugehörigen Anfangskonfiguration $A(w)$ in eine (oft die) akzeptierende Konfiguration gelangen kann. Grammatiken müssen aus dem Startsymbol (entsprechend der akzeptierenden Konfiguration) alle Wörter ableiten, die die Maschine akzeptiert. Sie können also die Maschine rückwärts simulieren und w erzeugen, falls sie $A(w)$ erreichen.

6. Die Klasse der regulären Sprachen läßt sich beschreiben durch deterministische und nichtdeterministische endliche Automaten (deren Äquivalenz in Kap. 4 gezeigt wurde), reguläre Grammatiken und reguläre Ausdrücke. Aufgrund der Einfachheit endlicher Automaten sind sich nichtdeterministische endliche Automaten und reguläre Grammatiken sehr ähnlich. Reguläre Ausdrücke stellen nicht mehr Sprachen dar, da die Klasse regulärer Sprachen gegen Vereinigung, Konkatenation und Kleeneschen Abschluß abgeschlossen ist. Mit Hilfe der Dynamischen Programmierung kann die von einem Automaten dargestellte Sprache auch durch einen regulären Ausdruck beschrieben werden.

7. Reguläre Grammatiken und nichtdeterministische endliche Automaten sind gleich kompakte Beschreibungsformen. Reguläre Ausdrücke und deterministi-

sche endliche Automaten können exponentiell länger, aber nicht kürzer sein. Auch zwischen regulären Ausdrücken und deterministischen endlichen Automaten gibt es exponentielle Blow-ups.

6 Kontextfreie Sprachen, kontextfreie Grammatiken und Kellerautomaten

6.1 Ziele und Beispiele

Ziele

Die in Kap. 5 ausführlich diskutierten Grammatikklassen haben sich als nicht geeignet erwiesen, um als Beschreibung von Programmiersprachen zu dienen. Entweder ist bereits die Erkennung der syntaktischen Korrektheit, also das Wortproblem, zu schwierig, oder die Grammatiken sind nicht ausdrucksstark genug. Die Ziele dieses Kapitels sind also vorgezeichnet. Wir suchen nach Grammatiken, für die einerseits das Wort- und das Syntaxanalyseproblem effizient lösbar sind und die andererseits ausdrucksstark genug sind, um moderne Programmiersprachen zu beschreiben. Wie wir schon gesehen haben, stehen die genannten Anforderungen im Widerstreit.

Kontextfreie Grammatiken werden sich als befriedigender Kompromiß erweisen. In der Praxis können wir auch mit „fast kontextfreien" Grammatiken arbeiten. Dies sind um spezielle Konstrukte erweiterte kontextfreie Grammatiken, wobei die zusätzlichen Konstrukte die Syntaxanalyse nur unwesentlich erschweren. Mit derartigen Extras haben kontextfreie Grammatiken eine ausreichende Ausdruckskraft. Das Syntaxanalyseproblem läßt sich effizient, aber nicht sehr effizient (genauer in polynomieller, aber nicht in linearer Zeit) lösen. Daher wird auch nach Einschränkungen gesucht, die die Ausdruckskraft nur unwesentlich einschränken, aber die Syntaxanalyse wesentlich erleichtern. Da all diese weiteren Grammatikklassen auf dem Konzept kontextfreier Grammatiken beruhen, werden wir die wesentlichen Grundlagen von Programmiersprachen, nämlich kontextfreie Grammatiken und das zugehörige Maschinenmodell der Kellerautomaten, ausführlich darstellen. In dieser Zusammenfassung der Grundlagen der Theoretischen Informatik müssen wir uns auf einen kurzen Einblick in die eingeschränkten Modelle der eindeutigen kontextfreien Grammatiken und der deterministisch kontextfreien Grammatiken beschränken.

Was können kontextfreie Grammatiken?

Wir wollen uns von der Ausdruckskraft kontextfreier Grammatiken anhand einiger Beispiele überzeugen. Für die vollständige Beschreibung von Programmiersprachen fehlt uns der Raum. Einige der in Kap. 4 als nicht regulär klassifizierten Sprachen lassen sich einfach durch kontextfreie Grammatiken erzeugen. An diesen Beispielen sollen aber auch allgemeine Entwurfsprinzipien deutlich werden.

Die Sprache aller $0^n 1^n$ läßt sich mit nur einer Variablen S und nur zwei Ableitungsregeln $S \rightarrow 01$ und $S \rightarrow 0S1$ erzeugen. Im Gegensatz zu regulären Grammatiken läßt sich leicht eine Verbindung zwischen dem Anfang und dem Ende eines Wortes herstellen. Die Ableitungsregeln sorgen dafür, daß die Anzahl „der Nullen vorne" und die Anzahl „der Einsen hinten" übereinstimmen. Wieviele Nullen und Einsen bereits erzeugt wurden, kann „vergessen" werden. Die Variable S steht für die Erzeugung aller Wörter vom Typ $0^n 1^n$. Die kontextfreie Grammatik spiegelt auch eine rekursive Definition der betrachteten Sprache wider. Ein Wort vom Typ $0^n 1^n$ ist entweder das Wort 01, oder es beginnt mit 0, endet mit 1 und enthält dazwischen ein Wort vom Typ $0^n 1^n$. Wir können also hoffen, daß wir wichtige rekursive Konstruktionen durch kontextfreie Grammatiken ausdrücken können.

Für die Sprache der Palindrome gelingt eine ähnliche Beschreibung. Die Wörter ε, 0 und 1 sind Palindrome. Ansonsten stimmen in Palindromen der erste und der letzte Buchstabe überein, und dazwischen steht ein Palindrom. Die zu dieser rekursiven Definition gehörige kontextfreie Grammatik enthält die Regeln $S \rightarrow \varepsilon$, $S \rightarrow 0$, $S \rightarrow 1$, $S \rightarrow 0S0$ und $S \rightarrow 1S1$.

Arithmetische Ausdrücke sind ebenfalls einfach aufgebaut. Es sind Formeln, die entweder sehr einfache Basisformeln sind (z. B. Zahlen oder Variablen), oder es steht „in der Mitte" ein Operator, der zwei geklammerte arithmetische Ausdrücke verbindet. Wenn wir uns arithmetische Ausdrücke als Formelbäume vorstellen, dann konstruiert die kontextfreie Grammatik die Formel von der Wurzel, also dem zuletzt auszuführenden Operator, zu den Blättern. Damit wird der rekursive Auswertungsalgorithmus nachempfunden. Ob ein arithmetischer Ausdruck syntaktisch korrekt aufgebaut ist, hängt nur davon ab, ob beide Teilausdrücke syntaktisch korrekt aufgebaut sind. Es gibt keine Bedingungen, die Beziehungen zwischen den beiden Teilausdrücken erzwingen. Diese Unabhängigkeit ermöglicht kontextfreie Konstruktionen.

Können wir mit kontextfreien Grammatiken auch zählen? Bei der Sprache aller $0^n 1^n$ haben wir die Nullen und Einsen nicht gezählt, sondern die besondere Form der Wörter ausgenutzt. Kommen wir nun zum Entwurf einer kontextfreien Grammatik für die Sprache aller Wörter mit gleich vielen Nullen und Einsen. Ein derartiges Wort kann mit 0 oder 1 beginnen, und der Rest muß dann eine Eins mehr als Nullen oder umgekehrt enthalten. Dies legt Regeln wie $S \rightarrow 0E_1$ und $S \rightarrow 1N_1$ nahe. Aus E_1 sollen alle Wörter erzeugbar sein, die eine Eins mehr als Nullen haben. Wenn wir unser Vorgehen iterieren, kommen wir zu Regeln wie $E_1 \to 1$, $E_1 \to 1S$ und $E_1 \to 0E_2$ und schließlich zu unendlich vielen Regeln. Dies darf nicht überraschen, denn wir sind gerade dabei eine im wesentlichen rechtslineare Grammatik für eine nicht reguläre Sprache zu entwerfen. Dieser Versuch muß scheitern. Können wir die neue Variable E_2 vermeiden? Ein Wort, daß zwei Einsen mehr als Nullen hat, kann stets so in zwei Teile zerlegt werden, daß beide Teile eine Eins mehr als Nullen haben. Dies liegt einfach daran, daß sich die Differenz zwischen Einsen und Nullen mit jedem Buchstaben betragsmäßig nur um 1 ändert. Die Differenz beginnt bei 0 und soll bei 2 enden, also muß zwischenzeitlich der Wert 1 erreicht werden. Eine kontextfreie Grammatik kann mit drei Variablen auskommen. Aus S sollen die Wörter mit gleich vielen Nullen und Einsen erzeugbar sein, aus E die Wörter mit einer Eins mehr als Nullen und aus N die Wörter mit einer Null mehr als Einsen. Wir zählen für jede Variable die rechten Seiten der zugehörigen Ableitungsregeln auf.

$S \quad \to \quad 0E,\ 1N.$

$E \quad \to \quad 1,\ 1S,\ 0EE.$

$N \quad \to \quad 0,\ 0S,\ 1NN.$

Beim Entwurf kontextfreier Grammatiken ist es stets hilfreich, die Variablen mit Bedeutung zu versehen.

Mit Ausnahme des Beispiels arithmetischer Ausdrücke haben wir uns mit Übungsbeispielen beschäftigt, die nur wenig mit Programmiersprachen zu tun haben. Programmiersprachen sind so komplex, daß sie in modularer Weise aus kleinen Bausteinen zusammengesetzt werden sollten. Die dafür nötigen Syntheseoperationen werden in Kap. 6.4 untersucht. Wir können aber an den behandelten Beispielen schon erkennen, daß wir wichtige Konstruktionen wie do... od sehr gut kontextfrei erzeugen können.

Syntaxbäume

Bei kontextsensitiven Grammatiken ist es möglich, daß zunächst die Ableitungsregel $S \to AB$ angewendet wird und nach vielen Ableitungsschritten die hinterste aus A abgeleitete Variable A' und die vorderste aus B abgeleitete Variable B' im passenden Kontext stehen und die linke Seite einer Ableitungsregel bilden, die dann auch benutzt wird. Da sich der von B' auf A' wirkende Einfluß fortpflanzen kann, beeinflussen sich unter Umständen alle Variablen gegenseitig. Dies ist bei kontextfreien Grammatiken ausgeschlossen. Aus AB lassen sich kontextfrei genau die Wörter w ableiten, für die ein Präfix u aus A und das passende Suffix v aus B ableitbar sind. Daher lassen sich kontextfreie Ableitungen gut durch *Syntaxbäume* veranschaulichen. Eine Ableitung von w aus S mit k Ableitungsschritten führt zu einem Baum mit k inneren Knoten. Die Wurzel ist mit S bezeichnet. Ein Ableitungsschritt $A \to r$ führt zu einem mit A bezeichneten inneren Knoten, dessen $|r|$ Söhne geordnet und mit den Symbolen aus r gekennzeichnet sind. Schließlich kann an den Blättern der

Reihe nach das Wort w abgelesen werden.

Die Vorteile für die Syntaxanalyse liegen auf der Hand. Zwischen den Teilbäumen gibt es keine Verbindung.

Aus einem Syntaxbaum für w ergeben sich im allgemeinen viele Ableitungen von w. Ob wir nach dem ersten Schritt $S \to ABC$ zunächst mit A, B oder C weitermachen, ist uns überlassen. Wir können auch ohne weiteres A, B und C parallel bearbeiten. Alle Variablen im gleichen Abstand von der Wurzel des Syntaxbaumes können parallel bearbeitet werden. Die verschiedenen Ableitungen ergeben sich aus den verschiedenen Möglichkeiten der Sequentialisierung dieses parallelen Ansatzes. Wir können uns darauf einigen, stets die linkeste (rechteste) Variable zu ersetzen, was wir als *Linksableitung* (*Rechtsableitung*) bezeichnen. Linksableitungen sind üblicher, da wir ja auch von links nach rechts schreiben und lesen. Offensichtlich gibt es eine bijektive Beziehung zwischen Linksableitungen von w und Syntaxbäumen zu w.

Als Syntaxanalyseproblem für eine kontextfreie Grammatik G bezeichnen wir das Problem, für Wörter w zu entscheiden, ob sie in G erzeugt werden können, und gegebenenfalls einen Syntaxbaum für w zu konstruieren.

Fazit: Syntaxgraphen existieren für beliebige Grammatiken. Kontextfreie Grammatiken ermöglichen die Einschränkung auf Syntaxbäume, und reguläre Grammatiken kommen sogar mit Syntaxlisten aus. Dies liefert einen ersten Hinweis, warum das Syntaxanalyseproblem für kontextfreie Grammatiken effizient lösbar ist.

Eindeutige Grammatiken

Beim Syntaxanalyseproblem suchen wir für eine kontextfreie Grammatik und ein Wort einen zugehörigen Syntaxbaum. Für ein Wort kann es viele Syntaxbäume geben. Im Beispiel der Sprache mit gleich vielen Nullen wie Einsen kann ein Teilwort, für das die Anzahl der Einsen um 2 größer als die Anzahl der Nullen ist, eventuell an vielen Stellen so getrennt werden, daß in beiden Teilen die Anzahl der Einsen um 1 größer als die Anzahl der Nullen ist. Grammatiken heißen *eindeutig*, wenn jedes erzeugbare Wort genau einen Syntaxbaum hat.

Da es Syntaxanalysealgorithmen gibt, die auf eindeutigen Grammatiken effizienter als auf beliebigen kontextfreien Grammatiken arbeiten, ist es wünschenswert, eindeutige Grammatiken zu entwerfen. In Kap. 6.3 wird eine kontextfreie Sprache vorgestellt, für die es keine eindeutige kontextfreie Grammatik gibt. Zu Übungszwecken wollen wir für die Sprache aller Wörter mit gleich vielen Nullen wie Einsen eine eindeutige kontextfreie Grammatik entwerfen.

Es sei d die Differenz zwischen der Anzahl der Einsen und der Anzahl der Nullen in einem Wort. Ein Wort mit d-Wert 2 kann nicht eindeutig in zwei Wörter mit d-Wert 1 zerlegt werden. Die Zerlegung wird jedoch eindeutig, wenn wir für das erste Teilwort fordern, daß jedes echte Präfix keinen positiven d-Wert hat. Unsere eindeutige kontextfreie Grammatik soll diese Trennstelle erzwingen. Wir wollen mit fünf Variablen auskommen, denen wir folgende Bedeutungen zuweisen:

- S: alle Wörter mit d-Wert 0.

- E: alle Wörter mit d-Wert 1.

- E': alle Wörter mit d-Wert 1 ohne echtes Präfix mit positivem d-Wert.

- N: alle Wörter mit d-Wert -1.

- N': alle Wörter mit d-Wert -1 ohne echtes Präfix mit negativem d-Wert.

Wie können Wörter mit d-Wert 1, für die alle echten Präfixe keinen positiven d-Wert haben, aussehen? Wenn das Wort mit 1 beginnt, kann es nur das Wort 1 sein. Ansonsten beginnt das Wort mit 0, und das Restwort hat einen d-Wert von 2, wobei kein echtes Präfix einen d-Wert von 2 oder größer hat. Wir können eindeutig das kürzeste Präfix mit d-Wert 1 abtrennen. Dieses Präfix muß aus E' ableitbar sein. Zusammen mit dem Anfangsbuchstaben 0 haben wir ein Wort mit dem d-Wert 0 abgetrennt. Also hat das Restwort einen d-Wert von 1 und selber kein echtes Präfix mit positivem d-Wert. Nach diesen Vorüberlegungen erzeugt die folgende kontextfreie Grammatik die betrachtete Sprache und ist eindeutig.
$S \rightarrow 0E, 1N$.
$E \rightarrow 1, 1S, 0E'E$.
$E' \rightarrow 1, 0E'E'$.
$N \rightarrow 0, 0S, 1N'N$.
$N' \rightarrow 0, 1N'N'$.
Diese eindeutige Grammatik ist zwar komplizierter als die zuvor konstruierte, nicht eindeutige Grammatik, dafür ist aber sichergestellt, daß jeder Syntaxanalysealgorithmus denselben Syntaxbaum als Ergebnis liefert.

6.2 Syntaxanalyse

Chomsky-Normalform — Motivation

Unser Ziel ist es, kontextfreie Grammatiken in eine spezielle Form, eine sogenannte *Normalform*, zu bringen, die die Syntaxanalyse erleichtert.

Die erste Forderung erhöht nur die Übersichtlichkeit. Wir nennen eine Grammatik *separiert*, wenn jede rechte Seite der Ableitungsregeln entweder nur aus Variablen oder nur aus Terminalzeichen besteht. Im nächsten Abschnitt zeigt sich, daß es einfach ist, jede Grammatik so zu separieren, daß es für Terminalzeichen nur Ableitungsregeln der Form $A \to a$ gibt.

Bisher können wir die Länge von Ableitungen eines Wortes nicht nach oben beschränken, dies gilt auch für die Größe der zugehörigen Syntaxbäume. Syntaxbäume bilden die Ausgabe der Syntaxanalyse und sollten daher möglichst klein sein.

Regeln vom Typ $A \to \varepsilon$ heißen *ε-Regeln*. Sie ermöglichen es, daß zwischenzeitlich eine lange Symbolfolge erzeugt wird, aus der schließlich ein viel kürzeres Wort abgeleitet wird. Natürlich sind ε-Regeln zur Erzeugung des leeren Wortes nötig. Daher betrachten wir nur noch kontextfreie Sprachen, die das leere Wort nicht enthalten. Es ist leicht, mit einem neuen Startsymbol S^* und den Regeln $S^* \to S$ und $S^* \to \varepsilon$ genau das leere Wort zu einer Sprache hinzuzufügen. Für kontextfreie Sprachen, die das leere Wort nicht enthalten, möchten wir ohne ε-Regeln auskommen.

Ableitungen von w ohne ε-Regeln enthalten natürlich nur Symbolfolgen, deren Länge die von w nicht übertrifft. *Kettenregeln*, das sind Regeln vom Typ $A \to B$ können immer noch dafür sorgen, daß Syntaxbäume sehr groß werden. Auch auf Kettenregeln würden wir gerne verzichten.

Eine separierte kontextfreie Grammatik ohne ε-Regeln und Kettenregeln leitet Wörter der Länge n in höchstens $2n - 1$ Schritten ab. Es gibt n Schritte, in denen Terminalzeichen erzeugt werden, und höchstens $n - 1$ Schritte, in denen Variablen durch Variablenfolgen ersetzt werden. Derartige Schritte vergrößern nämlich die Länge der Symbolfolge, und die Länge von Symbolfolgen kann nicht verringert werden. Syntaxbäume haben also lineare Größe.

Ableitungsregeln mit langen rechten Seiten verkleinern Syntaxbäume noch geringfügig. Neben dem Wunsch nach kleinen Syntaxbäumen steht der Wunsch, die Syntaxbäume auch effizient konstruieren zu können. Wir werden einen Syntaxanalysealgorithmus kennenlernen, der besonders effizient ist, wenn die rechten Seiten von Ableitungsregeln möglichst kurz sind. Also wünschen wir uns kontextfreie Grammatiken, die nur Ableitungsregeln vom Typ $A \to BC$ und $A \to a$ benutzen. Derartige Grammatiken heißen *Grammatiken in Chomsky-Normalform*. Zugehörige Syntaxbäume für Wörter der Länge n haben genau $n - 1$ innere Knoten mit je zwei Nachfolgern, die Regeln vom Typ $A \to BC$ repräsentieren und eine Variablenfolge der Länge n erzeugen, und n innere Knoten mit je einem Nachfolger, die Regeln vom Typ $A \to a$ repräsentieren und die Variablenfolge durch eine Terminalzeichenfolge ersetzen. Wir erhalten also binäre Syntaxbäume mit n „Blättern", die jeweils noch einen Nachfolger haben.

Chomsky-Normalform — Konstruktion

Wir haben im vorigen Abschnitt die vier Ziele formuliert, die realisiert werden müssen, um eine kontextfreie Grammatik für eine Sprache, die das leere Wort nicht enthält, in Chomsky-Normalform zu bringen. Die Reihenfolge, in der wir die Ziele realisieren, ist wesentlich.

Um eine Grammatik zu separieren, genügt es, für jedes Terminalzeichen a eine neue Variable Y_a einzuführen, in allen Ableitungsregeln a durch Y_a zu ersetzen und für Y_a als einzige Regel $Y_a \rightarrow a$ zu erlauben. Dieses Verfahren ist auch für Chomsky-0 und kontextsensitive Grammatiken erfolgreich. Rechtslineare Grammatiken bleiben allerdings nicht rechtslinear.

Zu lange Regeln können leicht verkürzt werden. In Syntaxbäumen werden Ableitungsregeln mit k Variablen auf der rechten Seite durch innere Knoten mit k Nachfolgern dargestellt. Diese Knoten wollen wir durch rechtsseitig entartete, binäre Bäume mit $k-1$ inneren Knoten ersetzen. Für die $k-2$ neuen inneren Knoten werden neue Variablen eingeführt, die jeweils nur für die Ersetzung einer Ableitungsregel verantwortlich sind. Die Konstruktion wird am Beispiel $A \rightarrow B_1 B_2 B_3 B_4 B_5$ klar. Mit den drei neuen Variablen C_1, C_2 und C_3 ersetzen wir die Regel durch $A \rightarrow B_1 C_1, C_1 \rightarrow B_2 C_2, C_2 \rightarrow B_3 C_3, C_3 \rightarrow B_4 B_5$.

Alle Ableitungsregeln sind nun vom Typ $A \rightarrow a, A \rightarrow BC, A \rightarrow B$ und $A \rightarrow \varepsilon$. Zunächst sollen die ε-Regeln ersetzt werden. Wenn wir einfach auf die ε-Regeln verzichten, können wir eventuell weniger Wörter erzeugen. Falls $A \rightarrow \varepsilon$ und $B \rightarrow AC$ Ableitungsregeln sind, muß nach Verzicht auf $A \rightarrow \varepsilon$ die Regel $B \rightarrow C$ erlaubt sein. Dies gilt aber nicht nur, wenn die ε-Regel $A \rightarrow \varepsilon$ gegeben ist, sondern auch, wenn das leere Wort in beliebig vielen Schritten aus A ableitbar ist. Wir suchen also alle Variablen, aus denen sich das leere Wort ableiten läßt. In Bäumen der Tiefe 1 sind dies die Variablen, für die ε-Regeln zur Grammatik gehören. In Bäumen bis zur Tiefe d sind dies zusätzlich die Variablen A, für die die Grammatik eine Regel $A \rightarrow B$ oder $A \rightarrow BC$ enthält und aus B bzw. B und C in Bäumen bis zur Tiefe $d-1$ das leere Wort ableitbar ist. Diese Charakterisierung legt eine Breitensuche nahe. Wenn im d-ten Durchlauf für keine Variable erstmals gezeigt wird, daß aus ihr das leere Wort ableitbar ist, können wir die Suche abbrechen. Wenn nämlich für eine Variable der bezüglich der Tiefe kleinste Syntaxbaum für das leere Wort Tiefe $d+1$ hat, muß für mindestens eine Variable, die im ersten Schritt erzeugt wird, der kleinste Syntaxbaum für das leere Wort Tiefe d haben. Dieses Argument ist im Prinzip dasselbe wie bei der Betrachtung kürzester Zeugen für die Äquivalenz zweier Zustände von deterministischen endlichen Automaten (s. Kap. 4.3). Schließlich genügt es, alle ε-Regeln zu streichen und die Kettenregel $A \rightarrow B$ hinzuzufügen, falls es eine Regel $A \rightarrow BC$ oder $A \rightarrow CB$ für eine in das leere Wort ableitbare Variable C gibt.

Alle Ableitungsregeln sind nun vom Typ $A \rightarrow a, A \rightarrow BC$ und $A \rightarrow B$. Auf die Kettenregel $A \rightarrow B$ können wir verzichten, wenn wir für alle B-Regeln $B \rightarrow r$ die

Regel $A \to r$ hinzufügen. Auf so naive Weise ersetzen wir vielleicht eine Kettenregel durch viele andere. Es kommt darauf an, die Kettenregeln in geeigneter Reihenfolge zu ersetzen. Dazu betrachten wir den gerichteten Graphen, der für die Kettenregel $A \to B$ die Kante (A, B) enthält. Mit Tiefensuche überprüfen wir, ob der Graph einen Kreis enthält. Ein Kreis, z. B. $A_1 \to A_2 \to A_3 \to A_4 \to A_1$, impliziert, daß wir jede Variable auf dem Kreis durch jede andere ersetzen können. Diese Variablen sind also äquivalent, und wir ersetzen alle Variablen auf dem Kreis durch eine Variable auf dem Kreis. Dieses Vorgehen wiederholen wir, bis wir einen gerichteten azyklischen Graphen erhalten. Auf ihm können die Variablen mit einem Tiefendurchlauf topologisch zu $A_1, \dots, A_m$ sortiert werden (siehe z. B. Ottmann und Widmayer (1990)). Für jede Kettenregel $A_i \to A_j$ gilt dann $i < j$. Insbesondere ist keine A_m-Regel Kettenregel. Die einzig mögliche A_{m-1}-Kettenregel ist $A_{m-1} \to A_m$. Wenn wir sie, wie oben beschrieben, ersetzen, erzeugen wir keine neuen Kettenregeln. Dieses Verfahren wird für $A_{m-2}, \dots, A_1$ fortgesetzt. Schließlich erhalten wir eine Grammatik in Chomsky-Normalform.

Chomsky-Normalform — Beschreibungskomplexität

Grammatiken in Chomsky-Normalform sind nur dann ein nützliches Handwerkszeug, wenn sie effizient konstruiert werden können und kaum größer als die gegebene kontextfreie Grammatik sind.

Die Separierung und die Ersetzung langer Regeln sind in linearer Zeit durchführbar und vergrößern die Grammatik nur um einen kleinen konstanten Faktor. Letzteres gilt auch bei der Ersetzung der ε-Regeln. Die Rechenzeit ist für diesen Schritt nur dann linear, wenn wir für jede Variable auch eine Liste verwalten, in der steht, wo sie überall auf rechten Seiten vorkommt. Unser Algorithmus für die Ersetzung der Kettenregeln kann die Größe der Grammatik quadrieren. Die rechten Seiten von allen A_j-Regeln können für alle Variablen A_i mit $i < j$ rechte Seiten von A_i-Regeln werden. Schlimmer kann es nicht kommen. Es ist auch noch kein Beispiel bekannt, in dem ein quadratischer Größenzuwachs unvermeidlich ist. Das schlimmste bekannte Beispiel erzwingt einen Größenzuwachs von s auf $s^{3/2-\varepsilon}$ für jedes vorgegebene $\varepsilon > 0$. Die Rechenzeit wird durch die Größe der entstehenden Grammatik in Chomsky-Normalform und die Tiefensuche nach Kreisen dominiert. Nur die Tiefensuchen nach Kreisen verhindern eine Rechenzeit, die linear in bezug auf Eingabe- und Ausgabelänge ist. In den meisten praktischen Beispielen gibt es kaum äquivalente Variablen, und die Rechenzeit für die Kreissuche fällt nicht ins Gewicht.

Syntaxanalyse mit Dynamischer Programmierung

Nach unseren Vorbetrachtungen stellen wir nun den Syntaxanalysealgorithmus von Cocke, Younger und Kasami vor, der oft auch als *CYK-Algorithmus* bezeichnet wird. Wir gehen von Grammatiken in Chomsky-Normalform aus, so daß die zu erzeugenden Syntaxbäume binär sind. Ein Divide-and-Conquer Ansatz liegt nahe. Wir „bestimmen" dabei den ersten Ableitungsschritt $S \to AB$ und die Aufteilung von w in w' und w'', so daß w' aus A und w'' aus B ableitbar sind. Dann machen wir mit den beiden Teilproblemen analog weiter, bis wir auf Teilwörter der Länge 1 stoßen. Leider weiß niemand, wie wir den ersten Ableitungsschritt „bestimmen" sollen, ohne das Syntaxanalyseproblem insgesamt zu lösen. Alle Möglichkeiten auszuprobieren, verbietet sich aus Effizienzgründen von selber. Wir würden dann im Laufe der Zeit alle exponentiell vielen Zerlegungen von w erzeugen.

Wenn ein Divide-and-Conquer Ansatz daran scheitert, daß ein Divide-Schritt nicht effizient durchführbar ist, aber nach dem Divide-Schritt disjunkte Teilprobleme übrig bleiben, bietet sich die Methode der Dynamischen Programmierung (s. a. Kap. 5.5) an. Anstelle des Top-down Vorgehens im Divide-and-Conquer Verfahren gehen wir bottom-up vor. *Alle* Teilprobleme werden nach wachsender Problemgröße gelöst und die Lösungen in einer Tabelle gespeichert. Bei der Lösung größerer Probleme werden alle Problemzerlegungen gebildet und die Lösungen der Teilprobleme aus der Tabelle ausgelesen.

Als Teilproblem P_{ij} bei der Syntaxanalyse von $w = w_1 \cdots w_n$ sehen wir die Frage an, aus welchen Variablen sich das Teilwort $w_i \cdots w_j$ ableiten läßt. Die Probleme P_{ii} lassen sich leicht lösen, da Wörter der Länge 1 nur in einem Schritt erzeugt werden können. Der Tabelleneintrag T_{ii} enthält alle Variablen A, für die $A \to w_i$ eine Regel der gegebenen Grammatik ist. Für $j - i > 0$ beginnen Ableitungen von $w_i \cdots w_j$ mit einer Regel vom Typ $A \to BC$. Diese Regel ist genau dann anwendbar, wenn es ein k gibt, so daß $w_i \cdots w_k$ aus B und $w_{k+1} \cdots w_j$ aus C ableitbar sind. Wir untersuchen alle Regeln $A \to BC$ und alle Trennstellen k mit $i \leq k < j$. Nach Wahl von B, C und k ist nur zu überprüfen, ob B in T_{ik} und C in $T_{k+1,j}$ eingetragen ist. Unser eigentliches Problem ist P_{1n}. Das Wort w ist genau dann ableitbar, wenn S in T_{1n} eingetragen ist. Wenn wir bei jedem Tabelleneintrag auch den Grund des Eintrags (in unserem Beispiel für den Eintrag von A in T_{ij} die Regel $A \to BC$ und den Trennpunkt k) abspeichern, können wir am Ende den Syntaxbaum in Linearzeit konstruieren. Wir haben $\binom{n}{2} + n$ Teilprobleme zu lösen. Für jedes Teilproblem betrachten wir alle Ableitungsregeln und höchstens $n - 1$ mögliche Trennpunkte. Wenn wir die Grammatik, also die Programmiersprache, als fest vorgegeben ansehen, wächst die Rechenzeit kubisch mit der Wortlänge. Wenn wir den Ansatz als allgemeinen Algorithmus für alle Grammatiken in Chomsky-Normalform betrachten, geht die Größe der Grammatik als linearer Faktor in die Rechenzeit ein. Leider ist die Rechenzeit nicht nur im worst case kubisch. Für Wörter der Sprache, also syntaktisch korrekte Programme, läßt sich mit diesem Algorithmus die kubische Rechenzeit nur in Einzelfällen vermeiden.

An dieser Stelle können wir motivieren, warum wir uns bei der Chomsky-Normalform kurze rechte Seiten in den Ableitungsregeln gewünscht haben. Wenn die rechten

Seiten der Ableitungsregeln bis zu k Variablen enthalten, müssen wir bei der Dynamischen Programmierung alle $\binom{n-1}{k-1}$ Zerlegungen in k nichtleere Teilwörter (verteile $k-1$ Trennzeichen auf die $n-1$ Zwischenräume des gegebenen Wortes) untersuchen. Für eine gegebene Grammatik ist k eine Konstante, die Größenordnung für die Anzahl zu betrachtender Teilwörter beträgt n^{k-1}, und der Syntaxanalysealgorithmus benötigt eine Rechenzeit von n^{k+1}. Nur die Beschränkung von k auf 2 führt zu einer erträglichen Rechenzeit.

Möglichkeiten einer effizienteren Syntaxanalyse

Im Gegensatz zu Chomsky-0 und kontextsensitiven Grammatiken kommen wir hier für die Syntaxanalyse mit einer polynomiellen Rechenzeit aus. Algorithmen mit kubischer Rechenzeit können noch als effizient bezeichnet werden (insbesondere wenn es wie im CYK-Algorithmus keine großen Faktoren gibt), aber nicht als sehr effizient. Wenn wir bedenken, wie lang Programme heutzutage sind, kann uns eine kubische Rechenzeit für die Syntaxanalyse schon erschrecken.

Der einzige bekannte effizientere Syntaxanalysealgorithmus für allgemeine kontextfreie Grammatiken stammt von Valiant und kommt für Wörter der Länge n mit einer Rechenzeit von $O(n^{\log 7})$, $\log 7 \approx 2,81$, aus. Diesem Algorithmus kommt kaum praktische Bedeutung zu. Die in der O-Notation versteckten Faktoren sind so groß, daß der asymptotische Vorteil von ungefähr $n^{0,19}$ noch nicht durchschlägt.

Ein alternativer Ansatz von Earley hat im worst case eine kubische Rechenzeit, aber für eindeutige Grammatiken nur quadratische Rechenzeit. Für „viele" Grammatiken ist die Rechenzeit sogar linear. Dieser Algorithmus motiviert die von uns immer wieder aufgegriffene Diskussion eindeutiger Grammatiken. Allerdings wird auch die Suche nach ausdrucksstarken Grammatiktypen motiviert, für die lineare Syntaxanalysealgorithmen existieren. Hierauf kommen wir in Kap. 6.7 zurück.

Fazit: Kontextfreie Grammatiken können effizient in Chomsky-Normalform überführt werden, wobei der Größenzuwachs nie mehr als quadratisch, meist jedoch gering ist. Danach ist eine Syntaxanalyse in polynomieller, genauer kubischer Zeit möglich. Das ist ein für viele Anwendungen nur wenig befriedigendes Resultat.

6.3   Was kontextfreie Grammatiken nicht können

Das Pumping Lemma für kontextfreie Sprachen

Wir haben uns bereits von der Ausdruckskraft kontextfreier Grammatiken überzeugt und gesehen, daß eine Syntaxanalyse in polynomieller Zeit möglich ist. Jetzt wollen wir Grenzen der Ausdruckskraft kontextfreier Grammatiken abstecken.

Beim Nachweis der Nichtregularität von Sprachen hat sich das Pumping Lemma für reguläre Sprachen als wirkungsvolles Instrument erwiesen. In der Denkweise endlicher Automaten kann ein Teilwort, für das wir im Zustand q starten und am Ende wieder q erreichen, an dieser Stelle gepumpt, also weggelassen oder beliebig wiederholt werden. Aus Grammatiksicht gilt für Variablen A und rechtslineare Ableitungen $A \xrightarrow{*} wA$, daß wir aus A auch A (dies gilt immer), wwA, $wwwA$, usw. ableiten können.

Wie können wir diese Gedanken auf kontextfreie Grammatiken übertragen? Da die Sprache aller Wörter $0^n 1^n$ kontextfrei, aber nicht regulär ist, kann es für kontextfreie Sprachen kein Pumping Lemma mit dem Pumpen *eines* Teilwortes geben. Uns sichert auch niemand, daß sich Variablen am rechten Ende von Symbolfolgen wiederholen. In genügend großen Syntaxbäumen finden wir jedoch Wege, auf denen dieselbe Variable mehr als einmal vorkommt. Für kontextfreie Grammatiken in Chomsky-Normalform mit k Variablen enthält jeder Syntaxbaum T für Wörter der Mindestlänge $2^{k-1} + 1$ einen Weg mit $k + 1$ Variablen. Auf derartigen Wegen wiederholt sich nach dem Schubfachprinzip mindestens eine Variable A.

Wir schneiden aus dem Syntaxbaum T den Teilbaum T' aus, dessen Wurzel der Knoten auf dem betrachteten Weg ist, an dem A zum vorletzten Mal vorkommt. Der Syntaxbaum T ohne T' ist ein Syntaxbaum für eine Ableitung $S \xrightarrow{*} uAy$, wobei u und y nur aus Terminalzeichen bestehen. Aus T' schneiden wir den Teilbaum T'' aus, dessen Wurzel der Knoten auf dem betrachteten Weg ist, an dem A zum letzten Mal vorkommt. Der Syntaxbaum T' ohne T'' ist ein Syntaxbaum für eine Ableitung $A \xrightarrow{*} vAx$, wobei v und x nur aus Terminalzeichen bestehen und dank der Chomsky-Normalform nicht beide leer sind. Schließlich stellt T'' eine Ableitung $A \xrightarrow{*} w$ für ein Wort w aus Terminalzeichen dar.

Den Ableitungsteil $A \xrightarrow{*} vAx$ können wir nun pumpen, also weglassen oder beliebig oft wiederholen. Mit dem Wort $z = uvwxy$ gehören auch alle Wörter $uv^i wx^i y$ zu der betrachteten kontextfreien Sprache. Da v und x nicht beide leer sind, sind diese Wörter alle verschieden. Wir können zusätzlich erzwingen, daß vwx nicht zu lang ist, selbst wenn z sehr lang ist. Dazu betrachten wir in T den längsten Weg und auf ihm die letzten $k + 1$ mit Variablen markierten Knoten. Für diesen Teilweg gelten alle durchgeführten Überlegungen. Dank der Chomsky-Normalform wird in Bäumen der Tiefe $k + 1$ nur ein Wort der Höchstlänge 2^k erzeugt, und vwx ist ein Teilwort davon.

Wie beim Pumping Lemma für reguläre Sprachen bemühen wir uns um eine Veranschaulichung des *Pumping Lemmas für kontextfreie Sprachen.*

$$L \text{ kontextfrei } \Rightarrow$$
$$\exists N \in \mathbb{N}$$
$$\forall z \in L, |z| \geq N$$
$$\exists \text{ Zerlegung } z = uvwxy, |vwx| \leq N, |vx| \geq 1$$
$$\forall i \geq 0 : uv^i wx^i y \in L.$$

Das Pumping Lemma als Spiel

Für den Nachweis, daß eine Sprache nicht kontextfrei ist, benötigen wir die Umkehrung des Pumping Lemmas.

$$\forall N \in \mathbb{N}$$
$$\exists z \in L, |z| \geq N$$
$$\forall \text{ Zerlegung } z = uvwxy, |vwx| \leq N, |vx| \geq 1$$
$$\exists i \geq 0 : uv^i wx^i y \notin L$$
$$\Rightarrow L \text{ ist nicht kontextfrei.}$$

Wir können für eine Sprache L nachweisen, daß sie nicht kontextfrei ist, indem wir, analog zum Vorgehen in Kap. 4.2, eine Gewinnstrategie für das folgende Spiel angeben.

Runde 1: Unser Gegner wählt eine natürliche Zahl N.

Runde 2: Wir wählen ein Wort z aus L mit mindestens N Buchstaben.

Runde 3: Unser Gegner zerlegt z in fünf Teile, so daß $z = uvwxy$ mit $|vwx| \leq N$ und $|vx| \geq 1$ ist.

Runde 4: Wir wählen ein i und präsentieren das Wort $uv^i wx^i y$.

Wir haben gewonnen, wenn das von uns präsentierte Wort nicht zu L gehört.

Anwendungen des Pumping Lemmas

Um das Pumping Spiel für kontextfreie Sprachen anwenden zu können, muß gewährleistet sein, daß zwei Pumpstellen nicht ausreichen. Daher können wir das Pumping Spiel für die Sprache aller Wörter $0^n 1^n$ unter den (gegenüber dem Pumping Spiel für reguläre Sprachen) verschärften Bedingungen nicht mehr gewinnen. Was liegt nun näher, als die Sprache aller Wörter $0^n 1^n 2^n$ zu betrachten? Diese Sprache kann mit dem Pumping Spiel als nicht kontextfrei nachgewiesen werden. Auf die Eröffnung N antworten wir mit $0^N 1^N 2^N$. In Runde 4 gewinnen wir auf jeden Fall mit $i = 2$. Hat der Gegner eine Zerlegung gewählt, in der v oder x zwei Buchstabentypen enthält, wird in uv^2wx^2y nicht die Reihenfolge 0, 1, 2 der Buchstaben eingehalten. Ansonsten wird mindestens ein Buchstabentyp gepumpt und ein Buchstabentyp nicht gepumpt. Es ist also uv^2wx^2y nicht vom Typ $0^n1^n2^n$.

Für Sprachen über einem einbuchstabigen Alphabet $\{0\}$ unterscheiden sich das Pumping Lemma für reguläre Sprachen und das Pumping Lemma für kontextfreie Sprachen nicht. In beiden Fällen verlängert sich das gepumpte Wort auf dieselbe Weise, und bei einem einbuchstabigem Alphabet kommt es nur auf die Wortlänge an. Aus Aufgabe 6 in Kap. 4 folgt also, daß die Sprache aller 0^p mit p Primzahl nicht kontextfrei ist. Das gleiche gilt für Quadratzahlen anstelle von Primzahlen. Dafür ist es ausreichend, Aufgabe 5 aus Kap. 4 mit dem Pumping Lemma und nicht mit dem Satz von Nerode zu lösen.

Ogden's Lemma — eine Verallgemeinerung des Pumping Lemmas

In Kap. 4 haben wir eine Verallgemeinerung des Pumping Lemmas für reguläre Sprachen diskutiert, in der wir ein Teilwort der Länge N auswählen dürfen, in dem der Gegner die Zerlegung durchführen muß. Hier dürfen wir in Runde 2 des Pumping Spiels Buchstaben in z markieren, es müssen allerdings mindestens N Buchstaben markiert werden. Damit können wir den Gegner zwingen, daß er in Runde 3 die Zerlegung so wählen muß, daß in vwx höchstens N Buchstaben markiert sind und in vx mindestens ein Buchstabe markiert ist. Wenn wir stets alle Buchstaben markieren, erhalten wir das Pumping Lemma.

Die Korrektheit der Verallgemeinerung, die *Ogden's Lemma* genannt wird, läßt sich analog zum Pumping Lemma zeigen. Bei der Auswahl des Weges und der beiden mit derselben Variablen A gekennzeichneten Knoten müssen wir nur etwas sorgfältiger sein. Wir wählen den Weg so, daß wir stets den Teilbaum mit mehr markierten Knoten betreten. Bei der Wahl der Variablen A zählen nur Knoten, für die beide Teilbäume markierte Knoten enthalten. Dies sichert, daß vx mindestens einen markierten Knoten enthält.

Es gibt Beispielsprachen, die wir mit Ogden's Lemma, aber nicht mit dem Pumping Lemma für kontextfreie Sprachen als nicht kontextfrei überführen können (s. Lehrbuch).

Die Chomsky-Hierarchie

Schon in Kap. 5 haben wir von der *Chomsky-Hierarchie* gesprochen. Was verstehen wir eigentlich unter einer Hierarchie? In den ausgeklügelten Regeln des Adels gab (und gibt) es eine strenge Hierarchie. Die Bedeutung der Adelstitel etabliert eine vollständige, lineare Ordnung. Ein König oder auch eine Königin steht in der

Hierarchie (historisch sogar wörtlich) höher als ein Baron und eine Baronesse. Der Begriff Chomsky-Hierarchie beinhaltet also die folgenden Behauptungen.

- Jede reguläre Sprache ist kontextfrei, aber es gibt kontextfreie, nicht reguläre Sprachen.

- Jede kontextfreie Sprache ist kontextsensitiv, aber es gibt kontextsensitive, nicht kontextfreie Sprachen.

- Jede kontextsensitive Sprache ist rekursiv aufzählbar, aber es gibt rekursiv aufzählbare, nicht kontextsensitive Sprachen.

Wir haben erst jetzt alle Mittel beisammen, um diese Behauptungen vollständig zu zeigen. Rechtslineare Grammatiken sind nach Definition kontextfrei, und die Sprache aller Wörter 0^n1^n ist kontextfrei, aber nicht regulär. Kontextfreie Grammatiken in Chomsky-Normalform können (abgesehen vom leeren Wort) dasselbe wie kontextfreie Grammatiken, und sie sind nach Definition kontextsensitiv. Wir haben gesehen, daß die Sprache aller Wörter $0^n1^n2^n$ nicht kontextfrei ist. Diese Sprache ist aber kontextsensitiv, da sie sogar deterministisch mit linearem Platzbedarf von Turingmaschinen entschieden werden kann. Schließlich ist, wie wir in Kap. 5 gezeigt haben, jede kontextsensitive Sprache rekursiv und somit erst recht rekursiv aufzählbar. Die universelle Sprache U, s. Kap. 2, ist zwar rekursiv aufzählbar, aber nicht rekursiv und somit auch nicht kontextsensitiv. Die Chomsky-Hierarchie ist also eine echte Hierarchie.

6.4   Die Synthese großer kontextfreier Grammatiken

Problemstellung

In Kap. 6.1 haben wir nur kontextfreie Grammatiken mit höchstens fünf Variablen entworfen. Es bedarf wohl keiner Erläuterung, daß kontextfreie Grammatiken für Programmiersprachen wesentlich „größer" sind. Große Grammatiken sollten ebenso wie umfangreiche Programmsysteme modular aufgebaut sein. Daher sind wir an Methoden interessiert, um Syntheseoperationen auf kontextfreien Grammatiken effizient realisieren zu können. Da sich reguläre Sprachen nur mit Vereinigung, Konkatenation und Kleeneschem Abschluß aus einfachen Basissprachen zusammensetzen lassen und diese Operationen für Programmiersprachen eine natürliche Bedeutung haben, beginnen wir mit diesen drei Operationen.

Vereinigung

Es seien G_1 und G_2 kontextfreie Grammatiken für L_1 und L_2, die auf disjunkten Variablenmengen definiert sind. Wir wollen eine kontextfreie Grammatik für die Vereinigung von L_1 und L_2 entwerfen. Dies ist ganz einfach. Wir benutzen ein neues Startsymbol S und die beiden neuen Ableitungsregeln $S \to S_1$ und $S \to S_2$. Im ersten Ableitungsschritt entscheiden wir also nichtdeterministisch, ob wir ein Wort aus L_1 oder ein Wort aus L_2 erzeugen wollen. Auf ganz natürliche Weise erhalten wir zwei Kettenregeln. Wenn wir diese, wie in Kap. 6.2 beschrieben, ersetzen, erhalten wir, in Analogie zur Lösung von Aufgabe 8 in Kap. 5, alle Regeln $S \to r$, für die $S_1 \to r$ oder $S_2 \to r$ eine Ableitungsregel in G_1 oder G_2 ist. Die Klasse kontextfreier Sprachen ist gegen Vereinigung abgeschlossen. Kontextfreie Grammatiken für die Vereinigung zweier kontextfreier Sprachen lassen sich effizient konstruieren und sind kaum größer als die Grammatiken für L_1 und L_2 zusammen.

Konkatenation

Die Konstruktion für reguläre Sprachen aus der Lösung von Aufgabe 8 in Kap. 5 läßt sich nicht übertragen. Dort haben wir die spezielle Form rechtslinearer Grammatiken beachten müssen. Dennoch ist der Entwurf einer kontextfreien Grammatik für $L_1 \cdot L_2$ recht einfach. Wir benutzen ein neues Startsymbol S, das sich nur nach $S_1 S_2$ ableiten läßt. Die Klasse kontextfreier Sprachen ist gegen Konkatenation abgeschlossen. Kontextfreie Grammatiken für die Konkatenation zweier kontextfreier Sprachen lassen sich effizient konstruieren und sind kaum größer als die Grammatiken für L_1 und L_2 zusammen.

Kleenescher Abschluß

Aufgrund der Verwandtschaft mit der Konkatenation ist der folgende Entwurf einer kontextfreien Grammatik für L_1^* nicht überraschend. Wir benutzen ein neues Startsymbol S und die neuen Ableitungsregeln $S \to \varepsilon$, $S \to SS$ und $S \to S_1$. Die Klasse kontextfreier Sprachen ist gegen den Kleeneschen Abschluß abgeschlossen. Kontextfreie Grammatiken für den Kleeneschen Abschluß einer kontextfreien Sprache lassen sich effizient konstruieren und sind kaum größer als die Grammatik für L_1.

Durchschnitt

Vereinigung und Durchschnitt bilden die zentralen mengentheoretischen Operationen. Vereinigungen basieren auf dem Existenzquantor (es gibt ein $i \in \{1, 2\}$, so daß w in L_i enthalten ist), und Existenzquantoren passen zum Nichtdeterminismus von Grammatiken. Dagegen basieren Durchschnitte auf dem Allquantor, der nicht gut zum Nichtdeterminismus von Grammatiken paßt. Bei rekursiv aufzählbaren Sprachen und bei regulären Sprachen haben wir bei der Durchschnittsbildung die zugehörigen Maschinen parallel laufen lassen. Können wir die kontextfreien Grammatiken G_1 und G_2 für L_1 und L_2 „parallelisieren"? Das Kreuzprodukt der Variablenmengen läßt sich bilden, das neue Startsymbol wird (S_1, S_2). Anstelle der Ableitungsschritte $S_1 \rightarrow A_1 B_1$ und $S_2 \rightarrow A_2 B_2$ wählen wir nun die Ableitungsregel $(S_1, S_2) \rightarrow (A_1, A_2)(B_1, B_2)$. Aber jetzt beginnen die Schwierigkeiten. Die Ableitung $S_1 \overset{*}{\rightarrow} w$ könnte eine ganz andere Aufteilung $w = w'w''$ mit $A_1 \overset{*}{\rightarrow} w'$ und $B_1 \overset{*}{\rightarrow} w''$ benutzen als die Ableitung $S_2 \overset{*}{\rightarrow} w$. Es ist vielleicht $w = w^* w^{**}$ mit $A_2 \overset{*}{\rightarrow} w^*$, $B_2 \overset{*}{\rightarrow} w^{**}$ und $w' \neq w^*$.

Vielleicht ist die Klasse der kontextfreien Sprachen gar nicht gegen Durchschnittsbildung abgeschlossen? Die Schwierigkeiten mit dem Allquantor haben wir bereits andiskutiert. Läßt sich die uns als nicht kontextfrei bekannte Sprache der Wörter vom Typ $0^n 1^n 2^n$ als Durchschnitt zweier kontextfreier Sprachen beschreiben? Die Sprache aller Wörter $0^n 1^n$ ist kontextfrei, dies gilt dann auch nach Konkatenation mit der sogar regulären Sprache aller Wörter 2^i. Damit ist die Sprache aller Wörter $0^n 1^n 2^i$ ebenso kontextfrei wie die Sprache aller Wörter vom Typ $0^i 1^n 2^n$. Als Durchschnitt dieser beiden Sprachen erhalten wir die Sprache aller Wörter vom Typ $0^n 1^n 2^n$. Die Klasse kontextfreier Sprachen ist nicht gegen Durchschnittsbildung abgeschlossen.

Komplement

Hier schrillt hoffentlich die Alarmglocke mit Namen de Morgan. Wenn eine Sprachklasse gegen Vereinigung und Komplementbildung abgeschlossen ist, dann auch gegen Durchschnittsbildung. Also ist die Klasse kontextfreier Sprachen nicht gegen Komplementbildung abgeschlossen.

Substitution

Substitutionen sind für Programmiersprachen von besonderer Bedeutung. Dabei können wir Unterprogramme o. ä. durch einzelne Buchstaben abkürzen. Wir haben eine kontextfreie Grammatik G für eine Sprache L gegeben. Für jedes Terminalzeichen a gibt es eine kontextfreie Grammatik $G(a)$ für die Sprache $f(a)$. In der Sprache $f(L)$ dürfen wir in Wörtern aus L jedes Terminalzeichen a unabhängig von den anderen Terminalzeichen des Wortes (auch wenn diese ebenfalls a sind) durch ein Wort aus $f(a)$ ersetzen. Diese Definition beschreibt bereits eine kontextfreie Ersetzung. Zunächst sorgen wir dafür, daß die einzelnen Grammatiken auf disjunkten Variablenmengen arbeiten. Dann ersetzen wir in der kontextfreien Grammatik G das Terminalzeichen a durch das Startsymbol S_a der kontextfreien Grammatik $G(a)$, und schon erhalten wir eine kontextfreie Grammatik für $f(L)$. Die Klasse kontextfreier

Sprachen ist gegen Substitution und damit gegen Homomorphismen abgeschlossen. Kontextfreie Grammatiken für die durch Substitution erzeugte Sprache lassen sich effizient berechnen und sind nicht größer als die gegebenen Grammatiken zusammen.

Inverse Homomorphismen

In Kap. 4 ließen sich inverse Homomorphismen leicht behandeln, während wir die Behandlung der Substitution auf Kap. 5 verschoben haben. Der Grund war folgender. Substitutionen lassen sich gut mit Grammatiken behandeln, während inverse Homomorphismen besser zu Automaten passen. Hier finden wir unsere Beobachtung wieder, daß Grammatiken sich als rückwärts laufende Maschinen und Automaten auffassen lassen und umgekehrt. Kontextfreie Sprachen werden über kontextfreie Grammatiken definiert, und daher lassen sich Substitutionen einfach behandeln. Wir vertagen die Behandlung inverser Homomorphismen bis zum Kap. 6.6, wenn wir kontextfreie Sprachen auch durch ein Automatenmodell charakterisiert haben. Das Ergebnis nehmen wir jedoch vorweg. Die Klasse kontextfreier Sprachen ist gegen inverse Homomorphismen abgeschlossen.

Fazit: Die Klasse kontextfreier Sprachen ist gegen die für den Entwurf von (großen) Grammatiken für umfangreiche Programmiersprachen wichtigen Operationen abgeschlossen. Für Vereinigung, Konkatenation, Kleeneschen Abschluß und Substitution lassen sich kontextfreie Grammatiken für die neu gebildeten Sprachen sehr effizient aus kontextfreien Grammatiken für die gegebenen Sprachen konstruieren. Aus praktischer Sicht läßt es sich verschmerzen, daß die Klasse kontextfreier Sprachen nicht gegen Durchschnitte und Komplementbildung abgeschlossen ist.

Eine inhärent mehrdeutige Sprache

Wir haben schon mehrfach darauf hingewiesen, daß die Beschreibung kontextfreier Sprachen durch eindeutige kontextfreie Grammatiken von Vorteil ist. Lassen sich alle kontextfreien Sprachen so beschreiben? Für nichtleere, kontextfreie Sprachen gibt es stets auch mehrdeutige Grammatiken. Es genügt ja, L als Vereinigung von L mit sich selber aufzufassen und die zugehörige Syntheseoperation nach dem eben beschriebenen Prinzip durchzuführen. Wir nennen daher eine kontextfreie Sprache *eindeutig*, wenn sie sich durch eine eindeutige Grammatik erzeugen läßt. Alle anderen kontextfreien Sprachen heißen *inhärent mehrdeutig* .

Wir wollen zeigen, daß es inhärent mehrdeutige Sprachen tatsächlich gibt. Einen Hinweis haben wir bereits implizit gegeben. Wenn wir kontextfreie Grammatiken für die Vereinigung L von L_1 und L_2 bilden und mit eindeutigen Grammatiken G_1 und G_2 starten, erhalten wir eine kontextfreie Grammatik für L, die für Wörter aus $L_1 \cap L_2$ zwei Syntaxbäume und für die anderen Wörter aus $L_1 \cup L_2$ einen Syntaxbaum hat. Diesem Problem können wir ausweichen, indem wir L als disjunkte Vereinigung von L_1 und $L_2 - L_1$ auffassen. Da aber die Klasse kontextfreier Sprachen nicht gegen Durchschnitte und Komplementbildung abgeschlossen ist, kann es uns passieren, daß $L_2 - L_1$ nicht einmal kontextfrei ist.

Nach diesen Vorüberlegungen greifen wir auf die im Abschnitt „Durchschnitt" behandelten Sprachen zurück. Sei also L_1 die Sprache aller Wörter vom Typ $0^n1^n2^i$ und L_2 die Sprache aller Wörter vom Typ $0^i1^n2^n$. Beide Sprachen sind kontextfrei und sogar eindeutig. Ihr Durchschnitt ist nicht kontextfrei. Sei nun $L = L_1 \cup L_2$ die Sprache aller Wörter $0^i1^j2^k$, für die $i = j$ oder $j = k$ ist. Die Vermutung, daß L inhärent mehrdeutig ist, basiert darauf, daß wir einerseits kontrollieren müssen, ob $i = j$ ist, und andererseits, ob $j = k$ ist. Um zu vermeiden, daß die Wörter mit $i = j = k$ mehr als einen Syntaxbaum erhalten, müßten wir mit kontextfreien Grammatiken eine Eigenschaft für eine Menge von Wörtern garantieren, die eine nicht kontextfreie Sprache bildet. Dafür sehen wir keine Möglichkeit, was natürlich kein Beweis für das Gegenteil ist.

Der formale Beweis zeigt für jede kontextfreie Grammatik für L die Existenz von mindestens zwei Syntaxbäumen für ein Wort der Sprache L. Welches Wort dies ist, hängt (natürlich) von der Grammatik ab. Für (von der Grammatik abhängig) genügend großes n gibt es im Syntaxbaum für das Wort $0^n1^n2^{n+n!}$ eine Pumpstelle, so daß sich durch Pumpen von Nullen und Einsen ein Syntaxbaum für das Wort $w = 0^{n+n!}1^{n+n!}2^{n+n!}$ ergibt. Das gleiche gilt bei Start mit dem Wort $0^{n+n!}1^n2^n$ für das Pumpen von Einsen und Zweien. Falls die Grammatik für die Sprache L eindeutig ist, erhalten wir in beiden Fällen denselben Syntaxbaum für w. Wenn wir das Pumpen an *beiden* Stellen fortsetzen, erhalten wir Syntaxbäume für Wörter, bei denen die Anzahl der Einsen sowohl die Anzahl von Nullen als auch die Anzahl von Zweien übertrifft. Derartige Wörter gehören aber nicht zur Sprache L. Mit diesem Widerspruch folgt, daß die gegebene Grammatik nicht eindeutig sein kann.

6.5   Algorithmen, um Eigenschaften kontextfreier Grammatiken zu überprüfen

Überblick

Deterministische endliche Automaten haben die angenehme Eigenschaft, daß es für alle zentralen Probleme effiziente Algorithmen gibt. Insbesondere können sie effizient minimiert werden, und es kann effizient entschieden werden, ob zwei Automaten dieselbe Sprache akzeptieren. Für nichtdeterministische endliche Automaten und

damit auch für reguläre Grammatiken werden die Probleme schon schwieriger, so ist
das Komplement des Gleichheitstests NP-vollständig. Die Situation für kontextfreie
Grammatiken ist ungleich schlechter. Zentrale Probleme wie der Gleichheitstest für
zwei kontextfreie Grammatiken oder der Test, ob eine kontextfreie Grammatik eindeutig ist, erweisen sich als unentscheidbar. Nur wenige Eigenschaften kontextfreier
Grammatiken lassen sich effizient überprüfen.

Entfernung überflüssiger Symbole

Natürlich ist es ein zentrales Anliegen, Programmiersprachen nicht nur durch irgend-
eine kontextfreie Grammatik zu beschreiben, sondern durch eine möglichst kompakte kontextfreie Grammatik. Dieses Problem werden wir als nicht rekursiv entlarven.
Ein kleines Teilproblem läßt sich jedoch effizient bearbeiten, die Entfernung aller Variablen und Terminalzeichen, die in keiner Ableitung eines nur aus Terminalzeichen
bestehenden Wortes vorkommen.

Zunächst bestimmen wir die Menge aller Variablen, die sich in ein Wort aus Terminalzeichen ableiten lassen. Dazu ist es ausreichend, in allen Ableitungsregeln die
Terminalzeichen durch ε zu ersetzen und dann, wie bei der Ersetzung der ε-Regeln
in der Erzeugung von Grammatiken in Chomsky-Normalform, die Menge der Varia-
blen zu bestimmen, die sich in das leere Wort ableiten lassen. Alle anderen Variablen
und die Regeln, in denen sie vorkommen, können gestrichen werden.

Danach berechnen wir die Menge aller Variablen und Terminalzeichen, die in Ableitungen aus S vorkommen. Dazu genügt eine einfache Breitensuche. Wieder können
alle anderen Variablen und Terminalzeichen und die Regeln, in denen sie vorkommen, gestrichen werden.

Die Entfernung überflüssiger Symbole ist bei geschickter Implementierung in linearer
Zeit möglich. Die praktische Bedeutung dieses Algorithmus ist nicht sehr groß, da
die Syntheseoperationen aus Kap. 6.4 nicht zu überflüssigen Variablen führen.

Leerheitstest

Die durch eine kontextfreie Grammatik beschriebene Sprache ist offensichtlich genau
dann leer, wenn das Startsymbol überflüssig ist.

Endlichkeitstest

Wir gehen von einer kontextfreien Grammatik ohne überflüssige Symbole aus. Wenn
unendlich viele Wörter erzeugt werden, gibt es Syntaxbäume, in denen sich auf
einem Weg eine Variable wiederholt. Auch die Umkehrung gilt für Grammatiken
ohne überflüssige Symbole. Wir können direkt das Argument aus dem Beweis des

Pumping Lemmas verwenden. Nun ist es einfach, einen effizienten Algorithmus für den Endlichkeitstest zu entwerfen. Wir bilden einen gerichteten Graphen auf der Menge der Variablen. Er enthält die Kante (A, B), wenn B auf einer rechten Seite einer A-Regel vorkommt. Nach den Vorüberlegungen ist die von der Grammatik erzeugte Sprache genau dann endlich, wenn der zugehörige Graph kreisfrei ist, was effizient mit einer Tiefensuche überprüft werden kann.

Eindeutigkeitstest

Die Vorteile eindeutiger Grammatiken haben wir bereits diskutiert. Da nicht jede kontextfreie Sprache eindeutig ist, ist ein (effizienter) Algorithmus wünschenswert, der kontextfreie Grammatiken darauf überprüft, ob sie eindeutig sind. Einen derartigen Algorithmus gibt es nicht; der Eindeutigkeitstest ist unentscheidbar.

Dies läßt sich mit einer Reduktion des Postschen Korrespondenzproblems PKP (s. Kap. 2) auf das Eindeutigkeitsproblem für kontextfreie Grammatiken beweisen. Wir erinnern uns an das PKP. Für eine Eingabe $(x_1, y_1), \ldots, (x_k, y_k)$ soll entschieden werden, ob es eine Indexfolge $i_1, \ldots, i_m$ gibt, so daß $x_{i_1} \ldots x_{i_m}$ und $y_{i_1} \ldots y_{i_m}$ gleich sind. Was hat dies mit unserem Problem zu tun? Wenn wir eine eindeutige Grammatik G_1 für die Sprache aller $x_{i_1} \ldots x_{i_m}$ und eine eindeutige Grammatik G_2 für die Sprache aller $y_{i_1} \ldots y_{i_m}$ haben und darauf unseren Synthesealgorithmus für die Vereinigung aus Kap. 6.4 anwenden, hat dann nicht das PKP genau dann eine Lösung, wenn die entstehende Grammatik nicht eindeutig ist? Diese Überlegungen beeinhalten die wichtigsten Ideen, allerdings gibt es noch Schwierigkeiten zu überwinden. Beim PKP „zählen" nur Lösungen mit den gleichen Indexfolgen. Daher sollen die Grammatiken die Indexfolgen (in gespiegelter Form) miterzeugen. Die Grammatik für die x-Folgen enthält für alle i die Regeln $S_1 \rightarrow a_i x_i$ und $S_1 \rightarrow a_i S_1 x_i$, wobei $a_1, \ldots, a_n$ neue Terminalzeichen sind. Analog erlauben wir die Ableitungsregeln $S_2 \rightarrow a_i y_i$ und $S_2 \rightarrow a_i S_2 y_i$. Die Vereinigung wird mit den Regeln $S \rightarrow S_1$ und $S \rightarrow S_2$ gebildet. Nun haben wir unser Ziel erreicht. Wir haben eine Grammatik konstruiert, die genau dann nicht eindeutig ist, wenn die gegebene PKP-Eingabe eine Lösung hat.

Wenn wir erst einmal die richtige Idee haben, ist die Reduktion von PKP auf das Eindeutigkeitsproblem recht einfach, obwohl wir es mit Problemen aus verschiedenen Bereichen zu tun haben.

Vollständigkeitstest

Das Problem, ob eine kontextfreie Grammatik alle Wörter über dem Alphabet der Terminalzeichen erzeugt, hat zwar keine praktische Bedeutung, aus der Unentscheidbarkeit dieses Problems läßt sich jedoch leicht die Unentscheidbarkeit zentraler Probleme folgern.

Wir müssen für Details auf das Lehrbuch verweisen und geben hier nur die Ideen des Beweises wieder. Nach dem Satz von Rice (s. Kap. 2.4) ist das Problem, für eine Turingmaschine zu entscheiden, ob sie kein Wort akzeptiert, unentscheidbar. Rechnungen von Turingmaschinen sind Konfigurationsfolgen. Um sie für kontextfreie Grammatiken „zugänglich" zu machen, notieren wir jede zweite Konfiguration in gespiegelter Form. Dann läßt sich für die Sprache aller Zeichenfolgen, die entweder keine legale Konfigurationenfolge darstellen oder eine nicht akzeptierende Konfigurationenfolge darstellen, eine kontextfreie Grammatik entwerfen. Die gegebene Turingmaschine akzeptiert genau dann kein Wort, wenn es keine akzeptierende Konfigurationenfolge gibt, also wenn die konstruierte kontextfreie Grammatik alle Zeichenfolgen erzeugt.

Gleichheitstest

Für zwei kontextfreie Grammatiken soll entschieden werden, ob sie dieselbe Sprache erzeugen. Dieses Problem dient der Verifikation, ob eine neue Grammatik weiterhin dieselbe Programmiersprache beschreibt. Ein Algorithmus für dieses Problem führt direkt zu einem Algorithmus für den Vollständigkeitstest. Wir müssen als zweite Grammatik nur eine kontextfreie Grammatik, die alle Wörter aus Terminalzeichen erzeugt, benutzen. Mit den Bezeichnungen aus Kap. 3 ist der Vollständigkeitstest eine Restriktion des Gleichheitstests. Der Gleichheitstest für kontextfreie Grammatiken ist also unentscheidbar.

Minimierung kontextfreier Grammatiken

Der Entwurf von Grammatiken mit Hilfe von Syntheseoperationen kann zu unnötig großen Grammatiken führen. Es wäre angenehm, wenn wir zu einer kontextfreien Grammatik eine äquivalente Grammatik minimaler Größe konstruieren können. Dann können wir aber auch den Vollständigkeitstest durchführen. Für die Sprache aller 0-1-Wörter hat sicherlich die kontextfreie Grammatik mit den Ableitungsregeln $S \to \varepsilon$, $S \to 0S$ und $S \to 1S$ minimale Größe. Wenn also die minimierte kontextfreie Grammatik nicht so kompakt wie diese Grammatik ist, kann die gegebene Grammatik nicht alle Wörter erzeugen. Für Grammatiken mit höchstens drei Regeln ist leicht zu entscheiden, ob sie alle 0-1-Wörter erzeugen. Es gibt also keinen Algorithmus zur Minimierung der Größe kontextfreier Grammatiken.

Fazit: Zentrale Probleme für den Umgang mit kontextfreien Grammatiken sind algorithmisch nicht lösbar.

6.6   Kellerautomaten und kontextfreie Sprachen

Automatenmodelle für kontextfreie Sprachen

Den Nutzen, den wir aus der Charakterisierung von Sprachklassen sowohl durch
Grammatiktypen als auch durch Maschinen- oder Automatenmodelle ziehen können,
haben wir für die Klasse der regulären Sprachen ebenso kennengelernt wie für die
Klasse der rekursiv aufzählbaren Sprachen. Die Klasse der kontextsensitiven Sprachen hat ebenfalls eine maschinenorientierte Charakterisierung. Gilt dies auch für die
Klasse der kontextfreien Sprachen? Da die Chomsky-Hierarchie eine echte Hierarchie ist, muß jedes Automatenmodell für kontextfreie Sprachen zwischen endlichen
Automaten und linear platzbeschränkten nichtdeterministischen Turingmaschinen
liegen. Der Raum zwischen diesen Maschinenmodellen scheint eng zu sein, da endliche Automaten auch dann nicht mehr Sprachen erkennen können, wenn sie nichtdeterministisch arbeiten und sogar die Leserichtung ändern dürfen. Der gravierende
Unterschied liegt in der Speicherstruktur. Dem linearen Platz bei der Charakterisierung kontextsensitiver Sprachen steht konstanter Platz für endliche Automaten
gegenüber. Die Lösung wird in einem Speicher linearer Größe mit eingeschränktem
Zugriff bestehen.

Automaten und die Chomsky-Normalform

Wir gehen von der Darstellung kontextfreier Sprachen durch Grammatiken in Chomsky-Normalform aus. Wie sehen Symbolfolgen aus, die bei Linksableitungen eines
Wortes $w = w_1 \ldots w_n$ entstehen? Sie bestehen aus einem (eventuell leeren) Präfix
des Wortes w gefolgt von einer Folge von Variablen. Aufgrund der Monotonie von
Grammatiken in Chomsky-Normalform ist die Gesamtlänge der Symbolfolge durch
n beschränkt. Eine typische Symbolfolge hat also das Aussehen $w_1 \ldots w_i B_1 \ldots B_m$.
Im nächsten Schritt wird B_1 durch w_{i+1} oder ein Variablenpaar $C_1 C_2$ ersetzt. Was
muß ein Automat können, um dieses Verhalten nachahmen zu können? Es reicht,
wenn die Eingabe von links nach rechts gelesen wird. Dazu wird ein Speicher für
die aktuelle Variablenfolge benötigt, also reicht ein Speicher linearer Größe. Entscheidend ist, daß der Automat mit einem stark eingeschränkten Zugriff auf den
Speicher auskommt. In jedem Fall reicht es, die linkeste Variable B_1 zu lesen. Dann
wird nichtdeterministisch eine Ableitungsregel aus der Menge der B_1-Regeln ausgewählt. Die Regel $B_1 \rightarrow a$ ist nur anwendbar, wenn der nächste Eingabebuchstabe
a ist. Dann wird im Speicher B_1 gelöscht, und der Lesekopf auf dem Eingabeband
rückt eine Position nach rechts. Die Regel $B_1 \rightarrow C_1 C_2$ ist stets anwendbar. Der Lesekopf auf dem Eingabeband bleibt stehen, wir haben es also mit einer ε-Bewegung zu
tun, die wir von endlichen Automaten bereits kennen. Im Speicher wird B_1 gelöscht

und C_1C_2 „an das linke Ende" geschrieben. Diese Form von Speicherverwaltung ist uns bekannt. Wir müssen die Variablenfolge nur um 90° nach rechts drehen, um einen *Stack* (Stapel, Keller) zu erhalten. Die Speicherinitialisierung besteht darin, das Startsymbol S in einen leeren Stack einzufügen. Wenn der Speicher nach dem Lesen des letzten Buchstabens leer ist, soll das Wort w akzeptiert werden. Diese Überlegungen motivieren die Definition von sogenannten Kellerautomaten. Bis zum Nachweis, daß die Klasse der von Kellerautomaten akzeptierten Sprachen mit der Klasse kontextfreier Sprachen übereinstimmt, müssen wir allerdings noch arbeiten.

Kellerautomaten — Definition

Ein *Kellerautomat* (*pushdown automaton*) ist ein nichtdeterministischer endlicher Automat mit einem zusätzlichen Speicher, der als Stack organisiert ist. Die Eingabe kann nur einmal von links nach rechts durchlaufen werden, der Lesekopf steht zu Beginn auf dem ersten Eingabebuchstaben. Der Stack kann Symbole aus einem endlichen Stackalphabet Γ enthalten und ist mit einem speziellen Symbol $Z_0 \in \Gamma$ initialisiert. Der Kellerautomat startet im Anfangszustand q_0 und operiert auf einer endlichen Zustandsmenge. Kellerautomaten arbeiten nichtdeterministisch, und ε-Bewegungen sind erlaubt. Die Übergangsrelation δ ordnet Tripeln $(q, a, A) \in Q \times (\Sigma \cup \{\varepsilon\}) \times \Gamma$ eine *endliche* Menge von Paaren $(q', \gamma) \in Q \times \Gamma^*$ zu. Die Interpretation ist die folgende. Falls $(q', A_1 \ldots A_m) \in \delta(q, \varepsilon, A)$ ist, kann der Kellerautomat im Zustand q, wenn A das oberste Stacksymbol ist, in den Zustand q' wechseln und im Stack das Symbol A durch die Symbolfolge $A_1 \ldots A_m$ ersetzen. Dabei steht A_1 „oben" im Stack. Falls $(q', A_1 \ldots A_m) \in \delta(q, a, A)$ für ein $a \in \Sigma$ ist, ist die gleiche Vorgehensweise nur erlaubt, wenn in der Eingabe der Buchstabe a gelesen wird. Zusätzlich rückt der Lesekopf auf der Eingabe eine Position nach rechts. Eine Eingabe wird genau dann akzeptiert, wenn es möglich ist, eine Konfiguration zu erreichen, bei der die gesamte Eingabe gelesen wurde und der Stack leer ist. Es ist zu beachten, daß Kellerautomaten bei leerem Stack nicht weiter arbeiten können.

Kellerautomaten — Namensgebung

Die Bezeichnung Kellerautomat hat sich seit langem eingebürgert und kann daher wohl kaum verändert werden. Die englische Bezeichnung pushdown automaton ist viel besser gelungen. Dazu können wir uns eine Kantine vorstellen, in der sich die Gäste selbst mit einem Tablett versorgen und dieses später auch wieder abgeben. Die Tabletts sind gestapelt, und der Zugriff erfolgt „von oben". Oft lagern die Tabletts auf einer Feder, um eine konstante Zugriffshöhe zu gewährleisten. Beim Ablegen eines Tabletts wird diese Feder zusammengedrückt, daher „pushdown". Anschaulichere Bezeichnungen wären also *Stackautomat* oder *Stapelautomat*.

Kellerautomaten, die kontextfreie Sprachen akzeptieren

Für jede kontextfreie Sprache gibt es einen Kellerautomaten, der genau diese Sprache akzeptiert. Dies ist nach unseren Vorarbeiten leicht einzusehen. Offensichtlich können wir uns auf Sprachen beschränken, die das leere Wort nicht enthalten. Jede derartige kontextfreie Grammatik läßt sich durch eine Grammatik in Chomsky-Normalform beschreiben. Wie wir einen Kellerautomaten konstruieren können, der genau die Linksableitungen der Grammatik simulieren kann, haben wir uns bereits überlegt. Dabei haben wir allerdings überhaupt nicht über die Zustandsmenge des Kellerautomaten diskutiert. Der simulierende Kellerautomat kommt also sogar mit einem einzigen Zustand aus.

Der Akzeptanzmodus von Kellerautomaten

Bei der Definition von Kellerautomaten haben wir den ungewöhnlichen *Akzeptanzmodus durch leeren Stack* ohne Diskussion hingenommen. Er paßt ja auch wunderbar zu Linksableitungen in kontextfreien Grammatiken in Chomsky-Normalform. Erhalten wir eine andere Klasse von akzeptierten Sprachen, wenn wir Wörter akzeptieren, für die wir nach dem Lesen der Eingabe einen akzeptierenden Zustand erreichen können? Dies ist nicht der Fall. Wir können übliche Kellerautomaten, also solche mit dem Akzeptanzmodus durch leeren Stack, durch Kellerautomaten mit dem *Akzeptanzmodus durch akzeptierende Zustände* simulieren und umgekehrt. Beide Simulationen müssen nur kleine, eher technische Probleme überwinden und sollen daher hier nicht dargestellt werden.

Deterministische Kellerautomaten

Nichtdeterministische endliche Automaten können durch deterministische endliche Automaten simuliert werden. Gibt es ein ähnliches Resultat für Kellerautomaten? Wie sollen deterministische Kellerautomaten überhaupt definiert werden? Wir wollen hier nur die Antwort auf die erste Frage vorwegnehmen. Sie lautet „nein". Geeignet definierte deterministische Kellerautomaten führen zu einer echten Teilklasse der Klasse der kontextfreien Sprachen, für die es in Linearzeit arbeitende Syntaxanalysealgorithmen gibt. Deterministische Kellerautomaten sind das Thema von Kap. 6.7.

Kontextfreie Grammatiken, die Kellerautomaten simulieren

Die zentrale Aussage von Kapitel 6.6 ist, daß die Klasse der von Kellerautomaten akzeptierten Sprachen mit der Klasse der kontextfreien Sprachen übereinstimmt und somit Kellerautomaten ein zu kontextfreien Grammatiken passendes Automatenmodell darstellen. Um diese Aussage vollständig zu beweisen, müssen wir noch eine kontextfreie Grammatik für eine durch einen Kellerautomaten beschriebene Sprache entwerfen.

Schon in unseren ersten Beispielen beim Entwurf kontextfreier Grammatiken haben wir darauf hingewiesen, wie nützlich es ist, allen Variablen eine Bedeutung zuzuweisen. Hier benutzen wir die sogenannte *Tripelkonstruktion*. Außer dem Startsymbol S sind alle anderen Variablen Tripel vom Typ $[q, A, p]$. Aus einer derartigen Variablen sollen genau die Wörter abgeleitet werden, für die der Kellerautomat bei Start im Zustand q und A als einzigem Stackinhalt das Ende der Eingabe bei leerem Stack im Zustand p erreichen kann. Diese Interpretation zusammen mit den Ableitungsregeln $S \rightarrow [q_0, Z_0, q]$ für den Anfangszustand q_0, die Stackinitialisierung Z_0 und alle Zustände q sichert, daß aus S genau die Wörter abgeleitet werden können, die der Kellerautomat akzeptiert.

Es muß noch die Übergangsrelation des Kellerautomaten in kontextfreie Ableitungsregeln überführt werden. Falls $(q', A_1, \ldots, A_m) \in \delta(q, a, A)$ für ein $a \in \Sigma \cup \{\varepsilon\}$ ist, soll der Buchstabe a oder das Leerzeichen verarbeitet werden, der Zustand von q nach q' wechseln und im Stack A durch $A_1, \ldots, A_m$ ersetzt werden. Zu dieser Ausgangssituation passen die Tripel $[q, A, p]$ mit $p \in Q$. Wenn nun $A_1, \ldots, A_m$ oben auf dem Stack stehen, müssen die Symbole $A_1, \ldots, A_m$ nacheinander verarbeitet werden. Dabei starten wir im Zustand q', und als Zwischenzustände sind alle Zustände möglich. Also erlauben wir alle Ableitungsregeln

$$[q, A, p] \rightarrow a[q', A_1, q_1][q_1, A_2, q_2] \cdots [q_{m-1}, A_m, p]$$

für $q_1, \ldots, q_{m-1} \in Q$. Die von uns diskutierten Ideen müssen nun nur noch formalisiert werden, um den angekündigten zentralen Satz zu beweisen.

Kellerautomaten ohne ε-Bewegungen und die Greibach-Normalform

Kellerautomaten ohne ε-Bewegungen verarbeiten jede Eingabe w nichtdeterministisch in $|w|$ Schritten. Kann jede kontextfreie Sprache durch einen Kellerautomaten ohne ε-Bewegungen akzeptiert werden? Dazu überlegen wir uns, wie eine kontextfreie Grammatik aussehen muß, damit unsere Simulation zu einem Kellerautomaten ohne ε-Bewegungen führt. Die rechte Seite jeder Ableitungsregel muß genau ein Terminalzeichen und das ganz links enthalten. Etwas formaler ausgedrückt muß jede Ableitungsregel die Form $A \rightarrow aB_1 \ldots B_m$ haben. Derartige Grammatiken heißen *Grammatiken in Greibach-Normalform*. Wir haben somit die Aufgabe, Grammatiken aus Chomsky-Normalform in Greibach-Normalform zu transformieren, motiviert.

Greibach-Normalform — Konstruktion

Die Umformung von kontextfreien Grammatiken in Greibach-Normalform ist ein technisch aufwendiger Prozeß. Wir beschränken uns hier auf die prinzipielle Vorgehensweise von zwei Transformationsalgorithmen, die ausführlich im Lehrbuch beschrieben sind.

Der erste Ansatz ist mehr handwerklicher Art. Wir starten mit einer Grammatik in Chomsky-Normalform und ersetzen solange Regeln durch andere, ohne die erzeugte Sprache zu verändern, bis die Grammatik in Greibach-Normalform ist. Wenn wir die Variablen mit $A_1, \ldots, A_m$ durchnumerieren, sind die Regeln $A_i \to a$ auch in der Greibach-Normalform erlaubt, und alle anderen Regeln sind vom Typ $A_i \to A_j A_k$. Falls stets $j > i$ gilt, ist die Umformung einfach. Die A_m-Regeln sind von der gewünschten Form. Nur A_{m-1}-Regeln, deren rechte Seiten mit A_m beginnen, haben nicht die gewünschte Form. Indem wir diese Vorkommen von A_m durch alle rechten Seiten von A_m-Regeln ersetzen, bringen wir auch die A_{m-1}-Regeln in die gewünschte Form. Dieses Verfahren kann für $A_{m-2}, \ldots, A_1$ iteriert werden.

Normalerweise gibt es auch Regeln $A_i \to A_j A_k$ mit $j \leq i$. Diese ersetzen wir nun in folgender Reihenfolge der Paare $(i, j) : (1,1), (2,1), (2,2), (3,1), \ldots$ Im Fall $j < i$ verwenden wir die bereits bekannte Methode, A_j durch alle rechten Seiten von A_j-Regeln zu ersetzen. Das Problem besteht in den Fällen $j = i$, wo dieser Trick nicht weiterhilft. Hier benutzen wir eine neue Variable B_i, die niemals am Beginn einer rechten Seite auftaucht und daher keine neuen Probleme kreiert. Ableitungen vom Typ

$$A_i \to A_i \alpha_1 \to A_i \alpha_2 \alpha_1 \to \ldots \to A_i \alpha_m \ldots \alpha_1 \to \beta \alpha_m \ldots \alpha_1,$$

wobei β nicht mit A_i beginnt, werden ersetzt durch

$$A_i \to \beta B_i \to \beta \alpha_m B_i \to \beta \alpha_m \alpha_{m-1} B_i \to \ldots \to \beta \alpha_m \ldots \alpha_1.$$

Dieser Algorithmus verdoppelt zwar nur die Anzahl der Variablen, die Zahl der Ableitungsregeln kann jedoch exponentiell wachsen. Der zweite Transformationsalgorithmus geht struktureller vor. Die Menge der Ableitungsregeln wird als Vektor-Matrixprodukt ausgedrückt, wobei die Konkatenation als Multiplikation dient und die Disjunktion als Addition verschiedene Ableitungsmöglichkeiten verbindet. Die Grammatik in Greibach-Normalform kann dann direkt beschrieben werden. Die Zahl der Variablen quadriert sich zwar, aber die Zahl der Ableitungsregeln wächst nur kubisch. Außerdem haben die rechten Seiten eine Maximallänge von 3, alle Regeln sind also vom Typ $A \to a$, $A \to aB$ oder $A \to aBC$. Kellerautomaten können ohne ε-Bewegungen auskommen.

Abschließend sei bemerkt, daß es kontextfreie Sprachen gibt, bei denen sich ein quadratischer Größenzuwachs bei der Umwandlung einer kontextfreien Grammatik in die Greibach-Normalform nicht vermeiden läßt.

Wir haben nun die wesentlichen Ergebnisse dieses Unterkapitels vorgestellt. Abschließend liefern wir zwei Ergebnisse nach, die eigentlich in das Kap. 6.4 gehören, sich aber mit den jetzt verfügbaren Methoden einfacher zeigen lassen.

Inverse Homomorphismen

Für eine kontextfreie Sprache L und einen Homomorphismus h ist auch die Sprache $h^{-1}(L)$ kontextfrei. Beim Lesen des Buchstabens a muß der Kellerautomat für $h^{-1}(L)$ das können, was der Kellerautomat für L auf dem Wort $h(a)$ tun kann. Dies ist durch eine entsprechende Vergrößerung der Zustandsmenge leicht möglich. Beim Lesen von a kann das Wort $h(a)$ im Zustand abgespeichert und dann mit ε-Bewegungen bearbeitet werden.

Der Durchschnitt einer kontextfreien und einer regulären Sprache

Der Durchschnitt zweier regulärer Sprachen ist regulär. Dies kann gezeigt werden, indem man die beiden zu den gegebenen Sprachen gehörigen endlichen Automaten parallel laufen läßt. Dieser Ansatz gelingt für Kellerautomaten nicht, da der Durchschnitt zweier kontextfreier Sprachen nicht kontextfrei sein muß. Wenn wir zwei Kellerautomaten parallel laufen lassen, brauchen wir zwei Stacks. Daß wir mit zwei Stacks bereits alle rekursiv aufzählbaren Sprachen erkennen können, zeigen wir in Aufgabe 18. Es ist nun naheliegend, daß der Durchschnitt einer regulären und einer kontextfreien Sprache kontextfrei sein muß. Es ist kein Problem, einen endlichen Automaten und einen Kellerautomaten parallel laufen zu lassen und das ganze als Kellerautomat zu interpretieren.

6.7 Eingeschränkte kontextfreie Grammatiken

Eindeutige kontextfreie Grammatiken

Die wichtigsten Ergebnisse über *eindeutige* kontextfreie Grammatiken haben wir bereits erarbeitet. Sie sollen hier nur noch einmal zusammengefaßt werden. Bezüglich einer eindeutigen Grammatik hat jedes Wort der Sprache genau einen Syntaxbaum. Syntaxanalysealgorithmen haben also ein eindeutiges Resultat. Die Syntaxanalyse ist mit dem Algorithmus von Earley in quadratischer Zeit möglich, was für praktische Anwendungen immer noch nicht effizient genug ist. Nicht alle kontextfreien Sprachen haben eine eindeutige kontextfreie Grammatik. So ist die Sprache aller Wörter $0^i 1^j 2^k$ mit $i = j$ oder $j = k$ inhärent mehrdeutig, d. h. jede kontextfreie Grammatik für diese Sprache ist mehrdeutig. Schließlich ist für kontextfreie Grammatiken das Problem, zu entscheiden, ob die Grammatik eindeutig ist, nicht rekursiv.

Grammatiken mit Syntaxanalyse in Linearzeit — Überblick

Wir suchen nach Grammatiken, die noch ausdrucksstark genug sind, um moderne Programmiersprachen zu beschreiben, und die gleichzeitig eine Syntaxanalyse in Linearzeit erlauben. Wir bewegen uns also im Raum zwischen regulären und (eindeutigen) kontextfreien Grammatiken. Wir beginnen jedoch nicht mit der Definition der betrachteten Klasse von Grammatiken, da sie an dieser Stelle unverständlich bleiben muß. Statt dessen diskutieren wir deterministische Kellerautomaten und entwerfen mit ihrer Hilfe ein Gerüst für einen effizienten Syntaxanalysealgorithmus. Die Definition der Grammatikklasse wird dann so angepaßt, daß der vorgegebene Syntaxanalysealgorithmus für diese Grammatiken erfolgreich und effizient ist.

Deterministische Kellerautomaten — Definition

Determinismus beinhaltet, daß zu jedem Zeitpunkt nur eine Handlung möglich ist. Dies schließt ε-Bewegungen nicht aus. Ein *Kellerautomat* arbeitet *deterministisch*, wenn zu jedem Zeitpunkt höchstens eine Nachfolgekonfiguration erreichbar ist. Formal bedeutet das, daß $\delta(q, a, A)$ und $\delta(q, \varepsilon, A)$ jeweils nur ein Paar aus $Q \times \Gamma^*$ enthalten dürfen und daß mindestens eine der beiden Mengen leer sein muß.

Warum machen wir uns so viele Gedanken über ε-Bewegungen? Kellerautomaten ohne ε-Bewegungen können doch allgemeine Kellerautomaten simulieren. Ein entsprechendes Resultat gilt jedoch für deterministische Kellerautomaten nicht. Die Sprache aller Wörter $w\#w^R\#$ mit $w \in \{0, 1\}^*$ kann von einem deterministischem Kellerautomaten ohne ε-Bewegungen erkannt werden. Das Wort w wird auf dem Stack gespeichert, d. h. der Stack enthält das Spiegelwort w^R. Nach dem Lesen des Trennzeichens wird die Eingabe mit dem Stackinhalt verglichen. Betrachten wir nun die Sprache aller $w\#v\#$, wobei v ein Präfix von w^R ist. Ein nichtdeterministischer Kellerautomat kann raten, welches Suffix von w er auf den Stack bringt. Dies kann ein deterministischer Kellerautomat nicht. Er kann jedoch w als w^R auf dem Stack speichern, v mit dem Beginn von w^R vergleichen und benötigt dann ε-Bewegungen, um beim Erreichen des zweiten Trennzeichens den Stack zu leeren.

Somit ist auch nicht klar, ob deterministische Kellerautomaten Sprachen in Linearzeit akzeptieren können.

Sprachen heißen *deterministisch kontextfrei*, wenn sie von einem deterministischen Kellerautomaten akzeptiert werden.

Deterministische Kellerautomaten — Eigenschaften

Sprachklassen, die über deterministische Automaten definiert sind, sollten gegen Komplementbildung abgeschlossen sein. Mit den rekursiv aufzählbaren Sprachen kennen wir bereits ein Gegenbeispiel, wobei die Probleme darin begründet sind, daß die Rechnung nicht für jede Eingabe nach endlicher Zeit stoppen muß. Hier haben wir zunächst das Problem, daß wir nicht für jede Eingabe das Ende der Eingabe erreichen. Mit etwas Mühe läßt sich jedoch jeder deterministische Kellerautomat in eine Normalform bringen, in der er den Akzeptanzmodus mit akzeptierenden Zuständen benutzt, für jede Eingabe das Ende der Eingabe erreicht und für alle Paare $(q', A_1 \cdots A_m) \in \delta(q, a, A)$ eine der folgenden Bedingungen erfüllt ist: $m = 0$ oder $m = 1$ und $A = A_1$ oder $m = 2$ und $A = A_2$.

Nun kann durch Komplementbildung auf der Menge akzeptierender Zustände auch die Komplementsprache durch einen deterministischen Kellerautomaten akzeptiert werden. Also können deterministische Kellerautomaten weniger als Kellerautomaten. Jede kontextfreie Sprache, deren Komplement nicht kontextfrei ist, kann nicht deterministisch kontextfrei sein. Die Menge deterministisch kontextfreier Sprachen ist nicht gehen Durchschnittsbildung abgeschlossen. Das Gegenbeispiel kann von der analogen Aussage für kontextfreie Sprachen übernommen werden. Die Sprache aller Wörter vom Typ $0^n 1^n 2^i$ ist ebenso deterministisch kontextfrei wie die Sprache aller Wörter vom Typ $0^i 1^n 2^n$. Der Durchschnitt ist nicht einmal kontextfrei. Nach den de Morgan Regeln ist die Klasse der deterministisch kontextfreien Sprachen dann auch nicht gegen Vereinigung abgeschlossen. Ähnliche Argumente führen zu der Aussage, daß diese Sprachklasse nicht gegen Homomorphismen, Konkatenation oder Kleeneschen Abschluß abgeschlossen ist. Die einzigen positiven Abschlußeigenschaften betreffen Komplementbildung, inverse Homomorphismen und den Durchschnitt mit regulären Sprachen.

Es läßt sich zeigen, daß das Problem, die Gleichheit zweier durch deterministische Kellerautomaten beschriebenen Sprachen zu testen, unentscheidbar ist.

Fazit: Die Klasse der deterministisch kontextfreien Sprachen hat strukturell eher schlechte Eigenschaften. Ihre Bedeutung liegt im zugehörigen Syntaxanalysealgorithmus, der in Linearzeit arbeitet.

$LR(k)$-Syntaxanalyse — eine informelle Beschreibung

Syntaxanalyse ist das Problem der Berechnung eines Syntaxbaumes, falls existent. Der CYK-Algorithmus hat zunächst eine große Tabelle bereitgestellt, aus der sich ein Syntaxbaum effizient top-down erzeugen läßt. Die hier behandelten Syntaxanalysealgorithmen sollen bottom-up vorgehen. Eine Ableitung soll in umgekehrter Weise erzeugt werden. Da die Eingabe von links nach rechts gelesen wird, betrachten wir hier Rechtsableitungen. Der letzte Schritt einer Rechtsableitung entspricht nämlich dem linkesten inneren Knoten des Syntaxbaumes. Für ein Wort w ist der letzte Schritt einer Rechtsableitung von der Form $A \rightarrow w_1 \cdots w_j$. Für eine vorgegebene Konstante k fordern wir, daß wir diesen letzten Ableitungsschritt spätestens nach dem Lesen von w_{j+k} erkennen. Sonst können wir den noch nicht verarbeiteten, aber bereits gelesenen Teil der Eingabe nicht im Zustand speichern.

Die Bezeichnung $LR(k)$ soll festlegen, daß der Syntaxanalysealgorithmus wie ein deterministischer Kellerautomat arbeitet, also die Eingabe von links nach rechts liest (L), einen Syntaxbaum, falls existent, bottom-up in entgegengesetzter zeitlicher Reihenfolge wie eine Rechtsableitung (R) konstruiert und k Buchstaben vorausschauen darf (k), d.h. einen *lookahead* von k hat.

$LR(k)$-Syntaxanalyse — Probleme

Symbolfolgen, die in Rechtsableitungen von separierten kontextfreien Grammatiken entstehen, haben die Form $A_1 \cdots A_m w_{j+1} \cdots w_n$. Wir betrachten nun einen Schritt $A_1 \cdots A_m A w_{j+1} \cdots w_n \rightarrow A_1 \cdots A_m r w_{j+1} \cdots w_n$ in einer Rechtsableitung. Sei $r = r_1 \cdots r_l$. In der Syntaxanalyse nehmen wir an, daß wir $w_1 \cdots w_n$ bereits in $A_1 \cdots A_m r_1 \cdots r_l w_{j+1} \cdots w_n$ zurücktransformiert haben. Leider ist nicht gekennzeichnet, wo r beginnt und endet. Ohne mehr als $w_1 \cdots w_{j+k}$ von der Eingabe gelesen zu haben, müssen wir erkennen, daß r_l das Ende und r_1 der Anfang der rechten Seite der zuletzt angewendeten Ableitungsregel ist und daß $r_1 \cdots r_l$ aus A abgeleitet wurde. Dies ist in allgemeinen kontextfreien Grammatiken sicher nicht möglich.

$LR(k)$-Grammatiken

$LR(k)$-Grammatiken sind derart eingeschränkte kontextfreie Grammatiken, daß die eben angesprochenen Probleme effizient gelöst werden können. Eine kontextfreie Grammatik ist eine *$LR(k)$-Grammatik*, wenn folgende Bedingungen erfüllt sind. Es seien

$$S \xrightarrow{*} \alpha A w \rightarrow \alpha \beta w \qquad \text{und}$$
$$S \xrightarrow{*} \gamma B x \rightarrow \alpha \beta y$$

Rechtsableitungen, so daß w und y in den ersten k Terminalzeichen übereinstimmen. Dann ist $\alpha = \gamma$, $A = B$ und $y = x$. Weniger formal: In allen Rechtsableitungen aus S, aus denen $\alpha\beta w$ oder $\alpha\beta y$ entsteht, gibt es nur eine Ableitungsregel, die im letzten Ableitungsschritt angewendet werden konnte. Es ist nun leicht einzusehen, daß die bei der $LR(k)$-Syntaxanalyse im allgemeinen entstehenden Probleme für $LR(k)$-Grammatiken lösbar sind. Zu einer $LR(k)$-Grammatik müssen allerdings in einem Vorbereitungsschritt (Preprocessing) umfangreiche Tabellen berechnet werden, auf die in der eigentlichen Syntaxanalyse zugegriffen werden kann. Nach diesen Vorbereitungen arbeitet der $LR(k)$-Syntaxanalysealgorithmus für $LR(k)$-Grammatiken in Linearzeit. Es kann auch gefolgert werden, daß $LR(k)$-Grammatiken eindeutig sind. Für Einzelheiten verweisen wir auf das Lehrbuch.

$LR(k)$-Grammatiken und deterministische Kellerautomaten

Mit Hilfe des $LR(k)$-Syntaxanalysealgorithmus folgt, daß jede durch eine $LR(k)$-Grammatik beschriebene Sprache von deterministischen Kellerautomaten akzeptiert werden kann. Aber auch die Umkehrung gilt. Mit einer kleinen Modifikation der Tripelkonstruktion erhalten wir für eine durch einen deterministischen Kellerautomaten beschriebene Sprache sogar eine $LR(1)$-Grammatik.

Über den Umweg deterministischer Kellerautomaten können wir für jede $LR(k)$-Grammatik eine $LR(1)$-Grammatik für dieselbe Sprache konstruieren. Sollten wir dann nicht nur noch $LR(1)$-Grammatiken betrachten? Das ist nicht immer ein Vorteil, da sich manche Sprachen durch $LR(k)$-Grammatiken wesentlich kompakter beschreiben lasen als durch $LR(1)$-Grammatiken.

Fazit: Die Klasse deterministisch kontextfreier Sprachen läßt sich durch $LR(k)$- und sogar durch $LR(1)$-Grammatiken beschreiben. Mit umfangreichen zur Grammatik gehörigen Tabellen ist eine Syntaxanalyse in linearer Zeit möglich.

6.8   Zusammenfassung

Kontextfreie Grammatiken bilden die einzige Klasse der Chomsky-Hierarchie, die als Grundlage von Programmiersprachen dienen kann. Typische Programmkonstrukte, insbesondere arithmetische Ausdrücke, lassen sich leicht durch kontextfreie Regeln ausdrücken. Auch viele rekursive Definitionen lassen sich durch kontextfreie Grammatiken nachempfinden. Zudem ist die Klasse kontextfreier Sprachen gegen die wichtigen Syntheseoperationen wie Vereinigung, Konkatenation, Kleenescher Abschluß und Substitution, aber auch gegen inverse Homomorphismen abgeschlossen. Komplemente und Durchschnitte kontextfreier Sprachen müssen nicht wieder kontextfrei sein.

Die Kontextfreiheit der Ableitungsregeln ermöglicht eine Darstellung von Ableitungen durch Syntaxbäume. Kontextfreie Grammatiken lassen sich effizient mit geringem Größenzuwachs in Chomsky-Normalform bringen. Wörter w werden dann in $2|w| - 1$ Schritten abgeleitet, und die Syntaxbäume sind fast binär. Bei der Syntaxanalyse mittels Dynamischer Programmierung (CYK-Algorithmus) müssen die Wörter nur in zwei Teile zerlegt werden, was eine kubische Rechenzeit garantiert.

Mit dem Pumping Lemma für kontextfreie Sprachen oder allgemeiner Ogden's Lemma steht ein wirkungsvolles Hilfsmittel zur Verfügung, um mit einer Gewinnstrategie in einem Pumping Spiel die Nichtkontextfreiheit von Sprachen nachzuweisen. Im

Gegensatz zu regulären Sprachen werden zwei Pumpstellen gebraucht.

Der Umgang mit kontextfreien Grammatiken ist schwierig. Es ist algorithmisch nicht möglich, die Größe kontextfreier Grammatiken zu minimieren oder für zwei kontextfreie Grammatiken zu entscheiden, ob sie dieselbe Sprache beschreiben. Effizient können nur überflüssige Symbole entfernt werden und Sprachen darauf überprüft werden, ob sie leer oder endlich sind.

Linksableitungen von kontextfreien Grammatiken in Chomsky-Normalform führen zur Definition von (stets nichtdeterministischen) Kellerautomaten, die sich als Automatenmodell erweisen, das genau die Klasse der kontextfreien Sprachen akzeptieren kann. Um zu zeigen, daß Kellerautomaten ohne ε-Bewegungen auskommen können, werden kontextfreie Grammatiken in die Greibach-Normalform gebracht. Kellerautomaten mit nur einem Zustand können Wörter w in $|w|$ Schritten akzeptieren.

Nicht alle kontextfreien Grammatiken haben eindeutige Grammatiken, für die jedoch eine Syntaxanalyse in quadratischer Zeit möglich ist. Zu der Klasse der von deterministischen Kellerautomaten erkannten Sprachen gehört die Klasse der $LR(k)$-Grammatiken, für die Syntaxbäume bottom-up in Linearzeit erzeugt werden können, nachdem in einem nur die Grammatik betreffenden Vorbereitungsschritt umfangreiche Hilfstabellen bereitgestellt wurden.

6.9 Übungsaufgaben mit Lösungsansätzen

1.)   Konstruiere eine kontextfreie Grammatik für die Sprache aller Wörter $0^i 1^j 2^k$ mit $i \neq j$ oder $j \neq k$.

Wir wollen uns die erlaubten Syntheseoperationen zunutze machen. Die Sprache ist die Vereinigung von vier Sprachen mit den Bedingungen $i < j$, $j < i$, $j < k$ und $k < j$. Aus Symmetriegründen betrachten wir nur den Fall $i < j$ und geben eine kontextfreie Grammatik für die Sprache aller $0^i 1^j$ mit $i < j$ an. Diese Sprache muß dann mit der regulären Sprache 2^* konkateniert werden. Es genügen die Regeln $S \to A1$, $S \to S1$, $A \to \varepsilon$ und $A \to 0A1$.

2.)   Welche Sprache wird von der kontextfreien Grammatik mit den Regeln $S \to \varepsilon$, $S \to 0S$ und $S \to 0S1S$ erzeugt?

In den Ableitungsregeln stehen die Nullen vor den Einsen. Aber aus dem zweiten S in $0S1S$ kann auch wieder eine Null abgeleitet werden. Die Regeln garantieren, daß jedes erzeugte Wort mindestens so viele Nullen wie Einsen enthält und daß dies auch für jedes Präfix gilt. Andererseits kann jedes Wort dieser Art erzeugt werden. Die betrachteten Wörter beginnen mit 0. Wenn das Suffix auch von der betrachteten Art ist, beginnen wir mit $S \to 0S$. Ansonsten betrachten wir im Suffix die früheste Stelle, an der die Zahl der Einsen die Zahl der Nullen um 1 übertrifft. Mit der 0 am Anfang haben wir ein Anfangsstück mit gleich vielen Nullen wie Einsen gefunden, bei der diese Gleichheit zum ersten Mal am Ende eintritt. Wir beginnen mit $S \to 0S1S$, das Wort zwischen der 0 am Anfang und der ausgewählten 1 und das Wort hinter dieser 1 gehören auch zur Sprache und können aus S abgeleitet werden.

3.)   Sei G eine kontextfreie Grammatik mit m Variablen und Ableitungsregeln, deren rechte Seiten höchstens die Länge k haben. Falls das leere Wort ableitbar ist, ist es in höchstens $(k^m - 1)/(k - 1)$ Schritten ableitbar. Gib eine kontextfreie Grammatik an, in der so viele Schritte notwendig sind.

Die kontextfreie Grammatik mit den Regeln $A_i \to A_{i+1} \cdots A_{i+1}$ für $1 \le i \le m - 1$, wobei die rechten Seiten die Länge k haben, und $A_m \to \varepsilon$, erzeugt nur das leere Wort und braucht dafür $(k^m - 1)/(k - 1)$ Schritte, wenn A_1 das Startsymbol ist.

Kürzeste Ableitungen des leeren Wortes haben Syntaxbäume, in denen sich auf keinem Weg eine Variable wiederholt. Die Behauptung folgt, da der Grad der Syntaxbäume durch k und die Zahl der Verzweigungsknoten auf jedem Weg durch $m-1$ beschränkt sind.

4.)   Gibt es für kontextfreie Sprachen, die das leere Wort nicht enthalten, stets eine kontextfreie Grammatik, bei der alle Ableitungsregeln von der Form $A \to a$ oder $A \to BCD$ sind?

Natürlich nicht, denn Wörter der Länge 2 sind nicht ableitbar.

5.)   Kann jede eindeutige kontextfreie Grammatik in eine äquivalente eindeutige Grammatik in Chomsky-Normalform transformiert werden?

Wir untersuchen den vorgestellten Transformationsalgorithmus. Im ersten Schritt wird die Grammatik separiert. Wenn ein Wort w hinterher zwei Syntaxbäume hat, gab es auch vorher schon zwei Syntaxbäume, da dieser erste Schritt in Syntaxbäumen die mit Terminalzeichen markierten Blätter nur „um eine Kante" verlängert. Ein ähnliches Argument gilt für die Verkürzung zu langer Regeln. Knoten mit $k > 2$ Nachfolgern werden eindeutig durch binäre, rechtsseitig entartete Bäume ersetzt.

Bei der Ersetzung der ε-Regeln bleibt für jede Variable die Menge ableitbarer Wörter mit Ausnahme des leeren Wortes gleich. Jede neue Regel $A \to B$ läßt sich zurücktransformieren in eine Ableitung $A \to BC \overset{*}{\to} B$ oder $A \to CB \overset{*}{\to} B$. Verschiedene Syntaxbäume nach Ersetzung der ε-Regeln implizieren, daß es vorher verschiedene Syntaxbäume gab.

Bei der Ersetzung der Kettenregeln werden keine Kreise gefunden. Sonst ist die gegebene Grammatik nicht eindeutig, oder die Variablen auf dem Kreis sind überflüssig. Ableitungen vom Typ $A_i \rightarrow A_j \rightarrow \cdots \rightarrow A_k \rightarrow BC$ werden nun auf $A_i \rightarrow BC$ verkürzt. Die Grammatik bleibt eindeutig.

6.) Die Sprache aller Doppelwörter ww über dem Alphabet $\{0,1\}$ ist nicht kontextfrei.

Ähnlich wie die Sprache der Palindrome ist die Sprache aller Wörter vom Typ ww^R natürlich kontextfrei. Diese Aufgabe zeigt daher die Grenze auf, was kontextfreie Grammatiken können und was nicht.

Auf die Eröffnung N des Gegners im Pumping Spiel antworten wir mit $0^N1^N0^N1^N$. Der Gegner muß nun eine Zerlegung angeben, in der der Mittelteil mit den beiden Pumpstellen höchstens N Buchstaben enthält. In jedem Fall gewinnen wir mit $i = 2$.

7.) Für Turingmaschinen M, die nicht im Anfangszustand stoppen, ist die Sprache aller Konfigurationenfolgen, die Rechnungen der Turingmaschine darstellen, nicht kontextfrei.

Dies folgt direkt aus der Lösung zu Aufgabe 6. Wir betrachten die ersten zwei Konfigurationen auf Eingaben vom Typ 0^N1^N. Die Nachfolgekonfiguration zu $q_00^N1^N$ unterscheidet sich nur wenig von der Anfangskonfiguration. Diese Unterschiede helfen dem Gegner im Pumping Spiel nicht.

8.) Welche der folgenden Sprachen sind kontextfrei?

a) $\{0^i1^j \mid j = i^2\}$.

b) $\{0^i1^j \mid i = j \text{ oder } i = 2j\}$.

c) $\{0^n1^n2^i \mid i \neq n\}$.

d) $\{0^n1^{n!} \mid n \geq 1\}$.

e) $\{0^i1^j2^k \mid i + j = k\}$.

a) Wenn die Sprache kontextfrei ist, dann auch nach Anwendung des Homomorphismus $h(1) = 0$ und $h(0) = 0$. Wie für die Sprache aller 0^{n^2} kann für die Sprache aller 0^{n^2+n} mit dem Pumping Lemma gezeigt werden, daß sie nicht kontextfrei ist.

b) Diese Sprache ist kontextfrei. Dies gilt für die Sprache aller 0^i1^i ebenso wie für die Sprache aller $0^{2i}1^i$ ($S \rightarrow \varepsilon$, $S \rightarrow 00S1$) und daher auch für die Vereinigung.

c) Hier wenden wir Ogden's Lemma an. Auf die Eröffnung N antworten wir mit $0^N1^N2^{N+N!}$ und markieren die Nullen. Der Gegner muß die Zerlegung $uvwxy$ so wählen, daß vx mindestens eine Null enthält und sowohl v als auch x von einem Buchstabentyp sind (sonst würden wir mit $i = 2$ gewinnen, da die Buchstabenreihenfolge nicht erhalten bleibt). Wenn Nullen gepumpt werden, müssen auch Einsen gepumpt werden, damit wir in der Sprache bleiben. Also ist $v = 0^k$ und $x = 1^k$. Für $i := N!/k$ (dies ist stets eine ganze Zahl, da $N!$ alle Zahlen $k \in \{1, \ldots, N\}$ ohne Rest teilt) hat das gepumpte Wort die Form $0^{N+N!}1^{N+N!}2^{N+N!}$ und gehört nicht zur Sprache. Hier gewinnen wir das Pumping Spiel erst für ein großes i.

d) Wieder wenden wir den Homomorphimus $h(0) = h(1) = 0$ an. Unser Gegner kann das Pumping Spiel für die Sprachen über einem einbuchstabigen Alphabet nur gewinnen, wenn die Sprache endlich ist oder Wörter enthält, deren Länge eine arithmetische Progression bilden. Das heißt, es gibt Zahlen a und b, so daß die Sprache alle Wörter der Länge $a + bl$, $l \in \mathbb{N}$ enthält. Dies ist für die betrachtete Sprache offensichtlich nicht der Fall.

e) Diese Sprache ist kontextfrei. Ein Kellerautomat kann die Nullen und Einsen in den Stack einlesen und ihre Anzahl mit der Anzahl Zweien vergleichen. Nebenbei wird überprüft, ob die Reihenfolge der Buchstabentypen eingehalten wird.

9.)   Ist für jede kontextfreie Sprache auch die Spiegelsprache kontextfrei?

Ja, denn wir erhalten eine kontextfreie Grammatik für die Spiegelsprache, indem wir alle rechten Seiten der Ableitungsregeln einer Grammatik für die gegebene Sprache spiegeln.

10.)   Gibt es für kontextfreie Sprachen, die das leere Wort nicht enthalten, stets eine Grammatik, bei der alle Ableitungsregeln vom Typ $A \to a$ oder $A \to aA_1 \cdots A_m b$ sind?

Wir benutzen für die Sprache L eine Grammatik in Greibach-Normalform. Für jede Variable A bilden die Wörter, die sich aus A ableiten lassen, ebenfalls eine kontextfreie Sprache $L(A)$. Für die Spiegelsprache von $L(A)$ gibt es nach Aufgabe 9 eine Grammatik in Greibach-Normalform, die nach Spiegelung zu einer Grammatik für $L(A)$ wird, in der alle Ableitungsregeln vom Typ $B \to B_1 \cdots B_m a$ sind. Wir nehmen an, daß die Grammatik für L und die Grammatik für $L(A)$ nur in A eine gemeinsame Variable haben, wobei A für $L(A)$ das Startsymbol ist. Außerdem sollen die Grammatiken für $L(A)$ für die verschiedenen Variablen A disjunkte Variablenmengen haben. Wenn wir nun in jeder Regel $A \to aA_1 \cdots A_m$ der Grammatik für L die Variable A_m durch alle rechten Seiten der A_m-Regeln in der Grammatik für $L(A_m)$ ersetzen, erhalten wir für L eine Grammatik von der gewünschten Form.

11.)   Sei G in Chomsky-Normalform und L die von G erzeugte Sprache.

a) Gib eine obere Schranke für die Länge eines längsten Worts in L an, falls L

endlich ist.

b) Gib eine obere Schranke für die Länge eines kürzesten Wortes in L an, falls L unendlich ist.

c) Führen die Ergebnisse aus a) und b) zu einem effizienten Endlichkeitstest?

a) Sei k die Anzahl von Variablen, die in G benutzt werden. Falls L ein Wort der Mindestlänge $2^{k-1} + 1$ enthält, dann ist L nach dem Pumping Lemma unendlich. Also ist 2^{k-1} die gesuchte obere Schranke.

b) Jedes Wort aus L mit mindestens $2^{k-1} + 1$ Buchstaben kann nach dem Pumping Lemma abgepumpt werden. Also muß L ein Wort enthalten, das höchstens 2^{k-1} Buchstaben enthält.

c) Endliche Sprachen enthalten nur Wörter der Höchstlänge 2^{k-1}. Wieder mit dem Pumping Lemma folgt, daß unendliche Sprachen ein Wort mit einer Länge $l \in \{2^{k-1}+1, \ldots, 2^k\}$ enthalten müssen. Für den Endlichkeitstest genügt es also, mit dem Syntaxanalysealgorithmus alle Wörter dieser Längen auf Zugehörigkeit zur Sprache zu untersuchen. Falls das Alphabet mindestens zwei Terminalzeichen enthält, ist die Rechenzeit doppelt exponentiell in der Zahl der Variablen, also ist dieses Verfahren praktisch unbrauchbar.

12.)   Die Sprache aller Paare (G_1, G_2) von kontextfreien Grammatiken mit $L(G_1) \neq L(G_2)$ ist rekursiv aufzählbar.

Sei (G_1, G_2) gegeben. Für alle Wörter in kanonischer Reihenfolge benutzen wir Syntaxanalysealgorithmen für kontextfreie Grammatiken, um zu entscheiden, ob das Wort in $L(G_1)$ und/oder in $L(G_2)$ enthalten ist. Die Eingabe wird akzeptiert, wenn ein Wort gefunden wird, das zu genau einer der beiden Sprachen gehört.

13.)   Ist es für eine kontextfreie Grammatik G und eine reguläre Grammatik G' entscheidbar, ob $L(G) = L(G')$ gilt?

Für zwei kontextfreie Grammatiken ist der Gleichheitstest unentscheidbar. Was wird einfacher, wenn eine Grammatik sogar regulär ist? Wir erinnern uns, daß wir die Unentscheidbarkeit des Gleichheitstests auf die Unentscheidbarkeit des Vollständigkeitstests zurückgeführt haben. Das hier gestellte Problem wird zum Vollständigkeitstest für kontextfreie Grammatiken, wenn wir für G' eine reguläre Grammatik wählen, die alle Wörter über dem gegebenen Alphabet erzeugt. Wir sehen also wieder den Vorteil, den es hat, wenn wir möglichst „einfache" Probleme als unentscheidbar entlarven. Reduktionen von diesen Problemen aus sind besonders hoffnungsvoll.

14.)   Ist es für eine kontextfreie Grammatik G und eine reguläre Grammatik G' entscheidbar, ob $L(G') \subseteq L(G)$ gilt?

Auch hier erhalten wir den Vollständigkeitstest für kontextfreie Grammatiken, wenn wir für G' eine reguläre Grammatik für die Sprache aller Wörter wählen.

15.) Ist es für eine kontextfreie Grammatik G und eine reguläre Grammatik G' entscheidbar, ob $L(G) \subseteq L(G')$ ist?

Die Reduktion vom Vollständigkeitstest für kontextfreie Grammatiken gelingt nicht. Wenn wir die Teilmengenbildung umformulieren, erhalten wir den Schlüssel zur Lösung. Es ist nämlich $L(G) \subseteq L(G')$ genau dann, wenn $\overline{L(G')} \cap L(G) = \emptyset$ ist. Aus der regulären Grammatik G' können wir einen endlichen Automaten für $\overline{L(G')}$ konstruieren und aus der kontextfreien Grammatik G einen Kellerautomaten für $L(G)$. Indem wie die beiden Automaten parallelisieren, erhalten wir einen Kellerautomaten für $\overline{L(G')} \cap L(G)$ und daraus eine kontextfreie Grammatik für diese Sprache. Der Leerheitstest für kontextfreie Sprachen ist entscheidbar.

16.) Sei G eine kontextfreie Grammatik. Dann gibt es eine Konstante c, so daß jedes Wort $w \in L(G) - \{\varepsilon\}$ in höchstens $c\,|w|$ Schritten ableitbar ist.

Wir wissen aus Aufgabe 3, daß es eine Konstante c' (die nur von der Grammatik abhängt) gibt, so daß das leere Wort, wenn überhaupt, in c' Schritten ableitbar ist. Für Ableitungen von Wörtern der Länge 1 aus beliebigen Variablen gilt folgendes. Im Syntaxbaum gibt es einen Weg von der Wurzel zu diesem Terminalzeichen. Wenn sich dort eine Variable wiederholt, erhalten wir einen kleineren Syntaxbaum für das einbuchstabige Wort, indem wir den Teil zwischen dem wiederholten Vorkommen der Variable weglassen. Wenn die Länge der rechten Seiten durch l beschränkt ist und die Zahl der Variablen m ist, können wir also einbuchstabige Wörter w, wenn überhaupt, in höchstens $c'' = mlc'$ Schritten ableiten. Wir behaupten nun, daß Wörter w, wenn überhaupt, in $c''(2\,|w|-1)$ Schritten abgeleitet werden können. Für $|w| = 1$ haben wir das bereits gezeigt. Für $|w| > 1$ verfolgen wir in einem Syntaxbaum den eindeutigen Weg über alle Knoten, aus denen noch das ganze Wort w abgeleitet wird. Wenn sich auf diesem Weg eine Variable wiederholt, kann der Syntaxbaum verkleinert werden. Danach wird w in mindestens zwei Teile zerlegt. Nun folgt die Behauptung nach Induktionsvoraussetzung.

17.) Entwerfe einen deterministischen Kellerautomaten für die Sprache aller 0-1-Wörter mit gleich vielen Nullen wie Einsen, wobei jedes Präfix nicht mehr Einsen als Nullen enthält.

Die Stackinitialisierung kann nur mit einer ε-Bewegung vom Stack entfernt werden. Ansonsten werden Nullen in den Stack eingefügt, und jede Eins führt zum Löschen einer Null auf dem Stack. Wenn dort keine Null vorhanden ist, wird die Eingabe verworfen.

Deterministische Kellerautomaten und damit $LR(k)$-Grammatiken können also erkennen, ob die Klammerstruktur eines Ausdrucks syntaktisch korrekt ist.

18.)   Welchem bekannten Maschinenmodell sind Kellerautomaten mit zwei Stacks äquivalent?

Die Antwort haben wir im Text vorweggenommen. Es sind Turingmaschinen. Das Band einer Turingmaschine können wir links von der betrachteten Speicherzelle „aufbrechen". Wenn wir den linken Teil um 90° nach links und den rechten Teil um 90° nach rechts drehen, erhalten wir zwei Stacks. Beide Stacks enthalten zu Beginn nur eine Initialisierung, die nie entfernt wird. Die Eingabe lesen wir erst in den linken Stack ein und dann dort aus und in den rechten Stack ein. Danach erhalten wir die Anfangskonfiguration der Turingmaschine. Der Kellerautomat arbeitet nur noch mit ε-Bewegungen und simuliert die Turingmaschine. Eine Linksbewegung bedeutet, daß das oberste Stacksymbol vom linken auf den rechten Stack „umgeschaufelt" wird, Rechtsbewegungen werden analog simuliert. Falls wir auf die Stackinitialisierung stoßen, wird dies als Leerzeichen interpretiert. Der Kellerautomat benutzt den Akzeptanzmodus mit akzeptierenden Zuständen.

19.)   Entwerfe einen deterministischen Kellerautomaten, der genau die Wörter mit gleich vielen Nullen wie Einsen akzeptiert.

Nach der Lösung von Aufgabe 17 ist das einfach. Der Kellerautomat speichert im Stack nun Nullen oder Einsen, abhängig davon, von welchem Buchstabentyp er mehr gesehen hat.

Zu Beginn dieses Kapitels haben wir uns Mühe geben müssen, um zu zeigen, daß die hier behandelte Sprache eine eindeutige kontextfreie Sprache ist. Jetzt wissen wir sogar, daß sie deterministisch kontextfrei ist, und die Klasse der deterministisch kontextfreien Sprachen ist eine Teilklasse der eindeutigen, kontextfreien Sprachen.

6.10   Testfragen und stichwortartige Antworten

Testfragen

1. Gib für alle Grammatiktypen an, wie effizient eine Syntaxanalyse durchgeführt werden kann.

2. Was sind Syntaxbäume?

3. Wann sind kontextfreie Grammatiken bzw. kontextfreie Sprachen eindeutig? Hat Eindeutigkeit eine praktische Bedeutung?

4. Wie läßt sich für eine kontextfreie Sprache zeigen, daß sie inhärent mehrdeutig ist?

5. Wozu dienen die Chomsky- und die Greibach-Normalform?

6. Beschreibe einen Algorithmus zur Umwandlung einer kontextfreien Grammatik in eine Grammatik in Chomsky-Normalform.

7. Welcher Größenzuwachs läßt sich bei Umwandlung einer kontextfreien Grammatik in eine Grammatik in Chomsky- oder Greibach- Normalform im worst case nicht vermeiden?

8. Welcher Entwurfsmethode für effiziente Algorithmen folgt der CYK-Algorithmus?

9. Wie kann nachgewiesen werden, daß eine Sprache nicht kontextfrei bzw. nicht deterministisch kontextfrei ist?

10. Welche Probleme über kontextfreie Grammatiken lassen sich effizient lösen?

11. Welche Probleme über kontextfreie Grammatiken sind nicht entscheidbar?

12. Gegen welche Operationen ist die Klasse der kontextfreien bzw. deterministisch kontextfreien Sprachen abgeschlossen und wie effizient lassen sich die zugehörigen kontextfreien Grammatiken konstruieren?

13. Gegen welche Operationen ist die Klasse der kontextfreien bzw. deterministisch kontextfreien Sprachen nicht abgeschlossen?

14. Warum werden für Kellerautomaten zwei verschiedene Akzeptanzmodi betrachtet?

15. Zeige, daß Kellerautomaten genau die Klasse kontextfreier Sprachen erkennen können.

16. Zähle Sprachklassen und ihre Charakterisierung auf.

17. In welchen Beziehungen stehen die Sprachklassen? Beweise die Inklusionen und gib Beispiele an, um Sprachklassen zu trennen.

Stichwortartige Antworten

1. Chomsky-0: nicht rekursiv. Chomsky-1 oder kontextsensitiv: nichtdeterministisch auf linearem Platz, aber NP-hart. Chomsky-2 oder kontextfrei: kubisch und sogar $O(|w|^{\log 7})$. Eindeutig kontextfrei: quadratisch. $LR(k)$: linear. Chomsky-3 oder regulär: linear.

2. Mit kontextfreien Grammatiken müssen die Variablen unabhängig voneinander abgeleitet werden. Jede Ableitung läßt sich durch einen Syntaxbaum beschreiben, in dem die inneren Knoten die Ableitungsschritte widerspiegeln und in dem das erzeugte Wort von links nach rechts abgelesen werden kann. Zu jedem Syntaxbaum gehört genau eine Linksableitung.

3. Eine Grammatik ist genau dann eindeutig, wenn jedes erzeugte Wort genau einen Syntaxbaum hat, und eine kontextfreie Sprache ist eindeutig, wenn sie durch eine eindeutige Grammatik beschrieben werden kann. Eindeutigkeit erleichtert die Syntaxanalyse, und das Ergebnis der Syntaxanalyse, der Syntaxbaum, ist eindeutig.

4. Es muß gezeigt werden, daß es für jede kontextfreie Grammatik mindestens ein Wort mit mindestens zwei Syntaxbäumen gibt. Dies kann mit Hilfe des Pumping Lemmas gelingen.

5. Chomsky-Normalform: Die Länge der Ableitungen eines Wortes w beträgt $2|w| - 1$, Syntaxbäume haben lineare Größe, die Beschränkung der Länge rechter Seiten macht den CYK-Syntaxanalysealgorithmus effizienter, die Syntaxbäume sind binär, die Simulation durch Kellerautomaten ist einfach. Greibach-Normalform: Die Länge der Ableitungen eines Wortes w beträgt $|w|$, die Simulation durch Kellerautomaten ist einfach, und es läßt sich zeigen, daß Kellerautomaten ohne ε-Bewegungen auskommen.

6. Wir verweisen auf Kap. 6.2 und nennen nur die vier Hauptschritte: Separierung, Ersetzung zu langer Regeln, Ersetzung von ε-Regeln, Ersetzung von Kettenregeln.

7. Der vorgestellte Algorithmus zur Erzeugung einer Grammatik in Chomsky-Normalform kann zu quadratischem Größenzuwachs führen. Als im worst case unvermeidbar läßt sich bisher nur ein Größenzuwachs von s „auf fast $s^{3/2}$" nachweisen. Es gibt einen Algorithmus zur Umwandlung von Chomsky- in Greibach-Normalform, der mit kubischem Größenzuwachs auskommt, unvermeidbar ist im worst case ein quadratischer Größenzuwachs.

8. Dynamische Programmierung. Dabei werden bottom-up die Teilprobleme nach wachsender Größe gelöst und die Lösungen in einer Tabelle gespeichert. Größe-

re Probleme lassen sich leicht lösen, wenn alle kleineren Probleme bereits gelöst sind.

9. Für kontextfreie Sprachen gibt es das Pumping Lemma und die Verallgemeinerung durch Ogden's Lemma. Der Nachweis der Nichtkontextfreiheit erfolgt durch die Angabe einer Gewinnstrategie im Pumping Spiel. Eine kontextfreie Sprache ist dann nicht deterministisch kontextfrei, wenn sie nicht eindeutig ist oder wenn das Komplement der Sprache nicht einmal kontextfrei ist.

10. Wortproblem, Syntaxanalyseproblem, Entfernung überflüssiger Symbole, Leerheitstest, Endlichkeitstest, Umwandlung in Normalformen und Simulation durch einen Kellerautomaten.

11. Der Test, ob die Grammatik eindeutig ist (Reduktion vom Postschen Korrespondenzproblem PKP), der Vollständigkeitstest (Satz von Rice und eine passende Reduktion) sowie das Minimierungsproblem und der Gleichheitstest (Reduktion vom Vollständigkeitstest).

12. Für die wichtigen Syntheseoperationen Vereinigung, Konkatenation, Kleenescher Abschluß und Substitution können kontextfreie Grammatiken für die entstehenden Sprachen in Linearzeit berechnet werden, für inverse Homomorphismen und den Durchschnitt mit regulären Sprachen wird der Umweg über Kellerautomaten gegangen. Die Klasse der deterministisch kontextfreien Sprachen ist von den betrachteten Operationen nur gegen Komplementbildung, inverse Homomorphismen und den Durchschnitt mit regulären Sprachen abgeschlossen.

13. Durchschnittsbildung, da die Sprache aller $0^n 1^n 2^i$ ebenso deterministisch kontextfrei wie die Sprache aller $0^i 1^n 2^n$ ist. Der Durchschnitt, die Sprache aller $0^n 1^n 2^n$, ist nicht einmal kontextfrei. Mit den de Morgan Regeln folgt, daß die Klasse der kontextfreien Sprachen nicht gegen Komplementbildung und die Klasse der deterministisch kontextfreien Sprachen nicht gegen Vereinigung abgeschlossen ist. Die Klasse deterministisch kontextfreier Sprachen ist auch nicht abgeschlossen gegen Konkatenation, Kleeneschen Abschluß und Homomorphismen.

14. Der Akzeptanzmodus durch akzeptierende Zustände paßt besser zu den anderen Maschinen- und Automatenmodellen. Der Akzeptanzmodus durch leeren Stack paßt besser zur Simulation kontextfreier Grammatiken in Chomsky-Normalform. Der Klasse akzeptierter Sprachen hängt nicht vom gewählten Akzeptanzmodus ab.

15. Wir verweisen auf Kap. 6.6 und listen nur Stichworte auf. Kellerautomaten können direkt Linksableitungen von Grammatiken in Chomsky-Normalform simulieren. Die andere Richtung wird mit der Tripelkonstruktion bewiesen.

16. RA: rekursiv aufzählbar, Turingmaschinen, die nur beim Akzeptieren halten müssen, Chomsky-0 Grammatiken.

REK: rekursiv, stets haltende Turingmaschinen, keine Charakterisierung durch Grammatiken.

KS: kontextsensitiv, nichtdeterministische, linear platzbeschränkte Turingmaschinen, Chomsky-1, kontextsensitive oder monotone Grammatiken.

DKS: deterministisch kontextsensitiv, deterministische, linear platzbeschränkte Turingmaschinen.

NP: nichtdeterministische, polynomiell zeitbeschränkte Turingmaschinen.

P: deterministische, polynomiell zeitbeschränkte Turingmaschinen.

KF: kontextfrei, (nichtdeterministische) Kellerautomaten, Chomsky-2 oder kontextfreie Grammatiken.

EKF: eindeutig kontextfrei, eindeutige Grammatiken.

DKF: deterministisch kontextfrei, deterministische Kellerautomaten, $LR(k)$-Grammatiken für beliebiges, konstantes k.

REG: regulär, endliche Automaten, Chomsky-3, rechtslineare oder reguläre Grammatiken, reguläre Ausdrücke.

17.
$$REG \subsetneq DKF \subseteq EKF \subsetneq KF \begin{array}{c} \subsetneq \\ \not\subseteq \\ \subsetneq \end{array} \begin{array}{ccc} DKS & \subseteq & KS \\ & & \\ P & \subseteq & NP \end{array} \begin{array}{c} \subseteq \\ \\ \subseteq \end{array} REK \subsetneq RA$$

Wir haben nicht alle bekannten Ergebnisse, sondern nur die hier bewiesenen Ergebnisse zusammengestellt. Die Inklusionen folgen recht leicht. Daher listen wir nur noch die Beispiele auf, die Sprachklassen trennen.

$REG \subsetneq DKF$: die Sprache aller Wörter $0^n 1^n$.

$EKF \subsetneq KF$: die Sprache aller Wörter $0^i 1^j 2^k$ mit $i = j$ oder $j = k$.

$KF \subsetneq DKS$ und $KF \subsetneq P$: die Sprache aller Wörter $0^n 1^n 2^n$.

$REK \subsetneq RA$: die universelle Sprache U.

Ob $DKS = KS$ ist, ist das LBA-Problem. Außerdem ist nicht bekannt, ob $P = NP$ ist.

Schriftenverzeichnis

Lehrbücher

Albert, J. und Ottmann, T. (1982). Automaten, Sprachen und Maschinen für Anwender. BI.

Börger, E. (1985). Berechenbarkeit, Komplexität, Logik. Vieweg.

Engeler, E. und Läuchli, P. (1988). Berechnungstheorie für Informatiker. Teubner.

Garey, M. R. und Johnson, D. B. (1979). Computers and intractability. A guide to the theory of NP-completeness. W. H. Freeman.

Harrison, M. A. (1978). Introduction to formal language theory. Addison-Wesley.

Hopcroft, J. E. und Ullman, J. D. (1969). Formal languages and their relation to automata. Addison-Wesley.

Hopcroft, J. E. und Ullman, J. D. (1979). Introduction to automata theory, languages and computation. Addison-Wesley.

van Leeuwen, J. (1990) (Hrsg.). Handbook of theoretical computer science. Elsevier, MIT Press.

Lewis, H. und Papadimitriou, C. (1981). Elements of the theory of computation. Prentice-Hall.

Paul, W. J. (1978). Komplexitätstheorie. Teubner.

Reischuk, K. R. (1990). Einführung in die Komplexitätstheorie. Teubner.

Salomaa, A. K. (1985). Computation and automata. Cambridge University Press.

Schöning, U. (1995). Theoretische Informatik kurz gefaßt. Spektrum Lehrbuch.

Wagner, K. (1994). Einführung in die Theoretische Informatik. Grundlagen und Modelle. Springer.

Wegener, I. (1993). Theoretische Informatik — eine algorithmenorientierte Einführung. Teubner.

Wood, D. (1987). Theory of computation. Wiley.

Ergänzende Literatur

Hawking, S. W. (1991). Eine kurze Geschichte der Zeit. Die Suche nach der Urkraft des Universums. Rowohlt, rororo Sachbuch 8850.

Hofstadter, D. R. (1985). Gödel, Escher, Bach: ein endlos geflochtenes Band. Klett-Cotta.

Ottmann, T. und Widmayer, P. (1990). Algorithmen und Datenstrukturen. BI.

Ruelle, D. (1992). Zufall und Chaos. Springer.

Schöning, U. (1995). Perlen der Theoretischen Informatik. BI.

Strassen, V. (1986). The work of Leslie G. Valiant. Proc. of the International Congress of Mathematicians, Berkeley, California, USA.

Wegener, I. (1989). Effiziente Algorithmen für grundlegende Funktionen. Teubner.

Wegener, I. (1996) (Hrsg.). Highlights aus der Informatik. Springer.

Weizenbaum, J. (1977). Die Macht der Computer und die Ohnmacht der Vernunft. Suhrkamp.

Index